DEVOCIONAL PARA 365 DÍAS

E*l* AMÉN
DE CADA DÍA

Noemí Rivera

El Amén de cada día
© 2022 Noemí Rivera
ISBN: 9798836265021

Independent Publishing
Edición: Amneris Meléndez www.amnerismelendez.com
Para invitaciones o pedidos: n_vicky76@yahoo.com
Facebook e Instagram: Noemí Rivera autora

¿Vagar o caminar?

"Dichosos los que saben aclamarte, SEÑOR, y caminan a la luz de tu presencia". Salmo 89:15

Hoy comenzamos un nuevo año. Al comenzar un año se hacen resoluciones que se llevarán a cabo en el transcurso de este. Decidimos bajar de peso, ejercitarnos, cuidar más de la salud, hacer un viaje a un lugar deseado por siempre… y así sucesivamente. Hoy quiero llevarte a pensar y meditar si este año quieres vagar por tu vida o quieres caminar en ella. Vagar es estar ocioso, moverte sin conciencia del tiempo que transcurre y sin ninguna meta fija. Caminar es dirigirse y avanzar a un lugar o una meta. Entonces qué quieres hacer, ¿vivir sin ninguna meta en el horizonte o con una? Cuando Dios te pensó, te diseñó y te creó, colocó en ti un propósito. Como sus hijos debemos cumplirlo. Por eso puso en nosotros dones y talentos. Pero estos hay que desarrollarlos y trabajarlos para que desemboquen en cumplir lo que Dios quiere que hagamos. Te invito a fijarte metas, sueños que te lleven a cumplir lo que Dios quiere hacer a través de ti. No solo es fijar estas metas o sueños, es también trabajar para alcanzarlos. Tienes 365 días (comenzando desde hoy) para organizarte y trabajar la parte que te corresponde. 365 días para caminar y no vagar. ¡Vamos, voy a ti, pero sobre todo Dios cree en ti! Camina en este nuevo año confiando en tu Padre y verás cómo logras cosas que jamás pensaste. ¡Amén! ¡Amén! ¡Amén!

Día 2

Un nuevo respirar

"Al pasar y fijarme en sus lugares sagrados, encontré incluso un altar con esta inscripción: A UN DIOS DESCONOCIDO. Pues bien, eso que ustedes adoran como algo desconocido es lo que yo les anuncio. El Dios que hizo el mundo y todo lo que hay en él es Señor del cielo y de la tierra. No vive en templos construidos por hombres, ni se deja servir por manos humanas, como si necesitara de algo. Por el contrario, él es quien da a todos la vida, el aliento y todas las cosas".
Hechos 17:23-25

Hoy es un nuevo día. Es el segundo día de este nuevo año y si estás leyendo esto significa que Dios te ha dado un nuevo respirar. Hay una alabanza de Ingrid Rosario que se llama: *Tú eres mi respirar.* Es hermosa. Parte de su letra dice así: *"Eres mi respirar. Dios, tu presencia vive en mí. Eres mi pan Señor. Dios, tus palabras fluyen en mí. Y yo te anhelo Señor y estoy perdido sin ti..."* La realidad es que estás vivo(a) porque a Dios le ha placido y te ha dado un nuevo amanecer. Te ha dado una nueva oportunidad de vida para andar en Jesús y hacer lo que te corresponde en este mundo. Dios te ha dado el privilegio de ver la luz de un nuevo amanecer. Te ha dado la oportunidad de ver Su gloria en la naturaleza y en cada persona con la que te vas a encontrar hoy. Aprovecha la oportunidad para hablarle a otros de tu Salvador, Jesús, de tu Padre Dios y de Su poder, el Espíritu Santo. Comparte el milagro que has tenido de vivir un día más. Hay personas que se han atrevido a decir que no ven o no existen milagros. Cada respirar tuyo, cada parpadear de tus ojos es un milagro. Hoy te invito a aprovechar este nuevo respirar que Dios te ha regalado. Disfrútalo y comparte tu fuente de vida, tu Dios, con otros. Haz que tu nuevo respirar valga la pena. Y al terminar este día agradece a Dios, tu Creador. ¡Amén! ¡Amén! ¡Amén!

Emocionante

"Este pobre clamó, y el SEÑOR le oyó y lo libró de todas sus angustias". Salmo 34:6

Desde niña me ha encantado pasar por túneles. Cuando pasábamos, comenzaba a gritar, no por miedo, sino por emoción. He tenido la oportunidad de pasar túneles cortos y largos… siempre es igual, me llenan de emoción. Y cuando logro pasar y ver la luz al otro extremo siento una gran sensación de libertad. Estos túneles terrenales me agradan, pero la realidad es que por muchos años estuve en un túnel espiritual que fue muy largo. Al encontrarme allí sentí que me ahogaba, me faltaba el aire, intentaba llegar a la salida y no podía. ¿Por qué? Porque lo hacía en mis propias fuerzas. Y en un momento dado, en vez de transitar ese túnel de una forma derecha, mirando hacia al frente, comencé a chocar con las paredes. ¡Qué mucho dolor trajo a mi vida! y aun así quería seguir usando mis fuerzas. No fue hasta que un día volví a chocar con la pared, pero en esta ocasión casi no me podía mover, por lo fuerte que fue el golpe. Entonces, moví la única parte de mi cuerpo que podía mover sin que me doliera, mis ojos, y miré hacia arriba. Miré al lugar donde siempre supe que estaba la solución, pero por mi testarudez no lo quería aceptar. Clamé, pedí perdón y me humillé, entonces sentí que mi cuerpo dejó de doler, comencé a moverme, continué mi recorrido por aquel túnel. De pronto vi la salida, vi Su luz, recibí libertad y una vida nueva. Hoy te invito a que si te encuentras en un túnel, alces tus ojos al cielo y clames al Señor. Tal vez le sirves al Señor y las circunstancias de la vida te han querido encerrar en un túnel, pero declaro que es hasta hoy, en el nombre de Jesús. Comienza a caminar hacia la salida, hacia la luz, hacia tu libertad, hacia la solución de tus problemas, hacia tu nueva vida agarrado de la mano de Dios. Él te ama y quiere liberarte de tu túnel; quiere llevarte a una vida emocionante llena de Su presencia y esencia. Hazlo ahora y disfruta de lo que Dios tiene para ti. ¡Aleluya!

Día 4

Suave murmullo

"El SEÑOR le ordenó: —Sal y preséntate ante mí en la montaña, porque estoy a punto de pasar por allí. Como heraldo del SEÑOR vino un viento recio, tan violento que partió las montañas e hizo añicos las rocas; pero el SEÑOR no estaba en el viento. Después del viento hubo un terremoto, pero el SEÑOR tampoco estaba en el terremoto. Tras el terremoto vino un fuego, pero el SEÑOR tampoco estaba en el fuego. Y después del fuego vino un suave murmullo. Cuando Elías lo oyó, se cubrió el rostro con el manto y, saliendo, se puso a la entrada de la cueva. Entonces oyó una voz que le dijo: —¿Qué haces aquí, Elías?" 1 Reyes 19:11-13

Hace unas semanas tuve la hermosa experiencia de ser transportada en una motora (moto). Antes de eso me habían dado un paseo corto en la urbanización donde vivo. Pero esta experiencia fue diferente, duró dos días y me transportaron por varios pueblos de mi Isla. ¡Fue espectacular! Conducimos bajo el sol y bajo las estrellas. El primer día sentí un poco de nervios al comenzar, pero luego logré relajarme detrás del conductor. El segundo día me dieron nervios al principio, pero luego me relajé nuevamente. Cada día usé cascos diferentes. El del segundo día cubría toda mi cabeza. Al colocármelo el ruido del exterior fue aislado prácticamente en su totalidad. Al comenzar la travesía, me sentía como en mi propio mundo, admirando la belleza de mi isla y hablando con Dios. Le daba gracias por la experiencia que estaba teniendo en ese momento. Y me hizo recordar que Dios nos puede hablar de muchas maneras, incluso en el silencio. Recordé la historia de Elías cuando se escondió en la cueva, específicamente cuando Dios le dice que salga y entonces pasa un viento recio, un terremoto, fuego y en ninguno de estos sucesos estaba Dios, más sin embargo pasa un suave murmullo y ahí estaba Dios. En ese momento fue que Elías pudo hablar con Dios. Pues así me sentí en mi viaje en moto. Fue un momento en el cual me pude conectar con Dios. La Palabra nos dice: **"oren sin cesar"** (1 Tesalonicenses 5:17). Así que, todo momento es bueno para intimar con Dios. ¿Cuándo fue la última vez que tuviste ese tiempo de intimidad con Dios? Hoy te invito a tener ese tiempo con nuestro Creador. Te invito a conectarte y esperar a que Él te hable en un suave murmullo. Es una sensación hermosa y sales renovado de la misma. Vívela, disfrútala y renueva tus fuerzas en medio de su suave murmullo.

Día 5

Efímero

"Tú haces que los hombres vuelvan al polvo, cuando dices:
«¡Vuélvanse al polvo, mortales!" Salmo 90:3

Cada día me levanto y al mirar las redes sociales encuentro, en primer lugar, malas noticias: muertes, asesinatos, robos y mucha necesidad. Hace poco, al despertar, me estremeció leer la muerte de un joven al cual conocí cuando era niño. No era mi familiar, pero sí de personas que aprecio mucho. Conocer su muerte me impresionó porque hasta la última vez que había visto una foto de él en las redes sociales se veía feliz y lleno de vida. Y me hizo recordar lo efímeros que somos en este mundo. Conocemos del hoy, del ahora, pero no del mañana. Dios en su Palabra compara al hombre con hierba, puede estar hoy y al otro día desaparecer. ¿Qué quiero decirte? No hay nada seguro en este mundo. Lo único seguro que puedes tener es tu vida eterna, si aceptas a Jesús como tu Salvador. Él es el único camino seguro a la vida eterna. No hay nada más. Hoy te invito a aceptarlo en tu corazón. Dale cabida en tu vida. Tu existencia por la eternidad está atada a Él. Si ya lo has aceptado, auto examínate, pídele al Espíritu Santo que te muestre si existe algo en tu ser por lo cual debas arrepentirte y pedir perdón. Jesús es el camino, la verdad y la vida. Tú y yo somos efímeros.

Vision Board

*"Y el SEÑOR me respondió: «Escribe la visión, y haz que
resalte claramente en las tablillas, para que pueda leerse de
corrido. Pues la visión se realizará en el tiempo señalado;
marcha hacia su cumplimiento, y no dejará de cumplirse.
Aunque parezca tardar, espérala; porque sin falta vendrá".*
Habacuc 2:2-3

Por muchos años una de mis amigas me estuvo
hablando de lo que era un Vision Board y me alentaba a que
realizara uno. ¿Sabes qué es un Vision Board? Es una
herramienta para representar de forma visual nuestras metas,
objetivos y nos recuerda los sueños que queremos alcanzar. Y
a pesar de que esta amiga me insistía, nunca le hice caso.
Muchos años después otra me envió un enlace para que me
registrara en un taller. Como tenemos gustos similares, la
verdad fue que entré, me registré, pero no me percaté sobre
cuál era el tema del taller. Luego de hacer el registro me di
cuenta de que me había matriculado en un taller de cómo crear
un Vision Board. De primera intención comencé a reírme y
pensé en qué diría mi otra amiga cuando lo supiera. Tan pronto
como pude se lo comuniqué y ¿sabes qué? Se registró al taller
también, Ja, ja, ja. Así entré al mundo del Vision Board.

El día del taller construí mi propio Vision Board. Al
final de ese año logré completar 9 metas de las que fueron
plasmadas allí. Ya construí el de este año. Habacuc 2:2-3 lo he
leído en múltiples de ocasiones, pero un día, estando en la
iglesia, cuando leyeron este versículo, Dios me trajo a memoria
mi Vision Board y me hizo entender que lo que hacía me
llevaba a cumplir con la Palabra escrita en este versículo. Hoy
te invito a plasmar tus sueños. Te invito a que construyas tu
Vision Board y corras con tu visión. Cada vez que lo veas,
declara palabra sobre tus sueños. Esta herramienta te ayuda a
expandir tu visión sobre ti mismo(a).

Isaías 54:2 dice: *"Ensancha el espacio de tu carpa, y despliega las cortinas de tu morada. ¡No te limites! Alarga tus cuerdas y refuerza tus estacas"*. Ora para que Dios te dé dirección y que tus sueños estén de acuerdo con Su voluntad. Tu Padre quiere que sueñes, que trabajes por esa idea que Él te susurra y por el cual podrás cumplir Su propósito en ti. Dios te dé la idea para tu Vision Board y que se cumpla, en el nombre de Jesús, ¡Amén! ¡Amén! ¡Amén!

Acción produce bendición

"Donde no hay visión, el pueblo se extravía; ¡dichosos los que son obedientes a la ley!" Proverbios 29:18 (RV)

El poeta trágico griego Sófocles dijo en alguna ocasión lo siguiente: *"Los cielos nunca ayudan al hombre que no quiere actuar"*. Pienso que no estaba lejos de la verdad. Cuando leemos la Palabra de Dios nos encontramos, que cuando Dios declara una bendición, dentro de ella hay un mandato. Hay una parte que nos corresponde hacer. Por ejemplo, Juan 16:33 dice lo siguiente: *"Estas cosas os he hablado para que en mí tengáis paz. En el mundo tendréis aflicción; pero confiad, yo he vencido al mundo"*. Fíjate que nos dice que tengamos paz, nos dice que Él venció, pero nos da la instrucción, el mandato de que confiemos.

En Génesis 12 nos encontramos con Abram (aún Dios no le había cambiado su nombre a Abraham), Dios le dice que lo va a bendecir, que lo va a engrandecer, pero Abram tenía que dejar su tierra, su parentela, la casa de su padre. Dios le declaró bendición, pero para obtenerla tenía que actuar. Hoy te invito a escuchar a Dios. ¿Qué Palabra te ha dado? Dentro de esa Palabra ¿cuál es la acción que debes completar? Cuando actúes verás con tus ojos naturales la bendición. ¡Amén! ¡Amén! ¡Amén!

Día 8

Atravesando el dolor

"Esperamos confiados en el SEÑOR; él es nuestro socorro y nuestro escudo". Salmo 33:20

En el tiempo que llevo trabajando este libro, mi familia ha tenido dos pérdidas, ambos jóvenes. Despertar con noticias así es una sensación horrible, muy fuerte. Se derraman muchas lágrimas y quedan huecos para toda la vida. Lo que me consuela es saber que Dios está con nosotros y que con Él estos momentos se pasan de una mejor manera. Él conforta, sostiene, da aliento, consuelo, paz y nos hace saber que no estamos solos. ¿Has pasado momentos así? Me imagino que sí. Lo que puedo decirte es que, aunque hayan sido dolorosos o aún lo sean, Dios está contigo. Puedes recurrir a Él en todo momento. Es el único que no te abandona, está siempre accesible y sobre todo TE AMA.

Hoy te invito a que, si estás pasando un momento de dolor en tu vida, te refugies en Dios. Él abre sus brazos para recibirte y darte el consuelo necesario. Solo Él conoce realmente lo que sucede en tu interior. Recuerda Él ve tu corazón. Ríndete a Él. Entra en su reposo. Ora, habla con Él sinceramente. También podrías escribirle. ¿Cómo? Sí. Escribir para expresar lo que se siente es una técnica que hasta los psicólogos recomiendan. Yo la aprendí desde niña y me ha ayudado mucho. Ahora mismo me está ayudando. Abre tu corazón a Dios y permite que te ayude a atravesar tu dolor. Es la mejor ayuda que te puedo presentar y te puedo asegurar que su resultado es 100% seguro. Dios está ahí para ti. ¡Amén! ¡Amén! ¡Amén!

Día difícil

"Bendito sea el Señor, nuestro Dios y Salvador, que día tras día sobrelleva nuestras cargas". Salmo 68:19

¿Alguna vez has fallado en algo en tu trabajo? ¿Se te ha olvidado una tarea con la que debías cumplir? ¿Has hecho lo que te corresponde, pero nadie ve lo que haces? Todos hemos pasado por eso. ¿La razón? No somos perfectos. Yo soy un poco (por no decir mucho) despistada y me ha ocurrido lo antes mencionado. También me he esforzado en ciertas tareas y nadie ha notado mi esfuerzo o no me lo han hecho saber. Esto en muchas ocasiones puede causar tensión, frustración, ansiedad, preocupación, desasosiego…y muchas cosas más. Eso no queda ahí, porque esa carga nos la llevamos al hogar, nuestros seres queridos lo notan, se preocupan, quisieran poder ayudar y en muchas ocasiones realmente no pueden hacer nada. Y si no tenemos dominio propio podríamos herirlos con nuestras palabras y actitudes, cuando realmente ellos no tienen la culpa de lo que nos sucede. ¿Qué podemos hacer? Recurrir a Dios. Isaías 40:29 dice: *"Él fortalece al cansado y acrecienta las fuerzas del débil"*. Ser sinceros delante de Su presencia. En Proverbios 30:1 vemos un hombre llamado Agur que le habla a Dios así: *"Cansado estoy, oh, Dios; cansado estoy, oh, Dios, y débil"*. Fue sincero al hablarle a Dios. Él Señor ya sabía cómo él se sentía, pero quería escucharlo de sus labios, así como quiere escucharlo de los tuyos. Esta mañana Dios escuchó de mis labios cómo me sentía respecto a varias cosas de mi vida y cuando me levanté después de haber orado, lo hice con nuevas fuerzas. No mis propias fuerzas, sino las que provienen de Dios. Hoy te invito a que vayas a la presencia de Dios y le cuentes cómo te sientes. Tal vez dices: "No me siento mal, no he tenido un día difícil". Pues ve a Su presencia y agradece. Siempre tenemos algo que decirle a Dios, sea un día difícil o no. ¡Amén! ¡Amén! ¡Amén!

Día 10

Cartas de amor

"Ustedes mismos son nuestra carta, escrita en nuestro
corazón, conocida y leída por todos. Es evidente que ustedes
son una carta de Cristo, expedida por nosotros, escrita no
con tinta, sino con el Espíritu del Dios viviente; no en tablas
de piedra, sino en tablas de carne, en los corazones".
2 Corintios 3:2-3

Acepté el reto de leer un libro por mes. Cada libro debe tener un tema específico. Por ejemplo, este mes era una biografía. En esta que estoy leyendo los protagonistas comparten cartas de amor. Son unas cartas hermosas. Se hablan de una forma tan sincera y sin reservas que quedé impresionada. No pensé que hoy día, con los avances de tecnología, las personas usaran este medio de comunicación y se hablaran de esta manera. Dios me quiso dar una prueba más de este tipo de comunicación de amor. Hoy fui a visitar a una pareja de ancianos. Llevan 19 años de casados y ella lleva los últimos cuatro encamada. Es una pareja que aprecio y quiero mucho en el amor del Señor. Fui junto con dos amigos. Hablamos de muchas cosas, pero hubo un momento especial cuando la anciana comenzó a aconsejar sobre el matrimonio a mis amigos, quienes están recién casados; ella hizo un énfasis especial en el tema de la comunicación. Luego salió a relucir que su esposo aún le escribe cartas de amor. Él buscó dos ejemplos de sus cartas. ¡Eran hermosas! Fue maravilloso escuchar el contenido que me hizo pensar que así mismo es Dios con nosotros. Él nos escribió cartas de amor. ¿Dónde están? En la Biblia. Ábrela y descubre lo que quiere hablar a tu corazón. Permite que te enamore con sus hermosas palabras que son verdad y vida. Él es amor. Dios te ama. Lo dejó plasmado en cada página, en cada letra de Su Palabra. Date la oportunidad de conocerlo y permite que te enamore. Él quiere tener amores contigo. Dale entrada a tu vida. Recibe sus cartas de amor. Y luego sé tú una carta de amor para otros.

Mantente firme

"Y la paz de Dios, que sobrepasa todo entendimiento,
cuidará sus corazones y sus pensamientos en Cristo Jesús".
Filipenses 4:7

Al momento de hacer este escrito, en Puerto Rico está temblando la tierra. Llevamos varios días así y no estamos acostumbrados. Sí conocemos las experiencias de huracanes. Por ejemplo, Huracán Hugo, Huracán George y Huracán María. Pero la experiencia de temblores o terremotos es realmente nueva para todos nosotros. Así qué me pareció curioso que fuese a escribir esta reflexión en este día. Dentro de esta situación se ha probado en quién realmente creemos. Ha sido una experiencia para mantenernos firmes en nuestra fe y en nuestra visión en Dios. He podido comprobar el tener la paz de Dios, aún dentro de las circunstancias difíciles. Dios ha guardado mi corazón en completa paz. Me hizo recordar que todo lo puedo en Cristo que me fortalece. Mi vista debe estar puesta en Dios, creer y mantenerme firme en Él, sin importar las circunstancias que me rodean. Puede haber períodos duros, áridos, fuertes, otros pueden ser fáciles, fructíferos y suaves. Pero en todos ellos, en todo momento Dios está presente. Siempre Él está conmigo y contigo. Siempre va a nuestro auxilio. Dios nos completa para que sigamos hacia adelante. Él es fiel. No lo olvides nunca y mantente firme.

Día 12

Expansión positiva

"No se amolden al mundo actual, sino sean transformados mediante la renovación de su mente. Así podrán comprobar cuál es la voluntad de Dios, buena, agradable y perfecta".
Romanos 12:2

Salmo 147:5 dice: *"Excelso es nuestro Señor, y grande su poder; su entendimiento es infinito"* En el mundo se viven periodos fuertes, dolorosos y llenos de ansiedad. En momentos así debemos preguntarnos: ¿cómo lo voy a manejar? La respuesta es: cambiando nuestro enfoque. Si prestas atención solo a la situación, tendrás problemas, ya que la mente expande lo que es malo, lo amplifica. Sin embargo, si comienzas a prestar atención a lo positivo que hay dentro de todo, entonces tu mente se expande con optimismo y contentamiento.

Debes ser consciente, determinante, persistente para hacer tu cambio de mentalidad. Concéntrate en tu relación con Dios. Lee Su Palabra, medítala, guárdala y haz lo que te indica. Este es tiempo de amar a Dios por encima de todo y de amar a tu prójimo. Salmo 27:4 dice: *"Una sola cosa le pido al SEÑOR, y es lo único que persigo: habitar en la casa del SEÑOR todos los días de mi vida para contemplar la hermosura del SEÑOR y recrearme en su templo".* Salmo 119:148 expresa: *"En toda la noche no pego los ojos, para meditar en tu promesa".* Busca al Señor en todo tiempo. Si en las noches no puedes conciliar el sueño, aprovecha ese tiempo con Dios y Él los llenará de Su paz. Lee lo que dice Efesios 3:16-17: *" Le pido que, por medio del Espíritu y con el poder que procede de sus gloriosas riquezas, los fortalezca a ustedes en lo íntimo de su ser, para que por fe Cristo habite en sus corazones. Y pido que, arraigados y cimentados en amor".* Dios es amor. Expande tu mente siendo optimista.

Enfrentando temores

"El SEÑOR lo encaró y le dijo: —Ve con la fuerza que tienes, y salvarás a Israel del poder de Madián. Yo soy quien te envía". Jueces 6:14

Gedeón fue escogido para salvar a Israel. Israel había vuelto a adorar dioses y Dios permitió que fueran otra vez oprimidos por otras naciones. En esta ocasión por Madián. Estuvieron así por 7 años. Ahí entonces Israel comenzó a clamar a Dios porque sufría mucho. Dios escogió a Gedeón para que en esta ocasión fuera el juez de su pueblo. Gedeón le pidió pruebas a Dios para saber que realmente lo estaba llamando. El Ángel de Dios con su vara tocó la carne y el pan que Gedeón le trajo y que estaba empapado con caldo, surgió fuego y lo consumió. El vellón de lana estuvo seco en tierra húmeda. Dios le dio todas las pruebas que Gedeón pidió. ¿Alguna vez te has sentido como Gedeón llamado por Dios y con temor? En mi vida he tenido ocasiones donde Dios me ha llamado para que cumpla alguna función y en un principio he tenido temor. En alguna ocasión fui líder de las mujeres de la Iglesia y fue un tiempo retante para mí, ya que ser líder conlleva mucho esfuerzo y trabajo. Pero en un momento dado, a través de la historia de Gedeón, Dios me recordó que fui escogida por Él para realizar esa tarea. Me recordó que estaba conmigo en todo momento y que Él era mi fortaleza. Me hizo saber que estaba ahí conmigo y que solo tenía que confiar en Él. Hoy Dios quiere hablar a tu vida de esa manera. Desconozco los retos que estás enfrentando, a qué te ha llamado Dios, dónde te ha indicado que debes dirigir tus esfuerzos. Pero hoy, Dios te dice qué Él está contigo, que va delante de ti, que nunca te deja, que nunca te desampara, que es tu fiel acompañante, siempre cuida de ti, siempre vas bajo Su protección, bajo Su cuidado, nunca te deja solo. Por tal razón, ten la seguridad de que tú fuiste escogido. Solo escucha Su voz y dile: *"Heme aquí envíame a mi"*. (Isaías 6:8)

Día 14

Consulta a Dios

"Los filisteos atacaron la ciudad de Queilá y saquearon los graneros. Cuando David se enteró de lo sucedido, consultó al SEÑOR: —¿Debo ir a luchar contra los filisteos? —Ve —respondió el SEÑOR—, lucha contra los filisteos y libera a Queilá". 1 Samuel 23:1

Fui criada en el evangelio. Orar y leer la Palabra era algo que yo veía diariamente, gracias al ejemplo de mi mamá. Para mí era normal verla de rodillas, clamando al Señor. De niña intentaba hacer lo mismo que ella. Consultar a Dios por las cosas era normal para mí. ¿Cómo fue en tu caso? Tal vez tuviste un ejemplo como el mío o tal vez conociste al Señor siendo joven o adulto. Si es así, lo grandioso es que lo conociste y le sirves hoy. Aún criada con este ejemplo, por cosas de la vida, me alejé de Dios, en el sentido de que dejé de congregarme y leer su Palabra diariamente. A veces agarraba mi Biblia y leía pasajes de ella, aún más cuando llegaba la Semana Santa. Con lo que me quedé del ejemplo de mi mamá fue que cada vez que tenía que tomar una decisión importante o necesitaba dirección respecto a algo oraba, consultaba a Dios. Recuerdo que le decía: Señor, yo sé que no estoy bien en tus caminos, pero por favor…y ahí le hacía la consulta. Lo más hermoso de todo esto es que, aún en mi condición de pecadora, Dios tenía misericordia de mí y me contestaba. Proverbios 26:2 dice lo siguiente: *"Instruye al niño en el camino correcto, y aun en su vejez no lo abandonará"*. Eso ocurrió conmigo. Aún en mi época alejada de Dios tenía presente que debía consultarlo. Hoy quiero invitarte a que si consultar a Dios no es algo que hagas con regularidad lo comiences a hacer. Consulta a Dios diariamente. Aunque pienses que es una tontería, hazlo. Te sorprenderás de los resultados que obtendrás al colocar todo en Sus manos. Consulta a Dios.

La corriente de Dios

"Cada cual examine su propia conducta; y, si tiene algo de qué presumir, que no se compare con nadie". *Gálatas 6:4*

Hay dos corrientes: la del mundo y la de Dios. La del mundo en un principio puede parecer muy bella. Llena de glamour, lujos, satisfacciones momentáneas, tiempos felices que tendrán un final, etc. La de Dios podría parecer un poco estrecha, sin mucho glamour, tal vez un poco difícil por ir en contra de la corriente mundial, pero tiene un gozo que no acaba, todo lo ganado será para la eternidad. Hay que aprender a vivir en Su corriente y salir de la corriente del mundo. Mateo 6:24 dice: *"Nadie puede servir a dos señores, pues menospreciará a uno y amará al otro, o querrá mucho a uno y despreciará al otro. No se puede servir a la vez a Dios y a las riquezas"*. Cuando tratas de vivir en la corriente del mundo, los primeros días, tal vez te vaya "bien", pero llega el momento en que como decimos en Puerto Rico "se vira la tortilla" y comienzas a vivir situaciones desagradables y tomas malas decisiones. El único objetivo del mundo es destruirte. Romanos 12:2 expresa lo siguiente: *"No se amolden al mundo actual, sino sean transformados mediante la renovación de su mente. Así podrán comprobar cuál es la voluntad de Dios, buena, agradable y perfecta"*. ¿Y cómo renovamos la mente? Leyendo la Palabra y comunicándonos con Dios por medio de la oración. Dios nunca se ha olvidado de ti. Él siempre está cerca de ti. Cuando decides creerle a Dios y vivir en Su corriente, pasan muchas cosas en tu vida: te fortalece, te restaura, resurges de tu ruina, te multiplicas, te honra, te acerca a Él… Jeremías 30:22 dice: "Ustedes (tu) serán mi pueblo (eres parte del pueblo de Dios), y yo seré su Dios (Él será tu Dios)". Jesús es la corriente correcta. Tu victoria está al otro lado de la meta, solo tienes que cruzarla. Debes estar en la corriente correcta, la corriente de Dios.

Día 16

Escogidos para este tiempo

"Guarda silencio ante el Señor, y espera en él con paciencia..." Salmo 37:7

Este fue el título de una de las reuniones de un grupo al que pertenezco que se llama Bible Journaling Coffee (puedes buscarlo en FB, Instagram y YouTube). Este es un grupo donde estudiamos la Palabra de Dios de una manera creativa. La ilustración que usamos ese día incluía un reloj y un hermoso vestido de gala. Al ver el vestido pensé en las palabras alegría y gozo. Era como si me anunciara que lo que está por venir es bueno y sé que es así porque Sus planes son de bien para mí y para ti (Jeremías 29:11). El reloj me recordó que el tiempo de Dios es muy diferente al nuestro. Su tiempo es perfecto. A veces podemos desesperarnos porque pensamos que Dios está tarde (¡qué atrevimiento el nuestro!). La realidad es que Él es perfecto y llega justo a tiempo.

Hoy te invito a esperar Su tiempo e ir preparándote para la ocasión. Prepárate para el momento en que Dios cumplirá tus sueños, tus anhelos, Su propósito en ti. Créeme que en el cielo habrá fiesta por este acontecimiento. Dios te ama, por lo cual quiere lo mejor para ti. Entiende, aprecia y agradece que fuiste escogido(a) para este tiempo. ¡Amén! ¡Amén! ¡Amén!

Has cambiado mi lamento en baile

"Convertiste mi lamento en danza; me quitaste la ropa de luto y me vestiste de fiesta". Salmo 30:11

El mundo y todo lo que lo compone intenta alterarnos la vida, poner obstáculos en nuestro andar… intenta quitarnos el gozo que proviene del Señor. Esta semana ha sido de esas en las que uno camina sustentado del alimento espiritual que ha buscado en los días buenos. Ha sido un poco fuerte emocionalmente para mí. ¿Has tenido días así? Hay momentos en los cuales nos cuesta levantarnos de la cama, sonreír, hablar… porque nuestro corazón ha permitido la entrada a la tristeza, al desasosiego (intranquilidad), desesperanza… Pero fíjate que expresé que uno lo permite. Ayer esos sentimientos eran más fuertes, hoy menos, pero ahí estaban esos sentimientos de derrota e insatisfacción, incluso en mi momento de oración y de leer la Palabra (mi tiempo con Dios). Continué mis cosas del día: limpiar, leer (terminé un libro y comencé otro) y entre cada cosa Dios puso en mi corazón que cantara la alabanza *"Has cambiado mi lamento en baile, me ceñiste todo de alegría. Por tanto a ti cantaré gloria mía, gloria mía. Solo a ti cantaré gloria mía, gloria mía…"* Y obedecí. Fue inmediata la diferencia de como me sentía a como me sentí luego de cantar. Nuestra lucha no es contra carne ni sangre, sino que es espiritual. Es una lucha diaria. Hay que echar mano de lo que tenemos en la reserva de nuestro corazón cuando el enemigo quiere que olvidemos que Cristo nos hizo libres, que Él ya pagó por nuestros pecados, que quien reina en nosotros es Jesucristo, que Él nos sacó del lodo cenagoso, que ya nuestra tristeza fue cambiada por el Rey de reyes y Señor de señores. No permitamos que nuestra perspectiva sea engañada, ni cambiada. Tenemos el gozo del Señor que no se ajusta a nuestra realidad natural, sino a nuestra verdad espiritual. Dios ha cambiado nuestro lamento en gozo. ¡Aleluya!

Día 18

Profundidad

"Moisés extendió su brazo sobre el mar, y toda la noche el
SEÑOR envió sobre el mar un recio viento del este que lo hizo
retroceder, convirtiéndolo en tierra seca. Las aguas del mar
se dividieron, y los israelitas lo cruzaron sobre tierra seca".
Éxodo 14:21-22

Para mi leer la Palabra es siempre una nueva aventura.
La Palabra es viva, por tanto, cada vez que la leo, algo nuevo
dice a mi vida, algo añade, algo me enseña. Para mí leer la
Palabra es refrescante. Cada día tengo mi tiempo con Dios. Es
el momento que saco para orar, leer la Palabra, adorar, alabar
a Dios y decirle lo agradecida que estoy con Él y cuánto lo
amo. Una mañana en ese tiempo el libro que uso como
devocional me llevó a una de tantas historias que tiene la Biblia
que leo y releo, y no dejan de sorprenderme jamás. Es el
momento cuando Israel cruza el Mar Rojo. Con mi mente finita
trato de imaginar a ese pueblo cruzando en seco ese mar. Y
cuando estaba imaginando la escena Dios dijo a mi corazón:
"Caminaron en profundidad". Esas palabras calaron muy
hondo en mí. Ese pueblo salió de esclavitud a libertad y ahora
caminaban en profundidad a causa de la presencia de Dios en
sus vidas. A causa de que Dios iba con ellos. La Palabra
registra que delante de ellos iba una columna de nube de día y
una columna de fuego de noche. Dios estaba con ellos. Así
ocurrió con nosotros. Dios nos liberó de la esclavitud del
pecado. Nos redimió a través de Jesucristo. Camina con
nosotros día y noche con Su Espíritu Santo. Y nos invita a
través de Su Palabra y de nuestra relación diaria de intimidad
con Él a caminar en profundidad. Tengamos **P**erseverancia,
Resiliencia, **O**bediencia, **F**e, **U**nión, **N**obleza, **D**isposición,
Insistencia, **D**eterminación, **A**mor y sobre todo a **D**ios en
nuestras vidas.

En fin, tengamos profundidad.

Yo estaré ahí

"Hay un río cuyas corrientes alegran la ciudad de Dios, la santa habitación del Altísimo". Salmo 46:4

Dios, gracias por ser nuestro amparo, fortaleza, nuestro auxilio en los tiempos de angustia, en tiempos de aflicción. Por eso seremos valientes y no permitiremos que de ninguna manera el temor se adueñe de nuestro ser. Sabemos que el temor no te pertenece. Tus ríos de aguas de vida corren por nuestro ser, sacian nuestra sed. Padre, aquí estamos con un corazón dispuesto a escuchar Tu voz.

Gracias por ayudarnos, por estar con nosotros, por ser nuestro refugio. Padre, estamos quietos en Tu presencia porque queremos conocerte cada día más. Te exaltamos, te alabamos, te adoramos, Señor. Sabemos que estás con nosotros cada segundo de nuestras vidas. Gracias porque estas aquí, gracias por permitirnos disfrutar de tu presencia o simplemente descansar en ella.

Eres nuestro refugio, querido, amado Dios. ¡Aleluya!

Día 20

Bienaventurados

"Tú, oh Dios y Salvador nuestro, nos respondes con imponentes obras de justicia". Salmo 65:5

Dios, para ti es toda la alabanza. Sabemos que oyes nuestra oración. A ti iremos en TODO tiempo. Tú perdonas nuestros pecados. Somos bienaventurados porque te hemos escogido a ti, Señor. Somos saciados de tu bien en este día. En nosotros habita tu justicia. Jesús, tú eres nuestro Salvador, nuestro Benefactor. Tuyo es el poder y la valentía. Tú alegras nuestras mañanas y atardeceres. ¡Qué hermosos son Señor!

Tú eres quien sostienes la Tierra con tus aguas de vida. Tú coronas este año con tu bien. Por lo cual expresamos nuestro júbilo y cantamos para tu gloria y honra, por la eternidad. Somos bienaventurados, somos dichosos, somos afortunados, somos bendecidos gracias a tu presencia en nuestras vidas. Permítenos reflexionar hoy en la verdad de cuán bienaventurados somos porque tú viniste a nuestro recate y nos redimiste. Tú Jesús eres nuestro Salvador. ¡Amén! ¡Amén! ¡Amén!

Éxito

"¿De qué sirve ganar el mundo entero si se pierde la vida?
¿O qué se puede dar a cambio de la vida?" Mateo 16:26

Según el diccionario de Google éxito se define como: "Resultado, en especial feliz, de una empresa o acción emprendida o de un suceso. Cosa que supone un éxito o resultado feliz. Algo que se comienza y termina feliz". ¿Sientes que has tenido o tienes éxito en tu vida? La contestación va a depender de la perspectiva que estés utilizando: terrenal o celestial. Somos expertos en pensar, tomar decisiones y hacer cosas por nuestra cuenta. Esa es una perspectiva natural. Pero cuando consultamos a Dios, escuchamos Su voz, Su mandato y obedecemos, es una perspectiva celestial. ¿Cuál utilizas tú? Con los años he aprendido que para obtener "éxito" debo utilizar la perspectiva celestial. Al hacerlo así cumplo con el propósito de Dios en mi vida. Aún hay cosas que anhelo que mis ojos naturales no han visto, pero sí he cumplido con tareas, roles, instrucciones que Dios ha hablado a mi vida. Y sé que delante de Dios he tenido éxito, aunque tal vez para el mundo no. Aún me falta mucho por recorrer, por aprender, por aplicar...pero quiero hacerlo a la perspectiva de Dios para alcanzar Su propósito para mi vida, lo que me llevará al verdadero éxito. Te invito a que hables con Dios, le pidas que te muestre Su propósito para ti y pongas manos a la obra. Si lo haces tendrás el éxito asegurado delante del Señor.

"En conclusión, ya sea que coman o beban o hagan
cualquier otra cosa, háganlo todo para la gloria de Dios".
(1 Corintios 10:31)

Día 22

Gracias

"Cada mañana y cada tarde debían estar presentes para agradecer y alabar al Señor". 1 Crónicas 22:30

Hoy me levanté, como decimos en Puerto Rico, con el cuerpo "cortao". Eso quiere decir que me siento como si me fuera a enfermar. Me duele la garganta y el cuerpo. En fin, no es de mis mejores días. No fui ni al gimnasio por el malestar. Pero en la noche debo dar clases de la Biblia en mi iglesia. Así que, he descansado lo más posible, he bebido medicamentos que me ayuden a mejorar y, claro está, bebí café. Escribo mientras me disfrutó el sabroso café. Aún sintiéndome así, tuve en la mañana mi tiempo con Dios. Le di gracias por un nuevo día, por la vida. Todos los días hay que dar gracias e interceder por otros. Hay que estar conscientes de que cada día Él trabaja en nuestras vidas, arregla cosas en nuestro ser para cuando venga a buscarnos seamos dignos de Él. ¿Ya le has dado gracias a Dios hoy? Si no lo has hecho, vamos a hacerlo ahora juntos. "Gracias Dios. Te alabaremos por siempre. Tú eres nuestro Padre y te exaltaremos. Eres único y poderoso. Gracias por la vida, por tus enseñanzas, por tu cuidado, tu protección, tu sabiduría…Gracias porque trabajas en nosotros día a día. Gracias Señor por moldearnos cada segundo de nuestra existencia para ser vasijas dignas de ti cuando vengas por nosotros, tu Iglesia. Que tu Espíritu Santo nos llene hasta que rebocemos. Una vez más Señor, GRACIAS, en el nombre de Jesús. ¡Amén! ¡Amén! ¡Amén!

Buen Pastor

"Antes eran ustedes como ovejas descarriadas, pero ahora han vuelto al Pastor que cuida de sus vidas". 1 Pedro 2:25

Cuidar ovejas no es una tarea fácil para el pastor. Aun en la actualidad, un pastor debe cuidar, apacentar, alimentar, acompañar, proteger y defender su rebaño, además de buscar la oveja que se pierda y sanarla. Por ejemplo, hay que bañarla en aceite en más de una ocasión al día porque si no las moscas y otros insectos ponen huevos en sus narices, lo cuales se vuelven gusanos y estos a su vez molestan a la oveja a tal punto que se comienza a pegar en la cabeza fuertemente. Las vuelven locas. Así que el pastor debe prestar especial atención a sus ovejas. Nosotros tenemos al Buen Pastor, Jesús. Él nos cuida de manera especial porque somos únicos, exclusivos y especiales. Como ovejas debemos cada día oír Su voz. Al escucharlo y prestarle atención evitamos que insectos quieran dejar sus huevos (malos pensamientos e ideas equivocadas) en nosotros. ¿Cuáles? Coraje, odio, rencor, desamor, temor, inseguridad, baja autoestima… En griego uno de los significados de oír es obedecer. Así que como ovejas debemos obedecer Su voz. Debemos seguirlo. Seguir el camino que Dios ha trazado para nosotros a través de Jesús, nuestro Salvador. ¡Qué hermoso saber que nuestro buen Pastor nos cuida, nos guarda, nos provee, nos dirige…! Y la meta es la vida eterna junto con Dios, nuestro buen Pastor.

Día 24

Estaciones

*"Todo tiene su momento oportuno; hay un tiempo para todo
lo que se hace bajo el cielo". Eclesiastés 3:1*

Existen cuatro estaciones en el año: primavera, verano,
otoño e invierno. ¿Cuál es tu favorita? Yo pienso que cada una
tiene su singularidad que la hace especial. Cada una tiene su
atractivo. Cada una tiene su belleza. En nuestras vidas pasamos
estaciones. Unas son bien confortantes, deliciosas, agradables;
otras son periodos crudos, con ventarrones, con vientos recios,
fuertes, donde sientes que tu realidad se tambalea. En cada una
de ellas Dios está con nosotros, está en control. Él nos
acompaña, nos guía, nos conforta, nos sustenta, nos da soporte,
nos protege… Todo tiene su momento oportuno. Todo obra
para bien para los que aman a Dios (Romanos 8:28). De cada
estación aprendemos. Esas enseñanzas nos hacen ser más
fuertes, nos hacen crecer, nos hacen madurar.

Disfruta tus estaciones, aprende todo lo que puedas, en
cada una de ellas presta tu oído para escuchar la voz de Dios.
Él siempre está presente y es quien te ayuda a pasar de una
estación a otra. ¡Vívelas!

Fragilidad

"El hombre es como la hierba, sus días florecen como la flor del campo". Salmo 103:15

El día en que nació esta reflexión no pensaba escribir, pero el mundo recibió la noticia de la muerte del exjugador de NBA Kobe Bryant, a sus 41 años. Fue jugador de los Lakers, cinco veces campeón de NBA; fue hijo, padre, esposo, amigo… Murió en un accidente de helicóptero junto con su hija Gina de 13 años y 7 personas más. Una noticia que conmocionó al mundo entero. Todos en algún momento hemos recibido una noticia igual. Se siente como un témpano de hielo en el corazón. El mundo se nos paraliza. Esa es nuestra realidad, sabemos de ahora, pero no de mañana. Cuando nos acostamos, lo hacemos en fe porque realmente no sabemos si vamos a despertar mañana. Somos frágiles. En cualquier momento nos podemos quebrar, sin oportunidad para restablecernos. Hay que aprovechar al máximo el tiempo que Dios nos permite existir. Recibe a Dios en tu corazón. Reconoce que Jesús es tu Salvador y transmite lo que es Su esencia: amor.

Ama a tu familia, a tus amigos, a tu prójimo. A eso estamos llamados. Deja una huella en la vida de todos los que tengan el privilegio de conocerte. Haz el bien a todos. Ten una sonrisa en tus labios para todos, perdona y vive. Eres frágil. Existes ahora, pero no sabes luego, así que haz que valga la pena tu pasar por esta tierra y que sea tu boleto de entrada a la eternidad. Hoy agradece al Señor un nuevo día de vida, un nuevo día de fragilidad. *"Hazme saber, SEÑOR, el límite de mis días, y el tiempo que me queda por vivir; hazme saber lo efímero que soy. Muy breve es la vida que me has dado; ante ti, mis años no son nada. ¡Un soplo nada más es el mortal!"* (Salmo 39:4-5)

Día 26

Mi viejo yo

"Por tanto, mediante el bautismo fuimos sepultados con él en su muerte, a fin de que, así como Cristo resucitó por el poder del Padre, también nosotros llevemos una vida nueva".
Romanos 6:4

Desde que me reconcilié con el Señor al momento en que me pude bautizar en las aguas pasaron alrededor de 3 años. Este era un acto que yo anhelaba con todo mi corazón. Fui criada en el evangelio y conocía de este proceso. El día de mi bautismo me acompañó mi mamá. Ese día nos bautizaríamos un grupo de 20 personas. Desde que llegué al lugar comenzó a caer lluvia, pero era tan fina que parecía rocío. Así se mantuvo en todo momento. Desde que llegué comencé a llorar, no entendía el porqué me pasaba eso. Con los años he aprendido que así trabaja el Espíritu Santo en mí. Fue una experiencia hermosa por todo lo que te he contado, pero más aún porque le dije al mundo que ya no existía mi viejo yo. Dios lo quitó, lo transformó, lo hizo nuevo. Ya no pertenecía al mundo, ya era parte de la hermosa familia de Dios. Claro, fue así desde el día que acepté a Jesús como mi Salvador, pero ese día lo proclamé a los cuatro vientos. El andar no ha sido fácil, pero ha valido la pena. Te invito a que te despidas de tu viejo yo y le des la bienvenida a la nueva criatura. Y si ya lo has hecho sigue disfrutando el andar con nuestro Señor. Alimenta tu relación con Él a través de la Palabra, la oración, la adoración. Que cuando llegue Jesús a buscar Su Iglesia, te encuentre preparado, para abrazarlo y vivir con Él para siempre. Por tal razón, dile adiós a tu viejo yo.

Valentía

"... ¡Sé fuerte y valiente! ¡No tengas miedo ni te desanimes!
Porque el SEÑOR tu Dios te acompañará dondequiera que
vayas". Josué 1:9

Hace unos años tuve la oportunidad de disfrutar, junto a una amada amiga, de una de las atracciones más famosas de Puerto Rico: Toro Verde. Es un parque de aventuras con hermosos paisajes, ubicado en el pueblo de Orocovis. Experimenté de sus atracciones: Zipline (es una actividad que consiste en desplazarse a través de uno, dos o más cables de acero con unas poleas que están extendidos y montados en una inclinación, sujeto en cada extremo por árboles o plataforma, formando un punto de inicio y final) y La Bestia (zipline donde puedes alcanzar una velocidad de hasta 100km/h.). Jamás había hecho una cosa como esta. No puedo negar que me sentía inquieta, a la expectativa de lo que iba a experimentar. ¡Fue emocionante! Ver parte de la naturaleza de la isla desde una gran altura, con el aire rozando en la cara y sentir que vuelas es algo inexplicable. Pero para realizar esa hazaña tuve que ser valiente. Me lo disfruté y mucho, pero no dejaba de tener su riesgo. ¿Y qué no tiene riesgo en esta vida? Cosas tan simples como comer, bañarte, usar una escalera…todo tiene su riesgo y si lo pensáramos no haríamos nada. Pero Dios en su Palabra nos dice que nos esforcemos y seamos valientes. Para vivir cada día tenemos que ser valientes: para trabajar, para amar, para confiar…necesitamos valentía. Y para ser valientes necesitamos tener fe. Debemos creer en Dios, en Sus planes para nosotros y en nosotros mismos para lograr las cosas en la vida. No importa el panorama que tengas ahora mismo en tus manos, enfócate en lo que quieres lograr: estudiar, conseguir un trabajo, educar a tus hijos, destacarte en tu área de trabajo, levantarte de una depresión, disfrutar tus nietos, disfrutar de tu matrimonio…sea lo que sea que quieres alcanzar, ten fe en Dios y ten valentía. Tú puedes hacerlo y lo lograrás, en el nombre de Jesús. ¡Amén! ¡Amén! ¡Amén!

Día 28

La barca

"Subió entonces a la barca con ellos, y el viento se calmó…"
Marcos 6:51

Fui criada en el evangelio, doy gracias a Dios por eso. En mi vida se ha cumplido el siguiente versículo: *"Instruye al niño en el camino correcto, y aun en su vejez no lo abandonará"*. (Proverbios 22:6) Pero en un momento de mi vida me aparté. Quise crear mi propio camino. Vivir según mis reglas, condiciones, sin dirección de mi Padre. Siempre le agradezco que, aunque viví así, Él tuvo cuidado de mí. Cuando miro mi ayer sé que estuve expuesta a muchas cosas que hubiesen tenido grandes consecuencias en mi vida y gracias a Él, a su misericordia, no las viví. Pero llegó un gran viento a mi vida que me azotó. Fue un periodo fuerte para mí. Antes de que llegara esta temporada Dios me estuvo llamando, invitando a amarlo, por diferentes personas y circunstancias y yo lo ignoraba. Estuvo por 7 años invitándome a que llegara a la Iglesia donde me congrego hoy en día y siempre tenía una excusa para no llegar.

Cuando llegó ese gran viento recordé todas estas invitaciones y llegué a la Iglesia. Durante las primeras visitas a la iglesia estaba un tiempo, pero a cierta hora me iba, aunque el servicio no hubiese terminado. También tenía dudas porque la Iglesia no era al estilo, al formato en el que me habían enseñado. Un domingo me arrodillé en mi cuarto y oré en silencio. Le dije al Señor que yo quería servirle, que me hiciera saber si ese era el lugar donde Él me quería, que, si no era allí, me indicara dónde, porque quería rendirme ante Él. Ese día, ese domingo, mientras el pastor ministraba, una señora que estaba sentada delante de mí se viró y me dijo: "Así te dice el Señor, es aquí donde te quiero. Solo anhelo que me dediques más tiempo del que me das". Dios contestó mi oración directamente. Mi vida, mi barca, estaba siendo azotada por vientos recios, reconoció cuando Jesús entró en ella y llegó la calma. Dios me dio Su paz. De eso ya han transcurrido muchos años, los vientos han querido azotar nuevamente mi barca, pero en cada ocasión Jesús me recuerda que Él está en control. Él es el capitán de mi barca. Si Jesús ya es el camino que recorres te felicito, pero si aún no es así te invito a que permitas que Jesús sea tu capitán. Conocerás la gran diferencia de vivir con Él dirigiendo el timón. Su presencia lo cambia todo. Date la oportunidad. Él te ama. No te arrepentirás. Si confías y dependes de Él tu barca llegará a puerto seguro. ¡Amén! ¡Amén! ¡Amén!

Día 29

Pasará

"El cielo y la tierra pasarán, pero mis palabras jamás pasarán". Mateo 24:35

Escuché una historia muy interesante. Un rey llamó a todos los sabios de su reino. Les dijo que se reunieran y entre todos le escribieran en un papel un consejo para guardarlo en su sortija. Un consejo que cuando él pudiera estar en una situación extrema lo pudiera ayudar. Los sabios se reunieron, escribieron el consejo, se lo dieron al rey y este, sin abrirlo, lo guardó en su sortija. Pasó el tiempo y el reino fue atacado por sus enemigos. Todo estaba destruido. El rey al ver su situación se trasladó a lo alto de una montaña porque iba a ponerle fin a su vida. De momento se acordó del papel que guardaba en su sortija y decidió leerlo. Cuando abrió el papel se encontró con lo siguiente: "Todo esto pasará". Al leerlo, el rey cambió de parecer.

¿Alguna vez te has sentido que estás al límite de tus fuerzas, que no puedes más? ¿Te sientes así en este momento? Pues déjame decirte que todo pasará. Hay esperanza para tu vida y los tuyos. Hay solución para tu circunstancia. Hay un respiro dentro de todo lo que estás viviendo. Jesús es ese camino, esa puerta, esa solución, ese respiro. Habla con Él, entrégate a Él, descansa en Él. Lee, medita, guarda y haz como nos enseña Su Palabra y verás cómo puedes ver el rayo de luz dentro de la oscuridad. Habrá días buenos y otros no tan buenos, esa es una realidad, pero, aunque todo pasará, hay una cosa que siempre tendrás, si así lo deseas: Su Palabra. Esta no pasará. ¡Aleluya!

Dios es TODO

"Los preceptos del Señor son rectos: traen alegría al corazón. El mandamiento del Señor es claro da luz a los ojos". Salmo 19:8

Hay una alabanza que me gusta mucho, se llama: *Portador de tu gloria seré.* Habla de que el cielo y las estrellas son portadores de la gloria de Dios. Son cosas que existen y toda la creación los puede ver. Son prueba irrefutable del poder, señorío y grandeza de nuestro Dios. Así mismo, el rey David lo reconoce en el Salmo 19. Ver estas cosas cada día de nuestra vida debe llenarnos de fuerza, energía y esperanza para continuar nuestro caminar. Nos debe dar confianza en nuestro porvenir, alegría, gozo y deleite a nuestro existir.

¿Alguna vez te has detenido a observar el cielo, o el gran pabellón como lo llama David? ¿Alguna vez te has detenido para sentir los rayos del Sol sobre tu piel? ¿Alguna vez has cerrado los ojos, respirado profundo para escuchar el sonido de la naturaleza? Si no lo has hecho, hazlo. Saca tiempo para estas cosas que parecen sencillas, tal vez hasta tontas, pero en cada experiencia disfrutarás de las maravillas de Dios y te harás consciente de Su existencia, de Su esencia para reconocer que Dios es TODO. Mientras escribo esto Dios me regala el sonido de los trinos de las aves. Por sobre todo otro ruido que puedo escuchar, esos trinos sobresalen, se hacen más fuerte, para que recuerde que Dios es mi Todo. Hazlo tuyo también. Ámalo, disfrútalo, vívelo y sé portador de Su gloria a otros. Hazle saber a los que te rodean que Dios es TODO.

Día 31

Trabajo

"...Al contrario, día y noche trabajamos arduamente y sin descanso para no ser una carga a ninguno de ustedes".
2 Tesalonicenses 3: 8

Mi trabajo secular como maestra de escuela elemental es bien interesante. Cada día llego con unos planes a seguir en cada clase que imparto, pero mis estudiantes le dan la chispa a mi diario vivir con sus ideas, ocurrencias, acciones…en fin, siempre me llevo una sorpresa con ellos. Llego al aula de clase con una idea de lo que quiero cubrir o conseguir, pero no con la certeza de lo que va a ocurrir. En una de mis clases, en algún momento realizo estas preguntas: ¿Tus padres o encargados trabajan? Si es así, ¿en qué? Lo curioso del asunto es que me responden rápidamente los alumnos cuyos padres trabajan fuera del hogar, pero siempre hay uno que otro que no levanta su mano. Cuando comienzo a indagar qué ocurre en sus hogares su respuesta por lo general es: "Es que no trabajan". Siempre sé que esa respuesta va a llegar. Entonces les hago preguntas como las siguientes: ¿Quién lava la ropa? ¿Quién cocina? ¿Quién te ayuda en las asignaciones?... y al final les pregunto ¿Y eso no es trabajo también? Su rostro cambia cuando llegan a la conclusión del que el esfuerzo que realizan sus padres y encargados es también un trabajo. Claro, sabemos que ese trabajo se realiza con todo el amor del mundo ya que es para sus seres queridos. A lo que quiero llegar es que siempre hay un trabajo que realizar. Siempre hay algo más que hacer. En este mundo hay mucho que realizar por nuestro prójimo. Como hijos de Dios estamos llamados a llegar a otros como ayuda y sobre todo para llevar las Buenas Nuevas. No podemos estar sin hacer nada. Hay algo que te toca realizar, puede ser en tu urbanización, en tu barrio, en tu pueblo, en tu país. No importa el nivel que te corresponda, hay un trabajo que realizar. Hazlo recordando que lo que haces es para el Señor. Hazlo de corazón y recibirás tu bendición. ¿Qué trabajo puedes realizar hoy? ¡Manos a la obra!

Reposo

"En tal reposo entramos los que somos creyentes…".
Hebreos 4:3

Cuando llegan las temporadas de verano e invierno soy feliz, porque eso significa reposo para mí, ya que descanso de mi trabajo como maestra. Aunque amo mi trabajo y lo disfruto mucho, llega el momento en que necesito reposar. En mi trabajo debo estar al pendiente de muchas cosas: 20 a 30 niños, buscar el material que voy a impartir, conseguir el material necesario para que sea mejor la enseñanza que quiero llevar, atender las preocupaciones y preguntas de los padres, cumplir con las exigencias de mis superiores, etc. A todo eso tengo que sumarle mi responsabilidad en la Iglesia como maestra de estudios bíblicos, ciertos compromisos relacionados a mi libro anterior ¡*Amén!* ¡*Amén!* ¡*Amén!* y las responsabilidades del hogar. ¡Uff!, hago muchas cosas a la vez. Por eso, intento tener un plan, alguna alternativa para mi tiempo de descanso. He conocido personas que se les hace muy difícil sacar tiempo para reposar. Dios nos dice que cada día tiene su propio afán: *"Por lo tanto, no se angustien por el mañana, el cual tendrá sus propios afanes. Cada día tiene ya sus problemas".* (Mateo 6:34) O sea, se vive un día a la vez. También he aprendido que para poder seguir sirviendo en el cuerpo de Cristo debo tener salud para poder realizar mi labor. Así que, ¿por qué no descansar? Dios lo hizo: *"Al llegar el séptimo día, Dios descansó porque había terminado la obra que había emprendido".* (Génesis 2:2) ¡Qué mejor ejemplo! ¿Hace cuánto no te tomas, aunque sea un fin de semana de descanso? Te invito que lo hagas. Despeja la mente de tu rutina que tal vez es un poco agobiante. Saca de ese tiempo para retirarte con el Señor y entra en Su paz. Reconéctate con los tuyos, reúnete contigo mismo. Respira profundo. Disfruta de lo que te rodea. Llénate de energía para continuar con lo que Dios ha puesto en tus manos. Entra en el reposo del Señor.

Día 33

Irreparable

"Pero la vasija que estaba modelando se le deshizo en las manos; así que volvió a hacer otra vasija, hasta que le pareció que le había quedado bien". Jeremías 18:4

Cuando tenía 14 años mi padre me llevó a un parque acuático que había en P.R. Recuerdo que lo pasé muy bien. En ese lugar había una tienda y allí mi padre me compró una figura con la forma de un reloj de arena que tenía en el fondo un líquido rojo. Según las instrucciones, uno debía sujetarlo y la velocidad en la que subiera el líquido determinaba cuan enamorado uno estaba, ja, ja, ja, ja… Y uno a esa edad creía cosas así. Por muchos años cuidé con mucho cuidado esa figura porque era un recuerdo de mi tiempo con mi papá (soy hija de padres divorciados). Pero un día, mientras limpiaba la figura se me cayó y se hizo añicos. Era irreparable. Así que solo me queda el recuerdo de ese pasadía con mi papá. Así como quedó esa figura muchos de nosotros llegamos al Señor, rotos, sin esperanzas de poder reconstruir nuestras vidas. Y el enemigo en nuestra mente trabaja esa idea. Nos hace pensar que ya no valemos nada, que no tenemos perdón de Dios, que nuestro pasado nos ha marcado para siempre, que nuestros sueños son inalcanzables, que no podemos salir del agujero en el que nos encontramos, que ya estamos muertos en vida. Pero eso no es cierto. Cuando llegamos al Señor, Él nos hace una nueva criatura. Un nuevo camino se abre a nuestros ojos llamado Jesús. Comenzamos a ver que nuestro valor no depende de lo que dice el mundo, sino de lo que nos dice Dios en Su Palabra. Te invito a que leas Romanos 8 para que conozcas cómo cambia nuestra vida cuando conocemos y aceptamos al Señor como nuestro Salvador. Nuestra vida da un giro de 180 grados. Y lo que el mundo dice que es irreparable, Dios dice que lo hace nuevo. ¡Aleluya!

Niebla

"¡Y eso que ni siquiera saben qué sucederá mañana! ¿Qué es su vida? Ustedes son como la niebla, que aparece por un momento y luego se desvanece". Santiago 4:14

Gracias a Dios tengo el privilegio de que casi siempre puedo dormir 8 horas en la noche. Por lo general, me acuesto y despierto temprano. Esta mañana desperté a las 5:30 a.m. y no tenía que trabajar. Así que oré, aunque realmente me paso el día hablando con Dios, me preparé un buen café y miré por la ventana. Me encantó la imagen que vi, niebla. Una niebla bastante densa (que bueno que no tenía que manejar a esa hora). Fue un espectáculo para mis ojos. Al momento pensé en lo bello de la imagen y lo rápido que podría desaparecer dentro de un rato para dar la bienvenida a un Sol radiante. Estaba, pero pronto ya no existiría. Dios me hizo pensar que así somos nosotros. Hoy podemos estar, pero luego no. Vivimos por la voluntad de Dios. Vivimos por Su gracia. Por lo cual, debemos estar agradecidos cada día de nuestras vidas y aprovechar el tiempo que tenemos al máximo. Cumplir nuestro propósito y dejar huellas. Impactar a todo aquel que esté cerca de nosotros de una manera positiva. Llevar de alguna manera la Buenas Nuevas a aquel que esté en nuestro alcance. Dejar sembrado nuestro grano de mostaza para que luego Dios lo haga crecer y se convierta en un gran árbol. No solo existir por existir y desvanecernos como la niebla. Vivir para cumplir nuestra misión que fue encomendada por nuestro Señor Jesucristo. Vivir para servir. Te aliento a que tu paso en esta vida no sea solo niebla. Hay mucho por hacer. Pregúntale a Dios cual debe ser tu próximo paso y Él te lo mostrará, te lo aseguro.

Día 35

El tren

"Dichosos serán ustedes cuando por mi causa la gente los insulte, los persiga y levante contra ustedes toda clase de calumnias". Mateo 5:11

La vida en este mundo no es color de rosa, según nuestra visión. Sin embargo, para Jesús, si padecemos por causa de creerle y obedecerle, entonces somos más que bendecidos. ¿Contradictorio? No, es nuestra realidad, porque no somos de este mundo y por eso no somos comprendidos ni queridos por él. Pero no estamos solos y eso es lo importante. Dios, Jesús y el Espíritu Santo están con nosotros. Están presentes en nuestras vidas.

Corrie Ten Boom (sobreviviente del Holocausto) solía decir: *"Cuando el tren atraviesa un túnel y el mundo se oscurece, ¿te tiras del tren? Por supuesto que no. Te sientas tranquilo y confías en que el conductor te saque de allí".* Así tenemos que vivir la vida, comprendiendo que el conductor de esta es Dios. Y que, aunque pueda haber túneles oscuros, unos más largos que otros, Dios siempre es el que nos dirige. Por lo cual hay que vivir confiadamente. Él sabe lo que es mejor para cada uno de nosotros.

Segunda oportunidad

"De generación en generación se extiende su misericordia a los que le temen". Lucas 1:50

Relacionarnos unos con los otros no es cosa fácil. Cada ser humano es diferente, único, exclusivo. Tenemos características, cualidades diferentes y por tal razón, en ocasiones, podemos estar de acuerdo unos con otros y otras veces no. Incluso puedes tener dificultades con miembros de tu familia y con amistades. Cuando esos momentos llegan no es nada agradable. Pueden desenfocarnos, quitarnos el equilibrio de nuestras vidas, causarnos tristeza y en muchas ocasiones podríamos terminar en depresión. Por eso es tan importante tener en nuestra mente y corazón el amor al prójimo. El querer tratar a los demás como nos gustaría que nos traten. Y uno de esos tratos es dar una segunda oportunidad. Somos seres imperfectos. Nos equivocamos y nos arrepentimos de nuestros actos. Y si así somos, ¿por qué no dar una segunda oportunidad a otros? Si en este momento estás enojado con alguien, tienes rencor en tu corazón con alguna persona, libérate. Perdona. Dependiendo la situación, si puedes tratar de reiniciar la relación con la persona, hazlo. Fíjate que dije dependiendo la situación. Hay ocasiones que solo podemos perdonar, para ser libres porque no se puede restablecer la relación con la persona. Cada día es una segunda oportunidad. Aprovéchala. Llénate del amor a Dios y compártelo con otros. La misericordia de Dios es nueva cada día.

Día 37

Sacrificio

"Y en virtud de esa voluntad somos santificados mediante el sacrificio del cuerpo de Jesucristo, ofrecido una vez y para siempre". Hebreos 10:10

La entrega de Jesús en la cruz, por amor, es el único sacrificio válido. Gracias a esto nuestros pecados han sido perdonados, somos santificados y tenemos vida eterna. Jesús demostró Su inmenso amor por la humanidad en la cruz. En ese madero tan simple y complicado a la vez. Dos maderos cruzados, mostrándole al mundo lo ancho de su amor y lo alto de Su santidad. Demostró Su amor en un madero que en una época fue símbolo de maldición y hoy día es símbolo de nuestra libertad.

¿Qué sientes cuando piensas en el sacrificio de Jesús? No debes sentir culpa, pues Él no te señala. Cuando mires a la cruz, agradece tu libertad. Jesús pagó tu rescate con Su sangre. Mira la cruz y agradece con un corazón dispuesto a ser transformado por Dios. Porque gracias a Jesús, y a Su sacrificio hoy somos libres. ¡Libres!

Instrumento

"—¡Ve! —insistió el Señor—, *porque ese hombre es mi instrumento escogido para dar a conocer mi nombre tanto a las naciones y a sus reyes como al pueblo de Israel".*
Hechos 9:15

Hoy en mi tiempo con Dios, en mi diario espiritual, escribí al Señor que me diera la oportunidad de hablarle en el día de hoy a personas sobre Él, que me permitiera poder dar palabras de aliento a aquel que me encontrara y lo necesitara, y así ocurrió. Estuve en una actividad en la cual tuve que hablar sobre cómo fue mi proceso para publicar mi primer libro. No es la primera vez que lo hago. No es un foro en el cual hablo de Dios directamente, aunque siempre lo menciono, es algo que no puedo evitar. Al terminar la actividad pude hablar con dos personas y a ambas pude darle palabras de aliento, pude hablarles de Dios directamente, pude hablarle de Su Palabra libremente y pude ser instrumento de Dios para llegar a otras vidas. Sé que ambas personas deben vivir sus procesos, nadie lo puede evitar, pero pude darle una palabra de parte de Dios que necesitaban en ese momento, en este día. Todos somos instrumentos de Dios, solo debemos dejarnos usar. Puedes ser viento suave y agua fresca para la vida de otros. Permite que Dios te use, sé Su instrumento y verás lo bien que se siente. Recuerda que estamos aquí para servir, siempre para servir. *"No me escogieron ustedes a mí, sino que yo los escogí a ustedes y los comisioné para que vayan y den fruto, un fruto que perdure. Así el Padre les dará todo lo que le pidan en mi nombre".* (Juan 15:16) La gloria siempre para Dios. ¡Aleluya!

Día 39

Encuentro

"De ti he dependido desde que nací; del vientre materno me hiciste nacer. ¡Por siempre te alabaré!" Salmo 71:6

Hoy estuve viendo un video que mostraba el encuentro de unas hermanas gemelas que fueron separadas al nacer. Una de ellas vio la historia de unos trillizos que se habían conocido ya de adultos y habían sido dados en adopción por la misma agencia que ella fue dada. Ahí tuvo una sensación que le hizo hacer una prueba de ADN en una aplicación famosa que hay para esto. El resultado fue que tenía un pariente. Cuando comenzó a investigar resulta que era su hermana y era su gemela. ¿Se imagina la impresión de esas mujeres al encontrarse? Su encuentro fue muy emotivo. El saber que no estás solo en este mundo y poder comenzar una relación de familia con esa persona. Eso debe ser un suceso muy especial. Pues así de hermoso y maravilloso, o aún más de lo que fue ese encuentro, ha sido el nuestro con Dios. Pero el de nosotros fue desde el vientre de nuestra madre. No sé los pormenores de tu nacimiento, pero lo que si sé es que Él te colocó allí, te dio forma, te dio vida, y desde allí te conoció. Antes de colocarte allí te pensó y te diseñó. Cada vez que te levantas tienes un encuentro con Él porque vives por Su voluntad. Cada día de vida es otorgado por Él. Si sigues unida(o) a Él celébralo. Si por alguna razón te has alejado, te invito a regresar a Dios, a tu origen. Te invito a tener un encuentro que cambiará tu interior y podrás ver tu realidad de una manera diferente. Acepta esta invitación, ten tu encuentro con Dios.

Inocencia

"Entonces dijo: —Les aseguro que a menos que ustedes cambien y se vuelvan como niños, no entrarán en el reino de los cielos". Mateo 18:3

Cuando era adolescente, un 25 de diciembre, gracias a una de mis tías tuve la oportunidad de visitar uno de los parques de diversiones más famosos del mundo: Universal Studios. Es uno de los recuerdos que más atesoro de mi juventud. Me lo disfruté como lo que era toda una adolescente. Al pasar de muchos años, siendo una adulta, tuve la oportunidad de visitar Walt Disney World y Universal Studio. Ya era adulta, pero en cuanto pisé el lugar me convertí en niña. Fue un viaje de dos semanas durante el verano en las que disfruté al máximo. Doy gracias a Dios por esos días porque fueron justamente antes de una intervención quirúrgica que me tendría en reposo por el resto del verano. Fue una experiencia muy dolorosa para mí. Pero en ese tiempo, aún con mi dolor, tuve tiempo para meditar en Dios y en Su Palabra. Cuando podía veía las fotos de esas vacaciones y me hacía sentir bien. Recordaba las cosas que disfruté y lo mucho que me divertí. En la vida debemos ser como niños. Si ellos se caen lloran, se levantan y luego que se calman para volver a correr y a divertirse. Si se enojan con alguien, les dura un rato y luego vuelven a comunicarse con la persona como si nada. Esas son características de los niños que debemos emular. La vida a veces nos golpea bien fuerte, pero tenemos que volver a sonreír. Hay cosas que suceden que con el tiempo entendemos el porqué de eso. Otras, sin embargo, no las llegamos a comprender. Pero no debemos permitir que esos sucesos nos tronchen el resto de nuestras vidas. Hay que ser como niños para vivir y para entrar al Reino de los cielos.

Día 41

Preparado

"...sino mantenernos alerta y en nuestro sano juicio".
1 Tesalonicenses 5:6

Cuando era niña a mi familia le gustaba acampar en la playa. Lo hicimos varias veces. Para poder realizar esa aventura había que prepararse bien y llevar muchas cosas: ropa, casetas, sábanas, comida, utensilios de cocina, linternas, hamaca... Nuestro grupo era de muchas personas: varios tíos y tías con sus respectivos hijos, mi mamá, mi papá y yo. Disfrutábamos mucho esos viajes o por lo menos así lo recuerdo porque era una niña y lo único que sabía hacer era jugar, divertirme y comer. Pero la clave aquí es que los adultos se preparaban.

Nuestra vida en este mundo es una aventura. Cada día nos acostamos con la fe que al próximo día nos vamos a levantar. Cuando llega el día siguiente tenemos muchas cosas planificadas para hacer, y se pueden dar, pero a veces los planes sufren cambios. En mi caso siempre creo que es Dios quien ordena mis pasos. Lo que logre hacer, pues bien. Lo que no logre hacer, pues será otro día. Y lo que hice que no estaba dentro de mi agenda, se lo agradezco a Dios.

Para enfrentar cada día debemos estar preparados. *"...estemos siempre en nuestro sano juicio, protegidos por la coraza de la fe y del amor, y por el casco de la esperanza de salvación".* (1 Tesalonicenses 5:8) En Su Palabra podemos cómo estar preparados. Tenemos la armadura de Dios para nosotros (Efesios 6:10-19) y para cuidarla lo hacemos a través de la oración, adoración, alabanzas, lectura de la Palabra y más. Imprégnate de Dios, de Su verdad para que estés preparado para enfrentar los días que te toquen vivir en esta tierra.

Transformación

*"De la misma manera, también ustedes considérense muertos
al pecado, pero vivos para Dios en Cristo Jesús".*
Romanos 6:11

En el momento en que aceptamos a Jesús como nuestro
Salvador hay trasformación en nuestras vidas, la cual es: física,
espiritual y emocional. Pero esta transformación hay que ir
trabajándola día a día. Tenemos que entender que morimos al
pecado y nacimos para Dios. Por lo cual, hay que comenzar a
dejar y cambiar todo aquello que el Espíritu Santo nos
comienza a indicar que está mal en nosotros. Este proceso será
hasta el día que Cristo venga por nosotros. Estos cambios serán
nuestro nuevo estilo de vida para siempre. No hay vuelta atrás,
si así lo decidimos. Y sería la mejor decisión que podemos
tomar.

¿Se te presentarán oportunidades para volver atrás? Sí,
pero hay que luchar, para no caer de nuevo. Hay que seguir
hacia adelante con la vida y disfrutar de la transformación
celestial.

Día 43

Cielos abiertos

"Dios, en el principio, creó los cielos y la tierra".
Génesis 1:1

Mañana de cielos abiertos. Día que hizo Dios para alegrarnos y hacer que nos gocemos con Él y en Él. Su bendición cae sobre nosotros. Y eso ocurre gracias a ti Jesús que diste la vida por la humanidad. Gracias a tu sacrificio estamos aquí y podemos hablar contigo Señor.

Jesús, tú eres el merecedor de toda la gloria, honra y poder. Tú, solo tú. Señor, anhelamos que siempre en nuestras vidas haya ríos de agua viva brotando en nuestro ser a causa de la presencia de tu hermoso Espíritu Santo. Declaramos bendición en nuestras familias en el día de hoy. Te amamos Dios. Declaramos en el nombre de Jesús, nombre sobre todo nombre que nuestros caminos son ensanchados y nuestras tiendas son extendidas. La paz de Dios llena nuestras vidas hoy, mañana y siempre. Cielos abiertos para hoy. ¡Amén! ¡Amén! ¡Amén!

Acércate

"En él, mediante la fe, disfrutamos de libertad y confianza para acercarnos a Dios." Efesios 3:12

No hay razón alguna por la cual no nos podamos acercar a Dios. Cuando era pequeña mi mamá me contó como fue cuando ella aceptó al Señor como su Salvador. Ella era joven. En el barrio donde nos criamos, tanto ella como yo, también existen varias iglesias. Cada una tiene sus dogmas y doctrinas. Y era común ver, a la hora de los servicios, personas acercándose al edificio y observar todo desde las ventanas. Pues a veces mi mamá hacía esto. Una noche ella sintió el llamado de Dios a su corazón fuertemente, pero no se atrevía dar el paso de fe porque estaba utilizando pantalones y en esa iglesia no era permitido. Ella sentía cómo su corazón latía rápidamente, pero no se movía. Pero como ese era el día que Dios la estaba llamando, hubo un momento donde el predicador dijo lo siguiente: "No importa como estés, solo ven al Señor". En ese momento mi mamá pasó y aceptó al Jesús como su Salvador. No existe excusa alguna para no rendirnos a Dios. Él nos ama tal y cual somos. Los cambios los hace Él, mientras lo buscamos de todo corazón. Si ya le sirves a Dios ¡qué alegría! Si aún estás posponiendo ese encuentro, no lo hagas más. Acércate con tu corazón rendido a Sus pies y Él escribirá el resto de tu historia. ¡Aleluya!

Día 45

Amor real

"El amor jamás se extingue…" 1 Corintios 13:8

Una vez leí una historia en uno de los periódicos del país que a pesar de que han pasado muchos años nunca la he olvidado. Una estudiante universitaria puertorriqueña y viajó a Alaska para pasar el verano allá como parte de un curso de la universidad. Allí conoció aun muchacho. Pero a pesar de conocerlo, se concentró más en sus estudios porque sabía que estaba de paso. Pasó el verano y regresó a P.R. Al cabo de dos semanas, un día ella se estaba bañando y su hermana comenzó a tocarle la puerta apresuradamente diciéndole que saliera porque tenía una visita. Cual no fue su sorpresa cuando vio que su visita era aquel joven que había conocido en Alaska. El joven pidió su mano, se casaron y ella se fue con él. Cuando leí la noticia ya llevaban más de 30 años casados. El amor llegó a su puerta y le transformó la vida a esta mujer. Hoy el mundo celebra el Día de la Amistad, Día del Amor, Día de San Valentín…como usted desee llamarlo. Lo importante es que no solo hoy, sino que siempre le hagamos saber a los que nos rodean cuánto le amamos. Hay diferentes tipos de amor: padres, hijos, esposo(a), novio(a), amigos(as), abuelos…. Y todos nos ayudan a crecer y a madurar. Si tienes un amor, atesóralo, valóralo y hazle saber que lo que sientes por él es real.

Esperar

"Quédense quietos, reconozcan que yo soy Dios. ¡Yo seré exaltado entre las naciones! ¡Yo seré enaltecido en la tierra!" Salmo 46:10

Una de las formas de expresar confianza en Dios es saber esperar en Él. Pero siendo sinceros ¡qué difícil es! Y en muchas ocasiones no lo hacemos, nos apresuramos a actuar y ¡Boom! metemos la pata (expresión puertorriqueña). Mi primer año de experiencia como maestra fue en un colegio privado de P.R. Después de ese año decidí entrar a trabajar en el Sistema Público de Educación del país, cosa que no es fácil. En aquella época daban hasta cierta fecha para entrar y que te contara el año de experiencia. Después de esa fecha podías entrar, pero no te lo contaban. Así que me interesaba la primera opción. Para aquella época no me congregaba en ninguna iglesia, pero siempre tuve temor del Señor y oraba. Conforme la fecha se iba acercando más me inquietaba la situación. Ese año, durante el tiempo en que yo esperaba la confirmación del trabajo, un amigo de la infancia cayó enfermo y descubrieron que tenía cáncer. Se nos volteó la vida a todos los que lo queríamos. En esos días estuve en el hospital con Él. Una noche me quedé a cuidarlo. Estuve pendiente de él durante todo su proceso. Lamentablemente murió siendo muy joven. Pasamos varios días en los preparativos del velatorio. Ya se acercaba la fecha límite de mi trabajo. Luego de despedirme de mi amigo en su entierro, me llamaron a trabajar. Fue mi primer año en el Sistema Público de Educación en el país. En ese momento no lo entendí, pero con el pasar de los años comprendí que Dios me hizo esperar para que pudiera ser útil en el proceso de mi amigo. En muchas ocasiones no entendemos los tiempos de espera del Señor, pero lo que si sé es que todo tiene una razón. Si estás viviendo en un tiempo de espera, no desesperes. Ora a Dios para que te llene de Su paz, quédate quieto y confía. Dios está en control.

Día 47

Carácter

"...así que volvió a hacer otra vasija..." Jeremías 18:4

Jesús haz nuestro carácter como el tuyo. Moldéanos, queremos parecernos a ti. Queremos comportarnos, pensar como tú. Anhelamos vivir bien delante de tus ojos. Queremos ser luz en la oscuridad, sal de la Tierra. Trabaja cada día con nosotros. Procuramos ser buenos seres humanos, unos buenos hijos de Dios. Llénanos día a día con tu Espíritu Santo y que nuestras copas rebocen.

Queremos hacer todo con humildad, reconociendo que la gloria, la honra y el poder son tuyos, Señor. Que sirvamos a los demás considerándolos mejores que nosotros. Así como tú, Jesús, te humillaste tomando forma de siervo, queremos ser útiles para los demás. Vivir para hacer el bien a otros. Trabaja con nuestro carácter. Moldéanos y que seamos productos incomparables del mejor taller que puede existir, el taller del Maestro. Te entrego mi carácter Señor, hazlo parecido al tuyo. En el nombre de Jesús. ¡Amén! ¡Amén! ¡Amén!

Paseo inesperado

"Los cielos cuentan la gloria de Dios,
el firmamento proclama la obra de sus manos". Salmo 19:1

Según mis planes iba a pasar el día leyendo y escribiendo. Pero Dios decidió que fuera diferente. Tuve comunicación con alguien a quien quiero mucho. Tomamos un café juntos y luego dimos un paseo en su Jeep. Para mí el viajar en un Jeep era parte de mi lista de deseos. A mi edad aún no lo había hecho. Paseamos por la costa este de P.R. Disfruté de una charla amena y un paisaje hermoso. Ver el mar y sus tonalidades de azul, fue maravilloso. Todo esto me hace recordar lo soberano que es el Dios a quien yo le sirvo.

Piensa por un momento: ¿qué tienes a tu alrededor ahora mismo que te recuerde lo glorioso que es nuestro Dios? Puede ser el canto de las aves, ver el inmenso cielo azul, o las estrellas, la luna, tu hijo(a)... Existen tantas cosas que nos cuentan la gloria de Dios. Toma de tu tiempo, obsérvalas, disfrútalas, alaba, bendice, agradece a Dios el privilegio que te otorga de disfrutar de Su poder y soberanía. Llegará el día y la hora de un paseo que esperamos, pero desconocemos cuando será. Será un paseo por la eternidad y disfrutaremos de lo que Jesús ha preparado para cada uno de nosotros. ¡Aleluya!

Día 49

Vive, muévete en valentía

"Sean fuertes y valientes. No teman ni se asusten ante esas naciones, pues el Señor su Dios siempre los acompañará; nunca los dejará ni los abandonará". Deuteronomio 31:6

¿Has enfrentado situaciones donde ha sido necesario demostrar valentía? Seguro que sí. En lo personal he enfrentado la pérdida de seres muy queridos para mí. He enfrentado procesos de salud muy difíciles. Situaciones a nivel social, como situaciones en el trabajo, el Huracán María y sus consecuencias…en fin muchas cosas. Pero le agradezco a Dios infinitamente que cuando la gran mayoría de estas cosas ocurrieron ya Él habitaba en mí. Yo vivía y me movía en valentía porque Él habitaba en mi corazón. Él era la fuerza que me impulsaba a seguir, a pesar de cómo se veían las circunstancias. Hoy día lo sigue siendo. Si no fuera por Él no sé donde estaría hoy. Desconozco lo que estés pasando, pero te regalo la Palabra que le dio Dios a Josué en una ocasión: "… *¡Sé fuerte y valiente! ¡No tengas miedo ni te desanimes! Porque el SEÑOR tu Dios te acompañará dondequiera que vayas"*. (Josué 1:9) Él siempre está con nosotros, con sus hijos. Agárrate de Él en todo tiempo. Él es tu Torre Fuerte. Si Él está contigo, pues entonces ¿quién puede estar contra ti? Nadie. Aunque a veces el enemigo nos quiera engañar y nos quiera hacer pensar que todo está perdido. Esto es falso. Mantén al enemigo fuera de tu territorio. Tu territorio le pertenece a Dios, quien hizo los cielos y las estrellas. ¡Aleluya! Vive, muévete en valentía. ¡Amén! ¡Amén! ¡Amén!

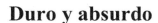

Duro y absurdo

"Y Dios le ordenó: —Toma a tu hijo, el único que tienes y al
que tanto amas, y ve a la región de Moria. Una vez allí,
ofrécelo como holocausto en el monte que yo te indicaré".
Génesis 22:2

Al obedecer, mis caminos son ensanchados, mi tienda es extendida, todas las bendiciones de Dios llegan a mi vida. Obediencia es la clave del éxito de mi vida. Para ver las bendiciones de Dios en mi vida debo obedecerlo en todo. Aun cuando su mandato pueda ser duro y absurdo para mí, debo obedecerlo y veré grandes cosas departe de Dios. Él proveerá.

Dios le pidió a Abraham qué sacrificara a su hijo Isaac, el hijo de la promesa. No imagino su turbación, confusión, asombro, sufrimiento, dolor e incredulidad ante tal petición. Pero recordó quién se lo estaba pidiendo, su Creador. Echó mano de su fe y estuvo dispuesto a obedecer la petición del Señor. ¿Alguna vez haz estado en una posición donde Dios te haya pedido algo difícil, duro o absurdo? Si lo has estado confío en que hayas obedecido a Dios, porque estoy segura de que su recompensa fue mayor. Le pertenecemos a Dios y lo que podamos tener es de Él también. Solo somos sus administradores y todo se lo debemos a Él.

Día 51

La respuesta

"Te he quitado la carga de los hombros; tus manos se han librado del pesado cesto". Salmo 81:6

"Yo soy el SEÑOR *tu Dios, que te sacó de la tierra de Egipto* (malas experiencias, circunstancias, dolor, temor...). *Abre bien la boca, y te la llenaré".* (Salmo 81:10)

Señor, sabemos que nos amas. A cada segundo de nuestras vidas nos los recuerda. ¡Wao! Pensar de donde nos sacaste. De una vida sin dirección y la cual nos hubiese destruido poco a poco. Nos has librado de tantos peligros. Has cambiado nuestro rumbo. Has cambiado nuestro lamento en baile. Ahora vivimos en tu gozo, tu alegría y en tu voluntad. Nuestros días son para ti. Nuestras vidas son para ti.

Confiamos en ti. Te servimos y te serviremos siempre a ti. Gracias por cuidarnos como a la niña de tus ojos. Gracias por tu inmenso e infinito amor. Gracias Dios. Gracias por ser nuestra respuesta. "Porque el SEÑOR estará siempre a tu lado y te librará de caer en la trampa". (Proverbios 3:26)

Firmeza

"Resístanlo, manteniéndose firmes en la fe..."
1 Pedro 5:9

Gracias Señor por recordarnos que nos amas, nos proteges. Por hacernos reconocer que tu poder nos hace fuerte y nos da firmeza en nuestras vidas. Gracias porque nos aconsejas a que siempre estemos alertas. Tú nos restauras, nos haces fuertes, firmes y nos das seguridad. Tu amor es verdadero y nunca cesa. Gracias por cada enseñanza diaria a través de tu Palabra, de tu creación, por medio de otros seres humanos a los cuales utilizas para hablarnos y así podamos entender ciertas cosas en nuestro andar, especialmente el enfrentarnos a nuestra realidad como seres imperfectos, a nuestras virtudes y oportunidades para mejorar. Queremos cumplir el propósito que has diseñado para nuestras vidas. Úsanos Señor, según tu voluntad, queremos obedecer tu llamado. Dirígenos en todo momento y en todo tiempo. Danos nuevas fuerzas, sabiduría para llevarlo a cabo. Gracias por el privilegio de vivir. Gracias por salvarnos, guardarnos y protegernos. Padre, que hoy podamos continuar caminado en firmeza, agarrados de tu mano y obedeciendo tu voluntad en el nombre de Jesús. ¡Amén! ¡Amén! ¡Amén!

Día 53

El querer como el hacer

"La actitud de ustedes debe ser como la de Cristo Jesús, quien, siendo por naturaleza Dios, no consideró el ser igual a Dios como algo a qué aferrarse. Por el contrario, se rebajó voluntariamente, tomando la naturaleza de siervo y haciéndose semejante a los seres humanos." Filipenses 2:5-7

Que mejor ejemplo de lo que es **el querer como el hacer** que el que nos dio el mismo Jesús. Aún consciente de lo que iba a pasar con Él aquí en la Tierra, hizo lo que le correspondía por amor. ¡Gracias Jesús por esa demostración de puro amor! Gracias por ser nuestro ejemplo para seguir con nuestras luchas diarias.

Señor, queremos hacer lo que tú quieres que realicemos y no queremos echarnos hacia atrás en ningún momento. Declaramos en este día que nos unimos a ti, con cuerdas de amor y que nada puede destruirlas. Por lo cual hacemos tu voluntad. Coloca en nosotros **el querer como el hacer**. Pon en nuestros corazones la voluntad para cumplir con lo que tú anhelas para nuestras vidas, en el nombre de Jesús. ¡Amén! ¡Amén! ¡Amén!

Sumo Sacerdote

"...tenemos tal sumo sacerdote, aquel que se sentó a la derecha del trono de la Majestad en el cielo". Hebreos 8:1

Cada vez que pienso en lo que hizo Jesús por cada uno de nosotros no dejo de maravillarme. Me asombra el amor que tiene por nosotros, hasta tal grado que prefirió ofrecerse como el cordero perfecto para hacer el último sacrificio necesario para que pudiéramos vivir en la eternidad. Pero lo hizo siguiendo las reglas establecidas en las leyes para que no hubiese duda de que el es nuestro gran sacerdote, para no ser excluido del sacerdocio. Su sacerdocio es eterno. Él era, es y será nuestro sacerdote siempre. Por medio de Cristo tenemos acceso a Dios. Los sacerdotes anteriores no podían permanecer para siempre, más Jesús sí puede, Él es eterno.

Jesús, está ahora mismo a la diestra del Padre intercediendo por cada uno de nosotros. Gracias por eso Cristo. Gracias por tu inmenso amor que no para, sino que está de continuo día a día en nuestras vidas. Gracias por ser nuestro Sumo Sacerdote.

Día 55

Cimiento

"Él es la Roca, sus obras son perfectas, y todos sus caminos son justos. Dios es fiel; no practica la injusticia. Él es recto y justo". Deuteronomio 32:4

El cimiento es el fundamento, el principio de algo. Nuestras vidas podrían tener distintos cimientos: orgullo, vanidad, avaricia, autosuficiencia, envidia, dolor, odio, rencor…y muchos más en ese estilo. Tal vez cuando aún no teníamos a Jesús en nuestras vidas, uno o varios de esos eran parte de nuestro cimiento. ¡Gloria a Dios que eso cambió! La roca que muchos rechazaron es nuestro cimento ahora (Salmos 118:22). Para los que creemos esto es así. Jesús es esa piedra desechada. No fue aceptada por muchos cuando estuvo con ellos.

Hoy día muchos no lo aceptan, pero que bueno que nosotros sí. Si creemos en Él no seremos avergonzados (Romanos 9:33). "Por eso dice el SEÑOR omnipotente: «¡Yo pongo en Sión una piedra probada!, piedra angular y preciosa para un cimiento firme; el que confíe no andará desorientado" Isaías 28:16. Nuestro cimiento es firme, es de total y absoluta confianza. En Él nada podemos perder. Nuestro cimiento es fuerte y se llama Jesús. ¡Amén! ¡Amén!¡Amén!

El faro

"Ya no será el sol tu luz durante el día, ni con su resplandor te alumbrará la luna, porque el Señor será tu luz eterna; tu Dios será tu Gloria". Isaías 60:19

A mi mamá le gusta coleccionar varios objetos. Uno de ellos son los faros. El faro es una torre alta situada en las costas y puertos que emite una luz potente a intervalos para orientar de noche a los navegantes. En P.R existieron varios faros. Algunos de ellos existen aún. Pero como podemos ver tenían una función muy importante para los navegantes. Nosotros somos como esos navegantes que nos movemos en el océano de la vida. Y muchas veces el mundo nos quiere rodear de oscuridad. Por eso necesitamos tener nuestro faro, con una luz potente que penetre la oscuridad y nos muestre el camino que debemos seguir. Nuestro faro es Jesús y Su luz es la Palabra. Ella es la que nos guía día a día. Debemos leerla todos los días para que no podamos ser alcanzados por la oscuridad, esa que se quiere adueñar de nuestros pensamientos para así cegarnos y que no podamos entender las cosas que vemos o nos suceden a través de la sabiduría de Dios. A su vez, cuando nos llenamos de la luz de Dios podemos ser faros también para otros en sus tiempos de tormentas. Hay un libro que me gusta mucho llamado *El Contador de Historias* de José Luis Navajo. Una expresión del libro que llegó muy profundo a mi corazón fue la siguiente: *"Es posible que hoy, aún sin tú saberlo, estés siendo faro en la tempestad de alguien"*. Siempre busquemos nuestro faro, Jesús, seamos llenos de Su luz y proyectémosla a otros. ¡Aleluya!

Día 57

Agua de Vida

"pero el que beba del agua que yo le daré no volverá a tener sed jamás, sino que dentro de él esa agua se convertirá en un manantial del que brotará vida eterna". Juan 4:11

La historia de la mujer samaritana siempre me ha gustado. Bueno en realidad me gusta toda la Biblia. Tiene de todo tipo de historia que te puedas imaginar. Tengo varias favoritas y una de ellas es esta. Pienso que debe ser porque su protagonista era mujer. Y Jesús le dio una atención tan hermosa a esa mujer que tenía varias características para ser rechazada. La principal, que era mujer, pero además era samaritana y de una reputación un poco controversial ya que había tenido 5 esposos y el de ahora no lo era. Así que para los tiempos bíblicos tenía todas las de perder. ¡Ah! Pero llegó Jesús y cuando eso pasa todo cambia, todo se transforma, lo que no puede ser es. Llegó y le presentó a esa mujer el agua de vida. Esa agua que proviene de Él. Con la cual ya no tenemos sed jamás y tenemos vida eterna. Él la compartió con ella, le trasformó su interior que a su vez produciría cambios en su exterior, en sus pensamientos, en sus actitudes, en sus acciones y sobre todo le dio el privilegio de compartirla con otros. ¡Wao! ¡Qué maravilloso! Y esa misma transformación la hace en nuestras vidas día a día. Sáciate de Él. Permite Su transformación en ti compártela con los que te rodean. Que puedas ser instrumento de Dios para llevar agua de vida a otros. ¡Aleluya!

Arca de obediencia

"Por la mañana hazme saber de tu gran amor, porque en ti he puesto mi confianza. Señálame el camino que debo seguir, porque a ti elevo mi alma". Salmo 143:8

Mi caminar con Dios, mi crecimiento espiritual ha sido poco a poco. Recuerdo que cuando me reconcilié con el Señor en la Iglesia Torre Fuerte de Juncos, era literalmente una bebé. Tuve que comenzar a desaprender para aprender. Por alrededor de 5 años estuve sentada escuchando Palabra. Cada vez que anunciaban días de estudio de la Palabra allí estaba yo. Así estuve durante ese tiempo. Luego me hicieron el acercamiento para dar clases a los niños de mi iglesia y acepté. Estuve en ese ministerio por varios años. Luego entendí que mi tiempo allí había terminado. Pensé que iba a descansar, ¡qué equivocada estaba! Tomé un curso en otra iglesia con la autorización de mi pastor basado en el libro: *Vida con propósito*. Fueron alrededor de 8 meses en ese curso. La experiencia fue única. Cuando lo terminé se lo notifiqué al pastor. Ahí me indicaron que diera dicha enseñanza en la iglesia. Jamás pensé cosa igual, pero acepté el reto. ¡Quién diría que lo daría luego por segunda ocasión! Paulatinamente me integré al equipo de Capacitación de la iglesia donde aún doy clases a los nuevos convertidos. Por un tiempo fui líder del grupo de las mujeres de la iglesia. Luego me hicieron el acercamiento para que diera el Estudio de la Biblia un día en la semana a la congregación y acepté. Pero esto ha sido en el transcurso de muchos años. Siempre he estado dispuesta a obedecer el llamado de Dios. Entrar al arca de su bendición a través de la obediencia. ¿Estás realizando el llamado de Dios para tu vida? Si tu contestación es sí me alegro mucho. Si aún no lo estás llevando a cabo, te invito que aceptes la voluntad de Dios a tu vida. Te invito a entrar al arca de Dios que es la obediencia. Verás cómo serás bendecido(a), en gran manera. Te bendigo en el nombre de Jesús, amén.

Día 59

Planes de bien

"Porque yo sé muy bien los planes que tengo para ustedes — afirma el SEÑOR*—, planes de bienestar y no de calamidad, a fin de darles un futuro y una esperanza". Jeremías 29:11*

¿Cuál es tu versículo favorito de la Biblia? Búscame en las redes sociales y dame tu contestación, me gustará mucho leer tu respuesta. Yo tengo varios y entre ellos está Jeremías 29:11. Cada vez que mi vida ha llegado un día o varios días difíciles, Dios rápido me hace recordar este versículo. Recordarlo me da paz, me recuerda quién está al mando de mi vida, me hace permanecer en mi fe, me recuerda cuanto Dios me ama, me afirma en mi caminar con el Señor, me hace recordar de quién soy hija… y muchas cosas más. Me recuerda que lo que Dios quiere para mi vida es mi bien. Por lo cual lo difícil que pueda estar pasando en vida, pasará. Entiendo que todo es un proceso que me hace crecer, madurar y me servirá de experiencia para ayudar a alguna persona en mi camino.

Así que, cuando sientas que el nivel del agua está subiendo o sientes que estás pasando muy cerca del fuego, recuerda que los planes de Dios para ti son de bien y no de mal. Solo confía y Él hará.

Nuestro Consolador

"Y yo le pediré al Padre, y él les dará otro Consolador para que los acompañe siempre". Juan 14: 16

El 9 de diciembre de 2012 fue un día difícil para muchas personas, especialmente para el pueblo mexicano, murió Jenny Rivera. Ella fue una cantante muy querida en su país y el mundo. Con ella murieron 6 personas más. ¡Cuánto dolor significa la pérdida de un ser querido! Esta noticia fue impactante para todo el mundo. La vida de ella se caracterizó por tener experiencias fuertes. Al enterarme de la noticia me dio mucha tristeza. Desde el inicio de la humanidad las familias han pasado procesos muy dolorosos. Imagínense cómo habrá sido para Adán y Eva cuando Caín mató a su hermano Abel. ¿Fuerte verdad? Por eso hoy te invito que en tu tiempo de oración intercedas y ores por las familias. *"Les aseguro que todo lo que ustedes aten en la tierra quedará atado en el cielo, y todo lo que desaten en la tierra quedará desatado en el cielo"*(Mateo 18:18).

Habla palabra de bendición sobre las familias del mundo. Que sean llenas del poder de Dios, de nuestro consolador el Espíritu Santo. Jesús lo envió para que nos acompañara siempre. Querido Dios, bendice en este día las familias de este mundo. Sé tú su protector, su consolador, su guía. Aquellas que aún no te sirven, que de alguna manera tengan una gran experiencia contigo y comprendan que tú eres Dios. Que entiendan que tú eres su amparo y su fortaleza. Te pedimos esto Señor en el nombre de Jesús, amén.

Día 61

Conmoción

"Conmovido una vez más, Jesús se acercó al sepulcro…"
Juan 11:38

Para Dios no hay nada imposible. Él es poderoso, pero a la vez Su amor es tan grande por cada uno de nosotros que Él se conmueve por las cosas que nos ocurren, como lo hace un padre por su hijo, porque Dios es nuestro Padre. Como sabemos, Jesús es Dios encarnado, y cuando estuvo aquí en la Tierra, Él se conmovió por la muerte de su amigo Lázaro, por el dolor de las hermanas (María y Marta), las cuales amaba mucho y por la duda de ellas hacia Él. Y dice Juan 11:35 *"Jesús lloró"*. Jesús-Dios, lloró al ver el dolor y la incredulidad de las hermanas de Lázaro. Pues, eso mismo ocurre hoy en día. Dios se conmueve al ver las cosas que nos ocurren y cómo reaccionamos en muchas ocasiones a ellas. Y más en aquellas que son consecuencias de nuestros actos, por tomar decisiones incorrectas. Se conmueve cuando tiene que moldearnos para cambiar y arreglar todo aquello que está mal en nosotros. Pero Dios lo hace porque nos ama. Nos ama con amor infinito. Por eso estamos vivos. Existimos por su amor. En la Biblia: Nueva Biblia al Día, en Malaquías 1:2 dice: *"Te he amado con amor profundo…"* Aquí Dios nos da una de las tantas características que tiene su amor: profundidad. Profundo significa: que tiene el fondo muy distante de la boca de la cavidad; que penetra mucho; difícil de penetrar o comprender. Por lo cual con nuestra mente finita jamás podremos entender lo inmenso de Su amor. Y esto debe ser motivo para causar conmoción en nuestra vida. Conocer que Dios nos ama a tal extremo que lo demostró al enviar a Jesús a colocarse en nuestro lugar y pagar por nosotros. Llénate con la emoción de esa realidad, de esa verdad y vive para Él, en la profundidad de Su amor.

Siempre presente

"porque el SEÑOR tu Dios está en medio de ti como guerrero victorioso. Se deleitará en ti con gozo, te renovará con su amor, se alegrará por ti con cantos". Sofonías 3:17

Dios está con nosotros, en nosotros y actúa a través de nosotros. Envió a Su Hijo a salvarnos. Él se delita en nosotros, por lo cual debemos cumplir con la gran responsabilidad que tenemos: presentar a Jesús como salvador a aquellos que aún no pertenecen a la gran familia de Dios. Siempre está presente en nuestras vidas, en TODO tiempo, en los buenos y en los difíciles. Él nos da Su paz en toda ocasión, se goza en nosotros. Así que, reconociendo esta gran verdad, debemos estar alegres. Nuestra alegría proviene del Señor, no de nuestras circunstancias. Cada día debemos conocer a Jesús y lo hacemos a través de Su Palabra. Al conocerlo, crecemos y maduramos espiritualmente. Debemos animarnos y apoyarnos unos a otros. Vivamos en paz y armonía con quienes nos rodean y así Dios estará con nosotros siempre.

Recuerde: *"Ama al Señor tu Dios con todo tu corazón, con todo tu ser y con toda tu mente" "Ama a tu prójimo como a ti mismo".* Mateo 22:37-39

Día 63

Dios es GRANDE

*"El SEÑOR está cerca de quienes lo invocan,
de quienes lo invocan en verdad". Salmo 145:18*

Querido Dios tu eres nuestro Rey. Te bendecimos y te alabamos diariamente. A ti rendimos nuestro corazón, nuestro ser. Tú eres grande Señor. Nuestra alabanza es para ti siempre. Generación tras generación te han reconocido como su Dios. Y las que han de venir lo harán también. Cada día nos encontramos con tu grandeza y majestad, la cual es insuperable. Tus obras hablan de tu poder, de tu potestad y autoridad. Cantamos con alegría porque sabemos que nuestra victoria está en ti, solo en ti. Gracias Señor por tu bondad, tu compasión y tu misericordia, que es nueva día a día. Alzamos hoy nuestra voz para alabarte y bendecirte. Cada día hablamos a otros de tus grandezas en nuestras vidas. De lo real que eres en nuestra existencia. Queremos que muchos más te conozcan y tengan experiencias hermosas y maravillosas contigo. Para que vivan contigo desde hoy hasta la eternidad. Que conozcan que eres un Dios de amor, que levanta a todo aquel que caiga. Le das fuerza y fortaleza para que sigan día a día contigo. Eres nuestro proveedor en todo tiempo. Tú, Señor, nos sustentas cada uno de nuestros días. Tú cuidas a todos aquellos que te aman. Te alabaremos Señor por siempre. Eres GRANDE Dios.

Dios seca lágrimas

"Oh SEÑOR, Soberano nuestro, ¡qué imponente es tu nombre en toda la tierra!" Salmo 8:9

¿Recuerdas el día que aceptaste al Señor como tu Salvador o te reconciliaste con Él? ¿Llegaste porque estabas en una etapa difícil de tu vida? En la gran mayoría de los casos ocurre así. Mi caso no fue la excepción. Antes de que me rindiera a Sus pies, Dios me estuvo llamando para que me congregara en la Iglesia Torre Fuerte de Juncos, por alrededor de 7 años, a través de distintas personas, diferentes actividades y siempre encontraba alguna excusa para no llegar. Hasta que tuve una decepción amorosa por la cual sentí que tocaba fondo; a raíz de esto llegué a la iglesia. Derramé muchas lágrimas en mi proceso. Llegué a sentir que no tenía valor como mujer, pero Dios, con toda Su paciencia, secó mis lágrimas, me abrazó, me confortó, me sanó y me levantó. Un sábado ayuné junto al grupo de mujeres de la iglesia, llevaba 2 o 3 años de convertida, cuando llegué a mi casa hice café y me senté a leer el periódico. Por lo general, leía el área de entretenimiento y nada más. Pero ese día, Dios me dijo: "ve el periódico desde el principio" y así lo hice. Cuando llegué a la tercera página me quedé pasmada. Allí había un rostro que reconocí de inmediato. Era el hombre que me había "roto el corazón". Ese hombre había sido capturado por la policía y lo acusaban de ser un estafador. Según leí, se dedicaba a estafar mujeres. Imagínese lo impresionada que quedé. Ese día di gracias a Dios porque Él me guardó. Lo último que supe fue que lo habían condenado a un año y medio en la cárcel. Yo pensaba que me estaba muriendo cuando terminó nuestra relación, pero realmente estaba entrando a la vida en abundancia. Dios secó mis lágrimas y me hizo sonreír de nuevo. Tal vez si miras atrás podrás darte cuenta, al igual que yo, de todo de lo que Dios te ha guardado y te ha salvado.

Día 65

Nunca es tarde

"Cierto día José tuvo un sueño…" Génesis 37:5

Hay noticias que me llegan al alma por lo hermosas que son. Titulares como: "Hombre que terminó la universidad a los 79 años", "Mujer que a sus 90 años sigue ejerciendo su profesión de cirujana", "Pareja que se enamoraron y se casaron cuando ambos tenían más de 100 años". En algún lugar leí una vez: "Envejecer es obligatorio, crecer es opcional". Me impresionan los logros de esas personas a una edad que uno pensaría que ya no se haría nada. También existen personas que por circunstancias de la vida no siguieron el orden que daría la sociedad para realizar algo. En una ocasión estuve conversando con una compañera de trabajo, nuestra conversación era sobre distintos temas, entre ellos hablamos sobre que a ella le gustaban los deportes y que en su niñez y adolescencia siempre jugó. Le pregunté si en la universidad estuvo en algún equipo, pero ahí me sonrió y me dijo que no, porque se había casado. Entonces comenzó a contarme parte de su historia. Se casó a los 17 años. Tuvo dos hijos con su esposo. Sufrió maltrato emocional por parte de él e infidelidad. A los 23 años se divorció. Ella me comentó que la gente pensó que tal vez ella iba a comenzar a buscar a otra persona. Entonces me dijo: "Yo siempre quise estudiar. Así que me dediqué a estudiar". Hizo su bachillerato y luego hizo su maestría. Me dijo: "Nunca es tarde". Hoy quiero que tengas presente que nunca es tarde para cumplir ese sueño que tienes en tu corazón. Habla con Dios para que te dé las estrategias, las herramientas, la sabiduría, la inteligencia y el conocimiento para alcanzar tu meta. Recuerda que Dios es tu fuente de vida y de paz. Con Él de tu parte lo puedes lograr. Tus ojos lo verán. Nunca es tarde. ¡Amén! ¡Amén! ¡Amén!

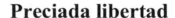

Preciada libertad

"Incúlcaselas continuamente a tus hijos. Háblales de ellas cuando estés en tu casa y cuando vayas por el camino, cuando te acuestes y cuando te levantes". Deuteronomio 6:7

Desde mi niñez fui educada por mis padres en amar al Señor. Papi me enseñó cómo alabar a Dios a través de cánticos. Siempre que podía estaba cantando y tocando la guitarra. Mami me enseñó a leer la Palabra, orar y ayunar. Asistí desde niña a la Iglesia Universal de Jesucristo del Bo. La Placita en el pueblo de Juncos. Ese fue el lugar de Dios para darme una base sólida en su Palabra a través de la Escuela Dominical. ¡Qué gratos recuerdos tengo de eso! Incluso una vez eligieron al rey y la reina de la Escuela Dominical y yo fui la escogida. Fui reina en esa ocasión. La noche de esa celebración fue muy especial para mí. Pero ahora soy princesa de Dios como aprendí con mi amiga Amneris Meléndez y su libro: De Reina a Princesa. Hoy me he llenado de recuerdos porque en mi tiempo con Dios, Él me recordó lo importante que es hablar y repetir Su Palabra a los demás. Me hizo ver nuevamente la bendición que tengo de vivir en un país donde soy libre para alabarlo, bendecirlo, adorarlo. Me hizo que sacara un tiempo de oración para bendecir e interceder por todas esas personas que viven en otros países y son perseguidos por creer en Dios, por creer en Jesús. Hoy quiero recordártelo a ti también. Da gracias a Dios por tu preciada libertad para adorarlo y servirle. Utiliza esa libertad para hablar y llegar a otros. En la actualidad hay tantas formas para llevar a cabo este mandato. Tenemos la responsabilidad de dar a conocer a Jesús dondequiera que vayamos. Obedece a Dios, disfruta tu libertad para poder hacerlo y agradece a Dios por la oportunidad, el privilegio que te ha dado. Intercede por nuestros hermanos en la fe alrededor del mundo que no viven esta misma libertad y aún así aman a Dios por encima de todas las cosas, aún de su propia vida. ¡Aleluya!

Día 67

Tiempo de respiro

"...y un tiempo para la paz". Eclesiastés 3:8

Hace unos días tuve el privilegio de participar de un retiro de mujeres. Este tipo de actividades son de mis predilectas. Fue una experiencia hermosa. Alabamos, adoramos, leímos Su Palabra y escuchamos el mensaje que Dios tenía para nosotras a través de los recursos invitados. ¿Cuántas veces has sacado tiempo para ti? Esto es algo muy importante. Salir de tu rutina: trabajo, familia y de las diferentes responsabilidades que puedas tener. Es necesario un tiempo de respiro para ti y si puede ser buscando conexión con Dios sería mucho mejor. Puedes ir a actividades como la que fui, puedes ir a un lugar hermoso que te recuerde, te hable, te confirme la grandeza de Dios: el mar, el bosque, una montaña, el río... Donde sientas que puedes respirar. Busca ese tiempo para ti, el tenerlo te ayudará a renfocarte y continuar con tu vida, con tu propósito y con tu relación con Dios. Esta relación debe ir cada día creciendo y madurando. Debes permitir que Dios te perfeccione cada día hasta que Cristo venga.

Te invito a sacar tu tiempo de respiro. Si no acostumbras hacerlo, hazlo pronto. Verás cómo eres renovado(a). Disfrútalo y gózate ante la presencia de nuestro hermoso y glorioso Señor. Recuerda que te ama. Recuerda que Su amor es suficiente. Recuerda que Él es tu Diseñador, tu Creador, tu Padre. Espero que lo hagas y que recobres fuerzas, ideas...que recibas conocimiento, sabiduría e inteligencia para continuar en este mundo en tu tiempo de respiro. ¡Amén! ¡Amén! ¡Amén!

Nada determinado

"Viviré con toda libertad, porque he buscado tus preceptos".
Salmo 119:45

Desde niña me enseñaron que debía leer la Palabra. La lectura es una de mis actividades favoritas. Y entre mis lecturas (aún en el tiempo que estuve alejada del Señor) sacaba espacio para leer la Biblia. Con los años comencé a tener mi Diario Espiritual donde reflexionaba sobre la Palabra que leía. En ocasiones, en vez de escribir, sentía que debía dibujar (no soy artista ni nada parecido). Quién me diría que años después, por medio de una amiga, me toparía con lo que es el Bible Journaling. Es una manera de estudiar la Biblia y expresar lo aprendido a través del arte. Pertenezco a un grupo llamado Bible Journaling Coffee Creadas para Crear. Nos reunimos una vez al mes y es un día que espero con muchas ansias. Allí comparto con mujeres que aman la Palabra de Dios y disfrutan del arte. Allí he aprendido muchas técnicas para crear. Allí aprendo y me divierto. Aunque allí comparto con mujeres no significa que es solo para nosotras. Hombre que me lees también puedes utilizar esta forma para entender lo que Dios habla a tu vida. Es una forma para recordar mejor el mensaje y así poder llevarlo a la práctica con quienes nos rodean, ya que esa es la meta. Así que te invito a intentarlo hoy. Puedes comenzar a hacerlo solo, como fue en mi caso y luego unirte a un grupo. En las redes sociales, si buscas, verás que hay varios grupos. Así que sé libre en tu forma de estudiar la Palabra. Disfruta ese momento. Gózate ese tiempo de conexión con el Señor. No existe nada determinado en la forma de relacionarte, de intimar con Dios. Él te guiará según tu diseño. Él te conoce mejor que tú mismo. Vive con toda libertad.

Día 69

Cuida tu sueño

"y allí mismo se le apareció el SEÑOR en un sueño, y le dijo:
—Pídeme lo que quieras". 1 Reyes 3:5

Así como está escrito en el versículo anterior fue la manera en que Dios le contestó a Salomón. Si conoces la historia sabrás que Salomón podía pedir lo que quisiera, pero su elección fue: sabiduría. Y por su selección fue recompensado con muchas cosas. Cuando tuve la oportunidad de escribir mi primer libro: ¡Amén!¡Amén! ¡Amén! Aprende a declarar las cosas que no son como si fueran, algo que puso Dios en mi corazón era que no podía compartir el proyecto con todo el mundo. Pocas personas supieron del mismo, inclusive personas muy queridas para mí, como mis padres. Pero obedecí lo que Dios me dijo. Y al pasar el tiempo he aprendido que lo que para ti es una gran noticia para otros no lo es. Se puede observar que los celos o la envidia salen a flote, a veces por personas que ni te imaginas. Hay un dicho (que no es puertorriqueño) que dice: "No vendas la piel del oso antes de cazarlo". Cuando me percaté de esto entendí el porqué Dios me dijo que cuidara mi sueño. Hoy quiero decirte eso a ti: **Cuida tu sueño**. Ora por él y déjate guiar por Dios, con quien sí lo debes compartir. Sea cual sea tu sueño lo bendigo en el nombre de Jesús y que se te haga realidad. Cuando lo realices, búscame en las redes sociales y compártelo. Me alegraré de todo corazón al ver que Dios te ha ayudado y que tu sueño es una realidad. En este caminar hay que ser firme y persistente para alcanzar la meta. Vive el proceso, disfrútalo, pero sobre todo cuídalo. ¡Amén! ¡Amén! ¡Amén!

El Rey te llama

"Entonces los ayudantes personales del rey hicieron esta propuesta: «Que se busquen jóvenes vírgenes y hermosas para el rey. Que nombre el rey para cada provincial de su reino delegados que reúnan a todas esas jóvenes hermosas en el harén de la ciudadela de Susa. Que sean puestas bajo el cuidado de Jegay, el eunuco encargado de las mujeres del rey, y que se les dé un tratamiento de belleza. Y que reine en lugar de Vasti la joven que más le guste al rey». Esta propuesta le agradó al rey, y ordenó que así se hiciera".
Ester 2:2-4

Tengo muchas historias favoritas en la Biblia. Una de ellas es la de Ester. Una joven judía que se convierte en reina y a través de ella trae salvación a su pueblo, los judíos. Una de mis partes favoritas es cuando Dios le otorga favor y gracia delante del rey, y la salva de la muerte. ¿Por qué? Porque entró a la presencia del rey sin ser llamada. Hacer esto era impropio y la paga era la muerte. Pero en su caso no fue así. Gloria a Dios que eso no ocurre con nosotros hoy día. Jesús abrió el camino al Padre y podemos ir a Su presencia cuando queremos, cuando lo necesitamos y la mejor parte es que inclina Su oído, nos escucha y nos responde. Cada encuentro con nuestro Rey es hermoso, maravilloso, somos llenos de Su presencia, de Su esencia, nos llena de Su paz, de Su tranquilidad, nos refuerza, nos libera de toda carga u opresión y nos impulsa a seguir en nuestro diario vivir. Y lo mejor es que cada día el Rey nos llama para que entremos a Su aposento e intimemos con Él. No pierdas esa oportunidad. Aprovéchala. Dale un buen comienzo a tu día. Escucha y obedece el llamado de tu Rey.

Día 71

Unidos a la Vid

"Yo soy la vid y ustedes son las ramas. El que permanece en mí, como yo en él, dará mucho fruto; separados de mí no pueden ustedes hacer nada". Juan 15:5

Para poder dar frutos debemos estar unidos a Jesús como Él lo está de Dios. Si nos mantenemos unidos a Él toda cosa que le pidamos se nos dará. Por lo cual tenemos que estar en una constante búsqueda de Su presencia, de Su esencia. Al estar en esa búsqueda estaremos cada día más unidos a Jesús y a su vez daremos el fruto que Dios quiere que demos aquí en la Tierra. Debemos recordar que nuestra vida aquí en la Tierra es un ensayo. No pertenecemos a este lugar. Pero en algún momento Jesús vendrá por Su Iglesia y tendremos que dar cuentas ante Dios de nuestros frutos. Es importante llenarnos del Espíritu Santo para así compartir con otros Su fruto. Debemos ser reflejos de Jesús. ¿Cómo lo podemos hacer? Alimentándonos con Su Palabra, alimentándonos de Su sabiduría conocimiento e inteligencia. Y por encima de todo eso, llenándonos de Dios que es amor y así poder dar amor a otros. Jesús es la vid y nosotros somos las ramas. Si estamos unidos a Él daremos mucho fruto.

Difícil adiós

"El SEÑOR te bendiga y te guarde; el SEÑOR te mire con agrado y te extienda su amor; el SEÑOR te muestre su favor y te conceda la paz" Números 6:24-26

La mañana del 9 de febrero de 2013, fue difícil para mí. Esa mañana di sacrificio de alabanza (literalmente) a Dios. ¿Por qué? Porque en mi interior sabía que muy pronto tendría que decirle adiós a mi amada Titi Mery. Ella era una de las hermanas menores de mi mamá. Enfermó de cáncer y por muchos años peleó la buena batalla. Fuimos muy cercanas, a ambas nos gustaba la lectura y dialogar. Ella servía a Dios y Él era uno de nuestros temas favoritos. Otra característica que recuerdo de ella es que sabía cuando escucharme y cuando debía darme un consejo. Amaba esa parte de ella. Cuando recayó por última vez, recuerdo que fui a verla, como solía hacer; y ese día mirándome a los ojos me dijo: "Esta vez no es igual". Escuchar eso de sus labios fue uno de los momentos más dolorosos de mi vida. Supe en ese instante que pronto le diría adiós. El 9 de febrero de 2013 fue una mañana de tristeza y dolor. Sabía que nos estaba dejando. Pero espiritualmente fue una mañana hermosa, porque Dios estaba en mi vida. Lo alabé, lo exalté, aun cuando por mis mejillas bajaban lágrimas. Le declaré a Dios que Él era mi Torre Fuerte, donde acude el justo y es levantado. Le dije que aún con lo que veían mis ojos yo lo adoraba y lo alababa. Le di las gracias porque sabía que dentro de este proceso tan difícil Él estaba allí conmigo y con mi familia. Entendía que Él estaba en control y le pedí Su paz. Cuatro días después de esto ella murió. No sé qué puedas estar pasando ahora. Solo puedo decirte que al lugar donde mejor puedes recurrir es a la presencia de Dios. Póstrate ante Él, comunícate con Él y obtendrás la fuerza, la fortaleza para vivir tu experiencia, procesarla y continuar con tu vida. El adiós es difícil, pero con Dios hallarás paz para continuar. Te bendigo en el nombre de Jesús, ¡Amén! ¡Amén!¡Amén!

Día 73

Dios ha dicho

"porque Dios ha dicho: «Nunca te dejaré; jamás te abandonaré»". Hechos 13:5

Les conté del proceso de pérdida de mi tía, pero no les conté que el día en que murió, prediqué en mi iglesia. Cuando asignan quién va a predicar, lo hacen con más o menos un mes de anterioridad. Así que cuando Dios me asignó esa fecha, Él sabía lo que iba a ocurrir. Siempre he estado dispuesta de corazón a obedecer lo que Dios me diga que haga. Ese día pasé el día con Titi, había avisado a mi familia que en la tarde me iría para prepararme para ir a la iglesia y así lo hice. Cuando estaba en mi casa, llegó la terrible noticia. Lloré y lloré, como no tienen idea, pero luego me sequé mis lágrimas, me preparé para cumplir con mi responsabilidad. Una querida amiga al enterarse llegó a casa y me preguntó: ¿qué vas a hacer? Y le dije voy a cumplir lo que me corresponde.

Fui a casa de mi familia, estuve allí un rato y luego partí a la iglesia. Precisamente llegué al mismo tiempo que una de las pastoras de la iglesia y me preguntó por mi Titi. Y le dije la triste noticia. Ella rápidamente oró por mí. Esa noche el tema de mi mensaje fue: *En la luz de la aurora* (está incluido en mi libro ¡Amén! ¡Amén! ¡Amén!). Su significado es el siguiente: El reflejo de la presencia de Dios en el principio. Yeso era en mi vida, un principio sin mi tía. Durante la predicación, Dios me dio la fortaleza para llevar el mensaje que Él quería y solo al final le dije a mis hermanos en la fe lo que había sucedido ese día. ¿Qué quiero mostrar con esta vivencia? Dios, dice, nosotros obedecemos, y todo saldrá bien, aunque sean procesos dolorosos. Cuando Dios te hable, dile "heme aquí". Él te ayudará a seguir hacia adelante en toda circunstancia. Él no te deja ni te abandona. Él es fiel. Lo que enfrentes en este día de hoy, colócalo en Sus manos. Él es tu fuerza y tu pronto auxilio. Recurre a Su presencia. Dios no te deja ni te abandona. ¡Amén! ¡Amén! ¡Amén!

Siguiendo reglas

"Por el contrario, cuando me aman y cumplen mis
mandamientos, les muestro mi amor por mil generaciones".
Éxodo 20:6

En mi trabajo secular soy maestra en la escuela elemental. Algo muy importante para mi trabajo son las reglas en el salón, para que así los niños conozcan qué pueden hacer, qué no deben hacer y qué se espera de ellos dentro y fuera del salón de clases. De la misma manera, Dios nos dio reglas, los llamó: Los 10 Mandamientos. Se los dio al pueblo de Israel y la primera vez los escribió en unas tablas. Luego, en un coraje, Moisés las rompió y tuvo que escribirlas él. Dios especificó en Los 10 Mandamientos: no tener otros dioses, no usar el nombre del Señor en vano, honrar a tu padre y madre, no matar… (ustedes conocen el resto). Pero cuando leemos en Éxodo 20 el versículo 6 me llama la atención: "…cuando me aman cumplen mis mandamientos…" Luego en el Nuevo Testamento vemos que Jesús los resume en estos dos mandamientos: Amarás a Dios por sobre todas las cosas y amarás a tu prójimo como a ti mismo. En fin, la regla de Dios es dar amor. Amarlo a Él primero y luego a todos los demás. Dios nos da instrucciones claras de cómo llevar nuestra vida. Así que nos toca a nosotros obedecerle para que todo en nuestra vida obre para bien. Así que piensa que esta vida es nuestro salón de clases, Dios es nuestro maestro, tiene unas reglas y hay que obedecerlas para que haya orden en nuestra vida. Así que vivamos siguiendo las reglas.

Día 75

Buscando talentos

"¡Fíjense qué gran amor nos ha dado el Padre, que se nos llame hijos de Dios! ¡Y lo somos! El mundo no nos conoce, precisamente porque no lo conoció a él". 1Juan 3:1

Por cosas de la vida, hoy estuve en una agencia de esas que buscan talentos para comerciales y cosas así. Estuve acompañando a una amiga. Allí de momento vi a un cantante, actor y pintor de Puerto Rico que hace muchos años no había visto, quien es maestro en este lugar. Cuando llegué me impresionó ver lo lleno que estaba el lugar. Muchos eran padres llevando a sus hijos, queriendo impulsar sus sueños, apoyándolos, haciendo lo necesario para que se desarrollen en el área de las artes.

¿Cuántos padres harán esto mismo para impulsar la vida espiritual y el área almática de sus hijos? Quisiera pensar que, así como lo hacen para lograr metas en la Tierra, lo hagan para que alcancen su meta celestial. Lo que sí sé es qué hay un Padre dispuesto por hacer esto por cada uno de sus hijos y tiene muchos. ¿Quién es? Dios. Nuestro Padre Celestial está dispuesto a ayudarnos a alcanzar Su propósito para nuestras vidas. Debemos estar dispuestos a escucharlo con atención y obedecerlo. Al seguir sus instrucciones tendremos contentamiento en nuestra vida y alcanzaremos cosas que jamás hemos soñado. Pero Dios sí las tuvo presente desde que nos diseñó. Hoy quiero alentarte a buscar a nuestro Padre en espíritu y verdad. Busca Su presencia, esencia, déjate llevar y permite que Él llene tu vida con Su alegría y gozo. Te maravillarás de lo que alcanzarás en tu vida. Y esto ocurrirá porque permitirás que el mejor caza talentos del universo te encuentre y te haga brillar. Vive a la expectativa… porque se buscan talentos.

Bautismo

Sucedió que a eso del mediodía, cuando me acercaba a Damasco, una intensa luz del cielo relampagueó de repente a mi alrededor. Hechos 22:6

De mi vida como cristiana una de las cosas que disfruto mucho es los días de bautismos. Para mí es un día muy especial. Es el día que cada persona le dice al mundo que ha dejado la vieja criatura sepultada y es nueva criatura en el Señor. Hoy participé de los bautismos de mi iglesia y fue una nueva experiencia, ya que era la persona que recibía a los hermanos al salir de las aguas. Siempre iba, pero observaba de lejos, oraba e intercedía. Además, asisto porque son mis alumnos de la Escuela de Transformación de mi iglesia. Así que, verlos llegar a ese punto en sus vidas me llena de emoción. Pero recibirlos fue aún más especial. El bautismo no salva a nadie. Nuestra salvación se llama Jesús, pero es un memorial que si tienes la oportunidad de hacerlo te invito a que lo hagas. No te arrepentirás. Si ya lo hiciste, espero que tu experiencia haya sido hermosa. Juan el Bautista bautizaba en agua e incluso bautizó a Jesús. Nosotros debemos seguir el ejemplo de nuestro amado Jesús. El bautismo fue un acto que Jesús realizó antes de comenzar su ministerio. Anda, atrévete, grítale al mundo que ya no eres parte de él. Dile que eres parte del Reino de Dios. Anúncialo. Sé diferente, hazlo notar. Será una experiencia única para ti. Vívelo, disfrútalo y sobre todo emula a tu Salvador, a Jesús.

Día 77

Indiferencia

"Porque el corazón de este pueblo se ha vuelto insensible; se les han embotado los oídos, y se les han cerrado los ojos. De lo contrario, verían con los ojos, oirían con los oídos, entenderían con el corazón y se convertirían, y yo los sanaría". Mateo 13:15

En una ocasión estaba participando de un festival en mi pueblo. Ya llevaba varios años de graduada y ejercía mi profesión. Cuando uno se gradúa de la escuela superior hay muchos compañeros que no vuelves a ver. Pues, me encontré a un excompañero a quien no había visto desde que nos graduamos y me puse contenta, ya que teníamos una buena relación en la escuela superior. ¿Cuál fue mi sorpresa? Cuando me vio, actuó con indiferencia. La indiferencia es no mostrar una actitud positiva ni negativa hacia determinada cosa o persona. En ese momento su actitud fue un gran golpe para mí, me dolió. Y más aún porque en ese tiempo no me relacionaba con Dios como lo hago ahora y tuve una reacción almática, sin la sabiduría de Dios para manejar mis emociones. Por lo cual permití que eso marcara mi vida por mucho tiempo. Con el pasar de los años tuve mi encuentro con Dios, quien no fue indiferente conmigo. Cuando al fin quise mirar a Dios, Él me recibió con un gran abrazo, me hizo entender que era valiosa, me hizo entender que Él tiene una actitud positiva hacia mí, me hizo entender que Sus planes para mí son de bien. Así mismo quiere que lo entiendas tú. Debes mirar a Jesús y a través de Él ver a los demás para que puedas entender el proceder de todos y con todo lo que puedan hacer, amarlos porque tú eres su prójimo. A través de Jesús te puedes ver a ti mismo, saber cuán importante eres para Dios y que no te afecte la indiferencia que puedas encontrar en tu camino. Sea lo que sea que estés pasando ahora mismo, Dios no es indiferente. Con lo difícil que pueda ser tu situación Dios está a tu lado en este momento. En Dios no cabe la indiferencia. Él es amor.

Características de la oración

"Entonces se separó de ellos a una buena distancia, se arrodilló y empezó a orar". Lucas 22:41

En Lucas 22:39-42 encontramos a Jesús orando en el Getsemaní. Este fue el jardín donde Jesús oró antes de ser arrestado. Este jardín está ubicado a los pies del Monte de los Olivos en Jerusalén. Allí Jesús oró porque Él sabía que las próximas horas serían muy difíciles en su humanidad y necesitaba hablar con Su Padre. Y oró al punto de que en un momento dado *"su sudor era como gotas de sangre que caían a tierra".* (Mateo 22: 44) En mi mente finita no puedo imaginar el sufrimiento de Jesús. Solo puedo adorarle y agradecerle siempre por Su sacrificio por mí en la cruz del Calvario. Pero la oración de Jesús nos muestra las características que esta debe tener: **soledad** (tú y Dios), **humildad**, **sinceridad sometimiento** (renuncia a tu voluntad), **filial** (recordar que Dios es nuestro Padre y nos ama) y **perseverancia**.

Todas estas características las tiene la oración de Jesús en el Getsemaní, momentos antes de ser entregado. Nuestra oración debe tener estas características también. Sigue el ejemplo de Jesús, nuestro camino. Y Su oración fue de esta manera en un momento crucial, definitivo, de tensión y de presión para Su vida. Así debemos actuar antes los retos, dificultades y oportunidades en la vida. Siempre habla con Dios. Él te escuchará y te responderá en Su tiempo perfecto. ¡Amén! ¡Amén! ¡Amén!

Día 79

Autoridad

"Mira, hoy te doy autoridad sobre naciones y reinos, para arrancar y derribar, para destruir y demoler, para construir y plantar". Jeremías 1:10

El mundo está lleno de muchas personas que representan autoridad en diferentes áreas: presidentes, gobernadores, científicos, doctores, pastores, sacerdotes…en fin muchas áreas sociales. Nosotros como cristianos también tenemos autoridad. Pienso que en muchas ocasiones la echamos a menos y no la utilizamos cuando es necesario. Por ejemplo, muchas veces cuando nos ocurre algo vamos a buscar a cierta persona para que ore por lo que nos está ocurriendo. No digo que eso está mal, para nada. Pero recurrimos mucho a eso cuando la Biblia nos dice que **nosotros tenemos autoridad**. Lo dice de forma muy clara. Por eso, cuando doy clases enfatizo mucho en que lean y estudien la Palabra, ya que ella es nuestra conexión con Jesús y con la dirección del Espíritu Santo aprendemos cuál es nuestra posición y cómo se espera que actuemos de acuerdo con ella. Autoridad es la facultad o poder para gobernar o mandar. También se refiere a la persona respetada y admirada por sus conocimientos o dominio de una cosa.

Dios en Su Palabra nos da versículos donde nos indica para qué tenemos autoridad. Nuestra autoridad es en: **ser hijos de Dios** (Juan 1:12), **para edificación** (2 Corintios 10:8), **hollar** (apretar una cosa con los pies. Hacer sentir a una persona su inferioridad) **serpientes y escorpiones, sobre todo poder del enemigo** (Lucas 10:19), **autoridad para prestar y sobre las naciones** (Deuteronomio 15:6), **sobre espíritus inmundos para expulsarlos, sanar toda enfermedad y dolencia** (Mateo 10:1), **abundancia de gracia y don de justicia** (Romanos 5:17) y **para reinar** (2 Timoteo 2:12 / Apocalipsis 5:10). Espero que hayas leído bien. Si piensas que no, lee de nuevo. Hay más versículos que hablan de nuestra autoridad. Te invito a buscarlos y leerlos. ¿Para qué? Para que entiendas quién eres como hijo de Dios. Para que te llenes de nuevas fuerzas, de fortaleza, para que aumente tu fe, para que alimentes tu espíritu, para que respires profundo, antes de continuar con tu vida.

No eres una persona simple o insignificante. Eres hijo de Dios, valioso, importante, único y con un gran poder, el que proviene del Espíritu Santo. Levanta tu cabeza, camina, cree, vive con la autoridad que te ha sido otorgada y cumple el propósito que Dios ha puesto en tu vida. Hacia adelante siempre. Dios va delante de ti. Él está en control. Crece espiritualmente y utiliza tu autoridad. ¡Amén! ¡Amén! ¡Amén!

Día 80

Amor inigualable

"Él fue traspasado por nuestras rebeliones, y molido por nuestras iniquidades; sobre él recayó el castigo, precio de nuestra paz, y gracias a sus heridas fuimos sanados".
Isaías 53:5

Isaías describe el sufrimiento que iba a pasar Jesús cuando estuviera aquí en la Tierra. Lo increíble y maravilloso de todo esto es que lo hace más de 400 años antes de que sucediera. Pero lo asombroso, lo que no tiene comparación es que Jesús experimentó todo ese dolor y sufrimiento por amor a nosotros. A causa de Su sacrificio tendremos una larga vida, viviremos eternamente. Claro así será si crees en Jesús, si crees en Su sacrificio por la humanidad. Existimos por Su amor y entrega. Podemos hablar con Dios y entrar a Su presencia gracias a Cristo. Tenemos vida eterna gracias a Él. Si Él no hubiese tomado nuestro lugar, no hubiese pagado por nosotros, nuestra historia hubiese sido otra.

¿Has aceptado a Jesús como tu Salvador? Si lo hiciste, te felicito por haber dado ese paso que ha transformado tu vida. Nadie es igual después de dar ese paso. Si aún no lo has hecho, te invito que lo hagas en este momento. Lee y repite en voz alta: *"Padre, me arrepiento de todo corazón de todos mis pecados. Señor Jesús en este momento te reconozco como mi Salvador. Te entrego mi corazón y mi vida. Escribe mi nombre en el libro de la vida. Espíritu Santo desde hoy transforma mi alma, sé mi guía, mi consolador e instrúyeme para cada día parecerme más a Jesús y ser su reflejo aquí en la Tierra. Gracias Señor por esta oportunidad, por este privilegio de ser una nueva criatura y ser llamado tu hijo(a). Gracias Señor por tu amor inigualable. En el nombre de Jesús, ¡Amén! ¡Amén! ¡Amén!*

Orar es vital

"Estén alerta y oren para que no caigan en tentación. El espíritu está dispuesto, pero el cuerpo es débil". Mateo 26:41

Dios, gracias por dejarnos tu Palabra, tus instrucciones, tus directrices. Gracias por la Biblia. Gracias por el privilegio que tenemos muchos de vivir en un lugar donde podemos leerla libremente. Te pedimos que seas tú guardando y protegiendo a aquellos que no viven esta libertad y aun así hacen lo imposible por aprender de tu Palabra y tener esa conexión contigo Jesús; los bendecimos en estos momentos.

Gracias por enseñarnos tanto y recordarnos la importancia de orar. En tu Palabra nos dice que debemos orar sin cesar, orar en todo tiempo. La clave para hacer lo correcto delante de ti es orar. No es un ritual más. Es nuestro momento de comunicarnos contigo amado Padre. Decirte cómo nos sentimos lo que hemos hecho, de qué nos arrepentimos, interceder por otros, hablarte de nuestros anhelos, alabarte, adorarte, bendecirte y declarar quién eres en nuestra vida. Por eso y mucho más la oración es vital. ¡Amén! ¡Amén! ¡Amén!

Día 82

Tu posición es gracias a Él

"Mientras Uzías buscó a Dios, Dios le dio prosperidad".
2 Crónicas 26:5

Hay una historia en la Biblia que nos enseña lo que puede ocurrirle a un hombre cuando Dios le permite hacer grandes cosas por medio de su poder y el corazón de este se endurece. Esta historia es la del rey Uzías (2 Crónicas 26). Un rey que al principio hizo lo bueno delante del Señor, pero cuando Dios le permitió lograr muchas cosas su corazón se llenó de orgullo. Desobedeció, quemando incienso en el altar (acto que solo hacían los sacerdotes) y por lo cual fue castigado con lepra para el resto de su vida.

Amado Dios, cada día queremos conocer lo ancho, alto y profundo que es tu amor. Queremos ser conscientes del poder que tenemos como hijos tuyos, ese poder que puede hacer más de lo que podemos imaginar. Pero todo para tu gloria y honra amado Dios. Reconociendo Señor en todo tiempo que tú eres la fuente de ese poder y que todo sucede porque es tu voluntad. Queremos movernos y actuar conforme a tu Espíritu Santo. Dejaremos toda timidez, rigidez, orgullo...todo, para actuar según tú nos indiques, bajo tu orden. Queremos ser libres en tu presencia. Todo lo que ocurra en nuestras vidas no es por nuestras propias fuerzas, sino a través de tu Espíritu Santo. Nuestra posición aquí en la Tierra es gracias a ti Señor, solo por ti amado Dios. ¡Aleluya!

COVID19

Alabado sea el Dios y Padre de nuestro Señor Jesucristo,
Padre misericordioso y Dios de toda consolación, quien nos
consuela en todas nuestras tribulaciones para que, con el
mismo consuelo que de Dios hemos recibido, también
nosotros podamos consolar a todos los que sufren.
2 Corintios 1:3-4

En el momento que trabajo con este libro en el mundo sucede algo conocido como pandemia (la propagación mundial de una nueva enfermedad). Esta se conoce como COVID19, causada por el coronavirus. La viruela, el sarampión, gripe española, la peste negra o bubónica y el HIV-SIDA han sido las pandemias más mortíferas de la historia. Para tratar de evitar la propagación los gobiernos toman ciertas medidas. En estos momentos el gobierno de P.R. ha puesto un toque de queda y sugiere a la población que, si no tiene que salir que no lo haga, que se quede en casa. Ha suspendido trabajos en escuelas, tiendas, oficinas del gobierno y otros. Llevo 5 días encerrada en mi hogar sin sentir el calor del Sol. No es un momento fácil. Me he concentrado en hacer limpieza, ver películas, leer libros, pero sobre todo tener un tiempo con Dios extraordinario. Tiempo para adorarlo, alabarlo, leer Su Palabra, estudiarla (no es lo mismo leer que estudiar), hablarle, agradecerle, exaltarlo… en fin buscar Su presencia aún más.

Cuando leas esto no sé en qué estado estaremos. Pero quiero decirte que Dios está con nosotros en nuestros tiempos buenos y en lo menos buenos. No permitas que tu fe decaiga por ninguna circunstancia. Alimenta tu fe diariamente a través de Su Palabra. Ella es la que te sostiene cada día de tu vida. Vamos levántate llámese como se llame tu situación, Dios está en control. Enfócate en lo que puede haber positivo o bueno dentro de lo que estés viviendo.

Dios le ha dado inteligencia y creatividad al ser humano de manera increíble. A raíz de esta pandemia han salido chistes y canciones, pero algo que me gustó fue cuando leí el significado que alguien le dio al nombre de esta enfermedad. Fue el siguiente: COVID (**Christ, Over, Viruses, Infectious, Diseases**). En español fue el siguiente: COVID (**Cristo** te **Ordena** que seas **Valiente** y que no te **Inquietes** porque **Dios** está contigo) y al número 19 lo utilizaron así: Josué 1:9 *"Ya te lo he ordenado: ¡Sé fuerte y valiente! ¡No tengas miedo ni te desanimes! Porque el SEÑOR tu Dios te acompañará dondequiera que vayas"*. Fue tan gratificante para mí leer esto y así mismo espero que lo sea para ti que lo lees ahora. Sé valiente. Ya Jesús venció tu problema. Decláralo en voz alta y confía. Descansa en Su promesa. ¡Aleluya!

La casa de Barbie

*Más bien, busquen primeramente el reino de Dios y su
justicia, y todas estas cosas les serán añadidas.*
Mateo 6:33

De niña fui fanática de las muñecas Barbie. Cada
Navidad salían nuevas y fui bendecida porque las pedía y me
las traían. Pero hubo algo que nunca me llegó, por más que lo
pedí: la casa de Barbie. ¿Por qué? Por el tamaño de la casa
donde yo vivía. Era una casa pequeña de madera. Parecía una
casita de muñecas. Solo tenía sala, cocina y dos cuartos. Para
bañarme tenía que bajar a casa de mi abuela. Eso sí, tenía
balcón. ¡Qué mucho jugué en ese lugar! Pero era tan pequeña
que no había espacio para la casa de Barbie. Al pasar de los
años siempre recordaba ese regalo que nunca llegó. Una vez
mi mamá me dijo: "Si llego a saber que eso te afectaría tanto
te la compraba y la colocaba en el balcón, aunque se dañara
con el Sol y la lluvia". Pero tuve alegría, inocencia, amor,
cuidado y protección en mi infancia. Eso vale más que un
juguete, que una casa de Barbie. Y pienso que algo así me ha
sucedido en cuanto a mi relación con Dios. Tengo peticiones
ante Él que aún no he visto con mis ojos naturales. La
diferencia es que he aprendido que algunas peticiones no
llegan cuando las pedimos, porque no es el tiempo correcto.
Todo tiene su tiempo bajo el Sol. Y otras no llegarán porque
no convienen a nuestras vidas, aunque pensemos que sí y que
lo necesitamos para ser feliz. Lo único que necesitamos es
aceptar a Jesús como nuestro salvador y caminar en Él. Lo
demás es añadido, pero no necesario. Así que vivamos en el
gozo de Señor, aún con la ausencia de aquello queremos o
anhelamos. Aprendí a disfrutar mi infancia con las muñecas
Barbie, pero sin la casita. Con los años, Dios me otorgó mi
propia casa de Barbie, (como me dice una amiga) la cual le
agradezco diariamente. Agradece, conténtate y vive a la
expectativa de lo que Dios tiene para ti, definitivamente será
mejor de lo que deseas, anhelas o sueñas. Solo cree y confía.

Día 85

Dios es quien hace justicia

*"El SEÑOR no rechazará a su pueblo; no dejará a su herencia
en el abandono". Salmo 94:14*

Según dice el versículo, Dios nunca nos abandona.
Ayer estuve conversando con una amiga a la cual quiero
mucho. La conozco desde que ella es una niña. En la
conversación me contó procesos que ha vivido. Algunos le
tocaban, otros le fueron asignados, aún cuando no eran su
responsabilidad. Pero así es la vida. En la conversación ella me
dijo: "Noemí, sé que la Palabra dice que no debemos estar
mirando si a otros, que no hacen las cosas como corresponden
delante de Dios, les va bien. Pero a veces es tan difícil no
hacerlo". La entendí a la perfección. No sé si a usted le ha
ocurrido lo mismo. A mí sí. Y entiendo que al autor del Salmo
94 le ocurrió lo mismo. Él quería que Dios le diera su merecido
a los arrogantes y soberbios. Al pasar los años he aprendido, y
lo quiero compartir contigo, que mi tiempo, no es el tiempo de
Dios, que mi justicia, no es su justicia y que lo que me
corresponde hacer es confiar en Dios para TODO. Él es quien
se encarga de hacernos justicia. Él es quien nos defiende, nos
protege, nos guarda, reconforta, fortalece, anima…Él es
nuestro TODO. *"Pero el SEÑOR es mi protector, es mi Dios y
la roca en que me refugio". Salmo 94:22*

Gracias Dios por tu justicia.

Su Sacrificio

"Entonces Jesús volvió a gritar con fuerza, y entregó su espíritu". Mateo 27:50

Él entregó Su espíritu… Por tal razón debemos amarlo, adorarlo, honrarlo y servirle. Jesús vino a la Tierra y entregó Su vida por la humanidad. A Él nadie se la quitó. Jesús la quiso dar de manera voluntaria. Pagó por los pecados de todos nosotros para que al creer en Él tengamos vida eterna. Si Él no hubiese hecho este sacrificio, la humanidad pagaría con la muerte.

Él cargó con el pecado de TODAS las personas: las que existieron, las que existen y las que existirían luego. No hay palabras que puedan describir lo que Él vivió. Conocerle y ser reflejo de Él aquí en la Tierra debe ser nuestra misión. Demos el valor que merece y corresponde a Su sacrificio. Medita hoy en el sacrificio de Jesús, lo más valioso que alguien hará por ti: darte la vida eterna al morir en tu lugar y el precio pagar.

¡Gracias Jesús!

Día 87

Un intercambio de libro

La hierba se seca y la flor se marchita, pero la palabra de nuestro Dios permanece para siempre. Isaías 40:8

En julio del 2019 viajé a Estados Unidos para pasar un tiempo con mi papá. Ya me hacía falta compartir con él. A pesar de que nos comunicamos diariamente, aunque sea con un mensaje de texto, no es lo mismo sentarse con un buen café y compartir tiempo de calidad. Para ese viaje una amiga me prestó el libro: *Ponte en mis zapatos* de Marie M. Griffin y me dijo: "Sé que te va a gustar". No se equivocó. Me lo leí en un día. Ese día viajaba de Philadelphia a Florida en automóvil. Un viaje que he hecho en varias ocasiones y disfruto mucho. Durante tantas horas de viaje hice esa lectura. Un libro que recomiendo. Te identificarás con algún par de zapatos, según las vivencias que has tenido en esta vida. Al regresar lo entregué (muy importante devolver lo que es prestado). Luego al pasar de los meses le presté a esa amiga el libro: *La mujer el sello de la* creación del Pastor Rey Matos. Y le dije que le iba a gustar y así fue. No suelo leer libros dos veces. Durante la lectura voy marcando los pasajes que me impactan y que luego releo. Pero este lo leído 2 veces y sé que no serán las únicas. Un libro donde resaltan el valor de la mujer, pero también aprendemos a cómo vivir en una relación saludable con el hombre, con nuestra pareja. Se los recomiendo. Así que este es un ejemplo de intercambio de libros. No ha sido el único en mi vida y espero tener muchos más. Que sean libros que me ayuden a crecer y madurar como mujer.

La lectura es muy valiosa. Abre nuestros ojos a mundos desconocidos. Así ocurre cuando leemos la Palabra. Es tan interesante. Contiene historias de amor, acción, milagros, apariciones, desapariciones… hay de todo lo que puedas imaginar. Anímate, lee, viaja con la imaginación, aprende, crece, madura e intercambia el conocimiento con alguien más, intercambiando libros y por supuesto el principal debe ser la Biblia. Es un gran obsequio a la vida de cualquier ser humano. Algunos lo leerán solo por curiosidad, otros por convicción, pero en cualquier caso la semilla será sembrada en el corazón del lector. Y la Palabra de Dios no retorna vacía. Te invito a que hoy ores y le pidas a Dios dirección para conocer a quien le debes regalar una Biblia y cual es la indicada para esa persona. ¡Hay tantas versiones de la Biblia! Él te indicará la correcta. Haz un intercambio de libros.

Día 88

Cuarentena

"El SEÑOR *está cerca de quienes lo invocan, de quienes lo invocan en verdad". Salmo 145:18*

¿Cómo te sentiste en la cuarentena? Para mí fue un tiempo contradictorio. Mi tiempo con Dios era más extenso y lo disfrutaba mucho. Tuve tiempo para orar, leer, estudiar y meditar la Palabra. Utilicé la tecnología como no solía hacerlo: usando las redes sociales para enviar mensajes positivos, participé de video llamadas, estuve en reuniones de mi grupo de Bible Journaling a través de la aplicación de Zoom. También limpié (muchas veces) la casa, ordené áreas de la casa, boté cosas innecesarias (no sé por qué las tenía), vi películas, predicaciones… y así utilizaba mi tiempo. Por otro lado, observaba y escuchaba las noticias del mundo y a mi corazón llegaba un dolor muy profundo. Oraba e intercedía por los sucesos, por la realidad que me rodeaba. Ver rostros sufriendo por la enfermedad, por estar distanciados de sus seres queridos, por no dar un abrazo a su ser amado…eso duele.

Mi realidad fue estar en la cuarentena "sola". No había nadie conmigo en mi casa, pero Dios me cubría y me guardaba de todo mal. Jesús estaba en mí y conmigo. Su Espíritu Santo se paseaba en mi hogar en todo tiempo. Yo no estaba sola. Yo no estoy sola y tú tampoco lo estás. Habla con Dios en todo tiempo, Él te ayudará a tener una mejor visión de tu realidad y ver la luz de la solución para la misma. Te da la fuerza para seguir a través de tus circunstancias. Él te fortalece. Él te levanta. Este es el día que Dios ha hecho para ti. Busca lo bueno, lo positivo y agradécele.

Declara tu victoria

"...Tú vienes contra mí con espada, lanza y jabalina, pero yo vengo a ti en el nombre del SEÑOR Todopoderoso, el Dios de los ejércitos de Israel, a quien has desafiado".
1 Samuel 17:45

Esta mañana estuve leyendo este versículo. La historia de David y Goliat me ha gustado desde niña. Ver ese chico tan joven y pequeño, comparado con los soldados del rey Saúl, vencer a un gigante era asombroso. Ya de adulta me impacta la fe de David, la intimidad que él tenía con Dios, por la cual podía escuchar claramente Sus instrucciones y seguirlas al pie de la letra y con seguridad porque sabía que Dios estaba en control. Esta relación y actitud lo llevó a ser rey de Israel y lo a ser un hombre conforme al corazón de Dios. Yo anhelo ser una persona conforme al corazón de Dios, ¿y tú? Espero que sí. Que anheles ser una persona que viva según la perspectiva de Dios. Y en esa visión ya somos vencedores, gracias a Jesús.

Isaías 46:10 dice: *"...Yo digo: Mi propósito se cumplirá, y haré todo lo que deseo".* Así habló Dios en ese momento, así continúa hablando y debemos entenderlo, se hará lo que Él quiere, cuando Él quiera y como Él quiera. ¿Estás dispuesto? Pues hazlo declarando Su Palabra, no tus emociones. Comienza este día diciéndole al mundo quien reina en tu vida y sigue el camino que ha trazado para ti. Sé valiente. Él no te deja ni te desampara, siempre está contigo. Cree que ya venciste a tu gigante. ¡Amén! ¡Amén! ¡Amén!

Día 90

El corazón es lo que importa

"...La gente se fija en las apariencias, pero yo me fijo en el corazón". 1 Samuel 16:7

El rey Saúl hizo lo malo delante de Dios así que fue rechazado como rey. Había que buscar a alguien más para esta labor. Dios envía a Samuel a casa de Isaí en Belén a buscar al nuevo rey. Se presentan los hijos de Isaí delante de Samuel y cuando vio a Eliab, se dejó llevar por su físico o sea por sus ojos naturales y pensó que ese era el futuro rey, pero que equivocado estaba. El rey sería el menos que imaginaba, un "simple" pastor de ovejas llamado David. ¿Alguna vez has tenido una opinión de alguien solo por su apariencia? Igual que a mí, te debe haber pasado. En mi caso he tenido que aprender a no dejarme llevar por eso. He tenido que aprender a conocer a las personas por medio del trato, las conversaciones, la convivencia para luego entender si deben seguir en mi vida o debo poner un espacio por mi bien. También he aprendido que de todas las personas que he conocido he aprendido algo, aun de aquellas que no han sido positivas para mí. Pero que bueno que Dios no se deja llevar por nuestras apariencias, sino que ve nuestros corazones. Él conoce nuestra realidad, nuestro interior. Él valora nuestro verdadero yo. Y como reflejo de Él aquí en la Tierra debemos valorar a las personas por lo que son realmente. Te invito que hoy hables con Dios y le pidas que te permita ver la realidad de las personas. Que te dé un corazón lleno de amor hacia tu prójimo. Y que puedas ver su corazón y no solo su exterior. En muchas ocasiones la gente proyecta lo contrario a lo que realmente es o siente. En muchas ocasiones es su manera de gritar auxilio. Que Dios nos de la capacidad de ver esa alerta y ser su instrumento para llevarle los primeros auxilios a quien lo necesite. No lo sabemos ni lo dominamos todo, pero podemos ser esa primera piedra para comenzar a edificar la transformación que Dios quiere hacer en esa vida. El corazón es lo que importa.

Clama a Dios

"...No dejes de clamar al SEÑOR por nosotros, para que nos salve del poder de los filisteos". 1 Samuel 7:8

Samuel fue el último juez que tuvo Israel. Fue profeta de Dios. Y en un momento dado que los israelitas se vieron ante un peligro inminente delante de los filisteos, le pidieron a Samuel que clamara a Dios. ¿Alguna vez has estado en una situación tan extrema que has clamado a Dios en medio de tu desesperación? Yo sí, y no solo una vez. Cuando he sentido el viento recio de una tormenta alrededor de mi vida, he clamado a Dios. ¿Qué ha pasado? Dios primero ha calmado la tormenta de mi interior (pensamientos, emociones) y luego ha calmado la tormenta que se ha querido levantar contra mí en el exterior. Él ha puesto paz en la tormenta. Las tormentas pueden tener muchos nombres: enfermedad, divorcio, muerte de un ser querido, abandono (padre, madre, pareja, hijos) finanzas, trabajo... Pero para todos estos tipos de tormentas hay una alternativa, la única alternativa y se llama Jesús.

¿Hay alguna tormenta atacando tu vida ahora mismo? Te invito a que en este momento clames a Dios. Él es tu puerto seguro. Él es quien puede calmar esos vientos que te azotan en este momento. Él es tu paz. Clama con tu corazón rendido a Sus pies. Clama y escucha, porque Él te responderá. Él vendrá ahora mismo, ahí donde estás y te dará Su paz. Te mostrará el camino a seguir. Dios será tu apoyo en TODO momento. No estás solo. Él está contigo. Solo clama a Dios.

Día 92

El Espíritu prometido

"Y yo le pediré al Padre, y él les dará otro Consolador para que los acompañe siempre". Mateo 27:16

"—Yo soy el camino, la verdad y la vida —le contestó Jesús—. Nadie llega al Padre sino por mí". Mateo 27:6 Jesús vino a la Tierra y dio Su vida por todos nosotros. Al irse envió al Espíritu Santo, que es nuestro Consolador. Jesús está haciendo moradas para cada uno de nosotros, para cada uno de Sus hijos. Nuestra tarea aquí ahora es creer en Él y obedecer Su Palabra. Tener oídos espirituales, prestar atención a lo que nos indica el Espíritu Santo de cómo debe ser nuestro andar. No es tarea fácil, ya que tenemos tantos distractores, por tal razón debemos ser juiciosos, persistentes, diligentes y obedientes. Así, el día que Jesús regrese a buscar Su Iglesia, nos iremos con Él. Eso ocurrirá. ¿Qué día? ¿Qué hora? Nadie lo sabe. Solo debemos estar preparados. Estemos en comunión con Dios cada día de nuestras vidas y así cuando llegue el gran día nos iremos con Él. Mientras tanto, busca al Espíritu Santo, escúchalo, sigue Su dirección. Él es otro regalo prometido y dado a nosotros por Jesús. ¡Aleluya!

Trae al Señor a tu vida

"No todo el que me dice: "Señor, Señor", entrará en el reino de los cielos, sino solo el que hace la voluntad de mi Padre que está en el cielo". Mateo 7:21

    ¿Tienes a Jesús a tu vida? Tal vez digas: Claro que sí. Tal vez tu contestación fue que estás en la iglesia desde niño, o que llevas cierta cantidad de años sirviendo a Dios. Vuelvo y te pregunto: ¿Tienes a Jesús en tu vida? Tener a Dios en tu vida no es necesariamente estar asistiendo por una cantidad de tiempo a un edificio cada día de reunión. No es tener algún cargo en el cuerpo de Cristo. No es organizar muchas actividades durante el año en la iglesia a la cual perteneces… No lo es. Ahora te cambio la pregunta: ¿En cada situación que enfrentas actúas como Jesús lo haría? En mi caso hay ocasiones donde sé que he actuado como Jesús lo haría, pero hay otras ocasiones donde he fallado. Pero cada día me levanto y le digo a Dios que quiero hacer Su voluntad.

    Hace unos años vi la película llamada: El remanente. Esta película trata sobre lo que ocurrirá en la Tierra cuando Jesús haya buscado a Su Iglesia. Y una parte que me tocó mucho fue cuando un grupo de personas se estaban ocultando en la iglesia y uno de ellos era el pastor de esta. Y una de las personas le cuestiona el porqué está ahí si él es el pastor. Su contestación fue que él no tenía relación con Dios. Hoy te invito a que te evalúes y pienses si realmente tienes una relación con Dios. Si es así ¡Aleluya! por eso. Si sabes que algo anda mal, vuélvete a Él, reconcíliate con Él. Comienza a reflejarlo en tu caminar, en tus acciones. Pregúntate cada día ¿qué haría Jesús? Y cumple con lo que Él te indique que debes hacer. Trae al Señor a tu vida.

Día 94

Cuidando la libertad

"Cristo nos libertó para que vivamos en libertad. Por lo tanto, manténganse firmes y no se sometan nuevamente al yugo de esclavitud". Gálatas 5:1

Somos libres gracias al sacrificio de Jesús, pero eso no significa que podemos hacer de todo en este mundo. La libertad en Cristo no es la misma que la del mundo. Recuerda que somos la sal, la luz en este mundo, así que debemos distinguirnos como hijos de Dios. Debemos buscar el Fruto del Espíritu Santo y así seremos dirigidos a tener una vida ordenada y conforme a la Palabra de Dios. Cumpliendo sus mandatos viviremos siendo agradables delante de Sus ojos y haciendo Su voluntad.

"En efecto, toda la ley se resume en un solo mandamiento: Ama a tu prójimo como a ti mismo". Gálatas 5:14 Cuida la libertad que Dios te ha otorgado. Defiéndela con tus armas espirituales: la Palabra, oración, adoración, alabanzas… ¡cuídala!

Dios te toma

"Así que Booz tomó a Rut y se casó con ella. Cuando se unieron, el SEÑOR le concedió quedar embarazada, de modo que tuvo un hijo". Rut 4:13

Llevo varios años en los cuales Dios me ha dado el privilegio de llevar su mensaje a otros. Lo he hecho a través de prédicas, enseñanzas y talleres. Pero para cada uno de ellos he tenido tiempo y las herramientas para prepararme. ¿Cuántos saben que a Dios le gusta sorprendernos? Yo sí, y no importa el tiempo y el lugar. Hace unos años atrás visité a una querida amiga en E.U. Ella y su esposo me invitaron a pasar parte del verano con ellos y una de mis hermosas ahijadas. Ellos se congregan y comencé a acompañarlos en ese tiempo. Un día mi amiga le dijo a su pastora que yo doy clases de la Biblia en mi iglesia y que escribía para el periódico de la iglesia. Cuál no fue mi sorpresa cuando la pastora me dijo: "Que bueno saber eso. Tendremos una reunión de mujeres y me gustaría que llevaras la enseñanza". Yo me quedé de una pieza, sorprendida totalmente por la invitación, pero dije que sí. He aprendido a no decirle no a Dios, aunque por dentro sienta el frío olímpico. Tenía que llevar la enseñanza, pero no estaba en P.R., no tenía mis libros, mis cosas para prepararme, así que le dije una noche a Dios "dime de qué voy a hablar "y a las 4:00 a.m., del día siguiente Dios me despertó para darme la enseñanza. Me llevó al libro de Rut. La historia de Rut significa mucho para mí. Primero por su enseñanza de amor, lealtad, obediencia, fe… y porque mi nombre sale ahí: Noemí.

Rut fue una extranjera que dejó todo lo suyo y adoptó todo lo del pueblo de Israel, incluso a Dios. Dio a luz un hijo y es parte de la genealogía de Jesús. La experiencia con las mujeres en Georgia fue hermosa. Nos reímos y también lloramos. Fue la gloria de Dios. Pero, así como dice la Biblia que Booz tomó a Rut y la hizo su esposa, Jesús lo hace con nosotros. Somos parte de su novia la iglesia. Así que Él también te toma y hace a través de ti lo que quiere, da a luz un hijo (propósito) donde quiere y como quiere.

Jamás hubiese pensado que, en Georgia, en plenas vacaciones Él me pondría a llevar Su Palabra, Su enseñanza (Su propósito en mí). Hoy te invito a que te arrojes a los brazos de Jesús, que Él te tome y cumpla Su voluntad a través de ti. Dios puede usarte en cualquier lugar, incluso en tu propio hogar. Vive ese privilegio de ser su instrumento. Si lo permites, Dios te toma hoy.

Hoy es el día

Entonces oí la voz del Señor que decía:
—¿A quién enviaré? ¿Quién irá por nosotros?
Y respondí:
—Aquí estoy. ¡Envíame a mí!
Isaías 6:8

Cuando llegué a mi iglesia era muy diferente a como soy ahora. Llegué herida, un poco retraída, silenciosa y cuidadosa con las personas que me relacionaba. Al pasar el tiempo tomé más confianza. Comencé a participar de actividades de la iglesia y me gustaban muchos los discipulados que se daban. Tuve muy buenos maestros. Estuve aprendiendo y desaprendiendo cosas, alrededor de 5 años. Luego, como soy maestra de profesión, me hicieron el acercamiento para dar clases a los niños de la iglesia y acepté. Luego leí el libro: Vida con Propósito del pastor Rick Warren. En ese momento no podía imaginar que ese libro estaría muy ligado a lo que vivo hoy. La primera vez que lo leí, lo hice sola. Mi tía (de la que les hablé hace unos días atrás) me lo prestó. Me gustó, pero me quedé con la sensación de que era mejor leerlo en grupo. Un día fui a un congreso de mujeres, allí en medio de una alabanza, una mujer me entregó el periódico de la iglesia. Al finalizar la actividad comencé a hojearlo y allí vi que iban a dar el estudio del libro: *Vida con propósito*. Así que lo consulté con mi pastor y me dio el permiso para ir a esas clases. Fueron alrededor de 9 meses de estudio. Fue una gran experiencia de aprendizaje para mí. En cuanto terminé se lo notifiqué al pastor quien me dijo: "Que bueno, porque quiero que des la clase en la iglesia". Nunca había dado clases a adultos. La dinámica de la clase iba a ser diferente a como yo la tomé, así que había que organizar, crear resúmenes de las lecciones para compartirlas con los estudiantes…Mucho trabajo de preparación. Además, me ocupaba mucho la parte de las preguntas que pudieran hacer los estudiantes, pero aun así acepté el reto que Dios puso en mis manos.

El primer día asistieron 96 personas al estudio. Yo no lo podía creer. Al final terminó un grupo de 52 personas para la gloria de Dios. Pero desde ese día mi vida cambió. Ese fue el día que Dios me dijo ya es tiempo de comiences a trabajar para lo que te diseñé. No ha sido fácil el caminar, pero me siento contenta de hacer lo que Dios quiere que haga, de obedecer a Su llamado. Te invito a que ores hoy con tu corazón en las manos y le digas a Dios: "Heme aquí, envíame a mí". Para que muy pronto Dios diga a tu vida: Hoy es el día. ¡Aleluya!

Dios me ha bendecido

"De ti he dependido desde que nací; del vientre materno me hiciste nacer. ¡Por siempre te alabaré!" Salmo 71:6

Mi primer año de trabajo como maestra fue en el Colegio Bautista de mi pueblo. Ya desde la universidad Dios estaba trabajando conmigo, intentando que yo le permitiera entrar nuevamente a mi vida. Pero colocarme en ese colegio fue un gran paso en Su plan conmigo. Allí para cada actividad había primero un servicio religioso. Así que estaba expuesta cada día a Su Palabra y a Su amor. En una de esas reuniones Dios me hizo entender que existía por Su voluntad. Cuando mis padres se casaron querían tener un bebé, pasó el tiempo y no llegaba lo que ellos deseaban. Una noche en una actividad de la iglesia donde ellos se congregaban hicieron un llamado para las parejas que quisieran tener hijos. Mi papá estaba en un lado del templo porque era músico, mi mamá estaba sentada en otro lado y ambos sin ponerse de acuerdo se pararon y pasaron al frente. Luego de esa oración aparecí yo en el escenario. Luego de eso mi mamá me cuenta que no tomaron precauciones para evitar los hijos y nunca volvió a estar embarazada. Y aunque había escuchado mi historia muchas veces, ese día, en esa reunión, llegó de golpe ese relato a mi corazón y lo comprendí. Supe que existo porque Él me ama. Y he sido bendecida. No digo que no he tenido mis tiempos difíciles, he pasado mis desiertos, pero he reconocido la presencia de Dios en ellos. Dios me ha bendecido. Hoy quiero que reflexiones sobre tu vida e intentes enfocarte en lo bueno de tu vida. Deja lo malo y lo difícil de un lado. Solo fíjate en lo bueno. Te darás cuenta de que Dios te ha bendecido de muchas maneras. Toma un tiempo y agradece al Señor. Primero porque estás vivo, eso es un milagro de por sí, porque puedes respirar, ver…y así sigue enumerando tus bendiciones. Y declara ahí donde estás: ¡Dios me ha bendecido!

Día 98

¡Sorpresa!

*"Así también ustedes, manténganse firmes y aguarden con
paciencia la venida del Señor, que ya se acerca".*
Santiago 5:8

En el 2013 compré mi casa. Aunque la compré en primavera no fue hasta verano que me mudé. Así que ese año pasé mis primeras navidades en mi hogar. Para esa temporada organicé un "house warming". Es una celebración del nuevo hogar donde los invitados llevan obsequios que estén relacionados a la casa: vasos, calderos, sartenes, productos de limpieza…ya tienen la idea. Ese día fue hermoso para mí. Casi todos mis invitados llegaron. Unos antes, otros después, pero llegaron. Fue un día hermoso y bien agitado. Los invitados se fueron ya de noche y yo estaba muy feliz. Recuerdo que recogí todo, me sentía exhausta. Así que rápidamente me di un baño y me fui directo a la cama. Cuando ya casi me estaba quedando dormida ¡Sorpresa! Los jóvenes de mi iglesia vinieron a darme un matutino (tipo de parranda, pero con música cristiana) a son de calderos, sartenes, cucharones… Fue tan hermosa esa sorpresa para mí. Me la disfruté de principio a fin. Cada uno de esos jóvenes son especiales. Los bendigo donde se encuentren ahora mismo. Esa sorpresa fue de bendición. Y ese hecho me hace pensar, que así mismo será la venida de Cristo, una sorpresa. ¿Estaremos preparados? Para el matutino yo lo estaba, tenía alimentos para brindarles. ¿Tenemos algo bueno que brindarle a Dios? Yo cada día intento estar preparada para ese momento porque no sé cuando será. Te invito a escudriñarte para saber si tú lo estás. Y si piensas que no, ve delante de Dios y arrepiéntete de todo. Recuerda que arrepentirte es cambiar. Haz los ajustes necesarios. Humíllate delante de Él, para cuando sea el día y la hora recibas una gran sorpresa.

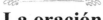

La oración

"Jesús les contó a sus discípulos una parábola para
mostrarles que debían orar siempre, sin desanimarse".
Lucas 18:1

A la parábola que se refiere es a la de una viuda que iba insistentemente ante un juez pidiéndole que le hiciera justicia. Así estuvo un tiempo, hasta que el juez se cansó y le hizo justicia. Dios no es ese juez, porque Él no se cansa de escucharnos y nos hace justicia en Su tiempo, no en el nuestro. Pero lo que sí debemos observar y emular es la actitud y comportamiento de la mujer. Ella insistía y creía que ese juez era el indicado para hacerle justicia. Debemos ir ante Dios todos los días en oración. Antes, en mis primeros años sirviéndole a Dios ya de adulta, yo le hablaba y repetía mi petición del momento. Y llegó un momento donde yo misma me pregunté por qué le seguía haciendo la misma petición a Dios, si yo sabía que me escuchaba y que tenía el poder para responderme. Recuerdo que le hablé a Dios y le dije que me mostrara cómo era la forma correcta en la que debía orar respecto a mis peticiones. En esos días, estaba leyendo un libro de Joyce Meyer (no recuerdo el título), pero a través de la lectura aprendí que de primera intención hago la petición a Dios, luego en mis próximas oraciones solo le agradezco a Dios por lo que ha hecho al respecto, aunque mis ojos naturales no lo vean aún. Por lo cual, te animo a orar siempre sin desanimarte, confiando en Dios en TODO tiempo. Creyendo que nada es imposible para Él y que verás con tus ojos naturales cada una de las promesas que ha hablado a tu vida, cumplida Su tiempo perfecto. *"Lo que es imposible para los hombres es posible para Dios —aclaró Jesús".* Lucas 18:27

Día 100

Cuarentena interior

"Ellos lo han vencido por medio de la sangre del Cordero y por el mensaje del cual dieron testimonio; no valoraron tanto su vida como para evitar la muerte". Apocalipsis 12:11

En estos días me he visto restringida de mi libertad a causa del COVID19. No puedo ir a mi trabajo, no puedo congregarme, no puedo ir de tiendas, ni a comer a ningún restaurante, no puedo ir a la playa, no puedo reunirme con amigos para por lo menos compartir un café... este proceso no ha sido fácil. Pero he tenido paz, gracias a Dios. Llevo años fortaleciendo mi relación con Dios y eso ha dado su fruto en este tiempo. Pero pienso en las personas que no tienen una relación con Dios, con los que ya vivían encerrados en sí mismos por circunstancias de la vida: depresión, enfermedades mentales, físicas, emocionales... ¿Cómo lo estarán enfrentando?

Sé que la cuarentena que vivo ahora pasará y volveré a mi libertad física, porque la espiritual y emocional la tengo, gracias a Jesús. ¿Pero y los demás? Si estás leyendo es porque ya hemos vuelto a la normalidad, pero tal vez haya personas que siguen en su cuarentena interior. Hoy dedica parte de tu tiempo a orar y a interceder por ellos, declarando libertad en el nombre de Jesús. Si acaso tú te encuentras en esa cuarentena ahora mismo, yo declaro sobre ti libertad. Declaro que toda opresión del enemigo sobre tu vida queda nula en esta hora. Declaro la mente de Cristo en ti. Declaro que el enemigo no tiene parte ni suerte en tu vida. Declaro que desde hoy no eres la misma persona, gracias al poder de la preciosa sangre de Cristo, la cual te otorga la victoria en esta hora, en este día, en el nombre de Jesús, ¡Amén! ¡Amén! ¡Amén!

No al engaño

"Pero, en cuanto al día y la hora, nadie lo sabe, ni siquiera los ángeles en el cielo, ni el Hijo, sino solo el Padre".
Mateo 24:36

Señor, te pedimos que nos guardes, que nos des entendimiento, discernimiento de espíritu, para así no ser engañados. Jesús, tú eres nuestra roca en la cual hemos cimentado nuestra casa. Queremos, anhelamos, deseamos que sea así hasta el último día de nuestras vidas. Dios, te pedimos que nunca te alejes de nosotros ni de nuestras familias. Otórganos en todo momento tu favor y tu gracia. Amado Padre, solo queremos amarte, alabarte, adorarte desde que amanezca hasta que anochezca.

Señor, que siempre estés con nosotros, te amamos. Dios, escucha nuestro clamor y siempre habla a nuestras vidas. Dirígenos e indícanos lo que debemos hacer. Que tengamos oídos y ojos espirituales para solo atender a tu voz y a tu visión. Que no nos apartemos de tu verdad, la que nos hace libres y salvos. Que jamás seamos engañados en el nombre de Jesús, ¡Amén! ¡Amén! ¡Amén!

Día 102

Jesús quiere que sepas que...

1. **Te dará fuerzas** - Isaías 41:10 "...Te fortaleceré y te ayudaré; te sostendré con mi diestra victoriosa."

2. **Te proveerá** – Filipenses 4:19 "Así que mi Dios les proveerá de todo lo que necesiten, conforme a las gloriosas riquezas que tiene en Cristo Jesús".

3. **Estará contigo** – Isaías 41:10"Así que no temas, porque yo estoy contigo; no te angusties, porque yo soy tu Dios".

4. **Te responderá** – Isaías 65:24 "Antes que me llamen, yo les responderé; todavía estarán hablando cuando ya los habré escuchado".

5. **Te hará descansar** – Mateo 11:28 "Vengan a mí todos ustedes que están cansados y agobiados, y yo les daré descanso".

6. **No te fallará** – Deuteronomio 31:6 "Sean fuertes y valientes. No teman ni se asusten ante esas naciones, pues el SEÑOR su Dios siempre los acompañará; nunca los dejará ni los abandonará".

7. **Nunca te desamparará** – Deuteronomio 31:8 "El SEÑOR mismo marchará al frente de ti y estará contigo; nunca te dejará ni te abandonará. No temas ni te desanimes".

8. **Te bendecirá** – Proverbios 16:3 "Pon en manos del Señor todas tus obras, y tus proyectos se cumplirán".

9. **Tiene un plan para ti** – Jeremías 29:11 "Porque yo sé muy bien los planes que tengo para ustedes —afirma el SEÑOR—, planes de bienestar y no de calamidad, a fin de darles un futuro y una esperanza".

10. **Te ama** – Romanos 5:8 "Pero Dios demuestra su amor por nosotros en esto: en que cuando todavía éramos pecadores, Cristo murió por nosotros".

Día 103

Destacado

"...El que me ama, obedecerá mi palabra, y mi Padre lo amará, y haremos nuestra morada en él." Juan 14:23

El comienzo de mi aventura escolar fue a los 5 años y medio. Comenzó a esa edad por problemas con mi fecha de nacimiento. Entré al Programa de Head Start. En aquella época pasar por Kínder no era obligatorio. Mi mamá me cuenta que el primer día de clases ella se quedó en la puerta del salón por si yo comenzaba a llorar como otros de mis compañeros, pero yo la miré y le dije: "Mami te puedes ir, yo estoy bien". La que se fue llorando fue ella. Tengo bellos recuerdos de ese año, tanto de mis compañeros, como de mi maestra y de su ayudante. Cuando se acercaba el día de la típica foto de grupo, enviaron una carta y además la maestra nos explicó que tenía que ser con el uniforme. Por más que se lo dije a mi mamá, aparte que ella leyó la carta, no siguió instrucciones. Ella me cosió mi ropa (ella era costurera), me hizo tremendo peinado y me llevó a la escuela. Cuando llegué todos me miraron como algo raro, ¿por qué? Era la única sin uniforme. Esa foto mi mamá hizo que la laminaran (era la costumbre de ese tiempo) y la colocó en una de las paredes de la casa. Y allí estoy yo con mi cara inocente sonriendo al lente y destacando por ser la única que no siguió instrucciones. Ahora veo la foto y la encuentro hasta cómica. Así como en ese momento me destaqué, nosotros podemos hacerlo en nuestra existencia, de dos maneras: obedeciendo o desobedeciendo al Padre. En aquella ocasión llamé la atención por no obedecer, pero ahora le pido a Dios que me ayude cada día, porque anhelo llamar su atención por mi obediencia. ¿De qué forma quieres destacar tú? Medita cómo va tu vida. Te invito a que te destaques en este mundo por ser obediente ante nuestro Señor, nuestro Salvador Jesucristo. Voy a ti. Sé que lo lograrás y desde ahora te felicito y te bendigo. Así se hace, sigue por el buen camino y llama la atención de Dios.

Día 104

Observando desde la ventana

"Los ojos del SEÑOR están en todo lugar, vigilando a los buenos y a los malos". Proverbios 15:3

Hoy observo el mundo desde mi ventana. En mi caso puedo ver un cielo azul con nubes blancas. Veo la luz del sol. Puedo escuchar las aves y sus distintos trinos. Siento quietud en el exterior como en mi interior. Hoy he prestado atención a lo que me rodea y me doy cuenta de que soy bendecida. Tengo vida, respiro, veo, escucho, puedo pensar, reflexionar, puedo moverme…hago muchas cosas que muchos tal vez hoy no pudieron hacer.

Dios, gracias por tu bendición. Gracias por tu favor y gracia hacia mí. En esta hora te presento a la persona que lee este escrito. Dios, yo la bendigo. Declaro que se hace consciente de las bendiciones que tú le otorgas en cada segundo de su vida. Que ve desde su ventana su mundo exterior e interior. Que se reafirma en todo aquello que es bueno delante de tus ojos y desde hoy descarta todo aquello que pueda abrir una grieta en su relación contigo. Que hoy comienza a ver los colores de la paleta que tienes en tus manos como el gran pintor que eres de su vida y comienza a disfrutar de cada uno de ellos. Dios, te entrego su día en tus manos, sabiendo que está seguro. Tú lo cuidas como a la niña de tus ojos. Tu amor es inquebrantable. Hoy es reconocido en su corazón desde su ventana en el nombre de Jesús, amén.

Día de cobro

"Hijo mío, no te olvides de mis enseñanzas; más bien, guarda en tu corazón mis mandamientos. Porque prolongarán tu vida muchos años y te traerán prosperidad".
Proverbios 3:1-2

Hoy fue día de cobro de mi trabajo secular. Yo imagino que un día como el de hoy debe significar mucho para todos aquellos que trabajamos. Debe ser un día de: alivio, porque se pueden pagar las cuentas; alegría, porque se puede comprar algo que se quería hace un tiempo, día de ir a comer fuera con la familia... ¿Qué significa para ti? Va a llegar un día en nuestras vidas que será el de mayor cobro para cada uno de nosotros, puede ser porque nos toque morir o porque Jesús vino a buscar su iglesia. ¿Has planificado qué vas a hacer para ese día? El día ni la hora la sabemos, pero sí podemos prepararnos. Pablo en Filipenses 1:21 nos dice: *"Porque para mí el vivir es Cristo y el morir es ganancia"*. Por ese motivo debemos estar alerta y preparados para nuestro gran día de cobro. Será una ganancia que no es medible, no tiene comparación con nada de lo que existe en esta Tierra. Evalúa tu día y pide al Señor perdón por tus errores y pídele diariamente que te guíe por ese camino tan hermoso llamado Jesús. Ese cobro no se acabará jamás, vivirás en él y se llama vida eterna. Así que espero encontrarnos en esa ocasión tan especial, aunque no sepa quien eres. Y podamos compartir unánimes ese gran día de cobro.

Día 106

Dios hace como quiere

"...Yo sé que el SEÑOR y Dios es Dios de dioses tanto en el cielo como en la tierra". Josué 2:11

El versículo que he utilizado al comenzar es una declaración grandiosa y absoluta. Proclama la autoridad, poder, dominio de nuestro Dios. Lo interesante es que fueron dichas por Rahab, una prostituta. Esta mujer fue el instrumento utilizado por Dios para salvar a los dos espías que fueron a explorar a Jericó. Por el hecho de ser mujer era menospreciada, por ser prostituta aún más. Pero no lo fue así delante de los ojos de Dios. Su declaración nos revela que en su corazón ya ella había conocido la verdad y la había hecho suya, incluso cuando esto significaba que iba en contra de su pueblo, cultura, creencias, tradiciones e historia. Ella amó a Dios por encima de todo y todos. Esto trajo a su vida salvación para ella y su familia.

"Así que los jóvenes exploradores entraron y sacaron a Rahab junto con sus padres y hermanos, y todas sus pertenencias, y llevaron a toda la familia a un lugar seguro, fuera del campamento israelita". (Josué 6:23) Su fe y amor por Dios la llevó a ser esposa de Salmón de Judá, fue madre de Booz y fue parte de la genealogía de Jesús. De ser prostituta pasó a ser parte del origen de Jesús aquí en la Tierra. Así que recuerda que tu hoy no es tu final. Colócate en las manos del Señor y confía, Dios hace como quiere. ¡Amén! ¡Amén! ¡Amén!

Amistad

"Hay amigos que llevan a la ruina, y hay amigos más fieles que un hermano". Proverbios 18:24

En una ocasión me tocó llevar una reflexión en el grupo de Bible Journaling Coffee, Creadas para Crear. Me dieron la tarea de llevar la reflexión y me indicaron que debía ser sobre un libro que ya había leído unos meses atrás llamado: *Ponte en mis zapatos*, de Marie M. Griffin. Me gustó la idea ya que fue un libro que disfruté mucho. De momento me informan que la autora se iba a unir a la reunión ¡Qué! Así mismo como lo leíste. Ah, porque no te he dicho que la reunión fue a través de Zoom. Bueno ya con nervios, busqué de qué hablar y escogí el tema de la amistad. Uno de los capítulos de ese libro se llama: Muchos zapatos, pocos amigos: La oportuna amistad. Te invito a leer ese libro si aún no lo has hecho. La amistad es una relación de afecto, simpatía y confianza que se establece entre personas que no son familia. Proverbios 17:17 dice: *"En todo tiempo ama el amigo; para ayudar en la adversidad nació el hermano"*. Como puedes leer dice que en TODO tiempo ama el amigo. Y para ser amigo hay una cualidad que deberíamos desarrollar: la empatía, que es la capacidad de identificarse con alguien y compartir sus sentimientos. ¿Por qué tener empatía? Para poder entender la situación de la otra persona en cada proceso de vida. En todo momento las amistades son vitales. Son esa válvula de escape, ese oasis para distraernos, expresarnos sobre lo que nos ocurre. Hoy quiero invitarte a que te contactes con un amigo o amiga con quien no tienes comunicación hace tiempo. Tal vez a ese amigo o a ti le hace falta tener una conversación, ponerse al día, recordar buenos momentos, una palabra sabia, simplemente que lo escuchen. Anda, no lo pienses más, conéctate con tu amigo y disfruta ese momento. Bendiciones.

Día 108

Legado

"Y, si somos hijos, somos herederos; herederos de Dios y coherederos con Cristo, pues, si ahora sufrimos con él, también tendremos parte con él en su Gloria". Romanos 8:17

Mi querida amiga Amneris Meléndez, autora de los libros: Los hijos… ¡Grandes Maestros! y De reina a princesa tiene un lema que dice: "Publica tu libro y deja un legado. ¿Qué es un legado? Una cosa material o inmaterial que se deja en testamento o se transmite de padres a hijos, de generación en generación. O sea, algo que se deja. Existimos en este mundo y algo vamos a dejar. Puede ser amor, cariño, enseñanzas, lecciones, dinero, propiedades…muchas cosas. ¿Sabes qué me gustaría dejarle a los que me conocen? Amor por Jesús. Ese amor fue sembrado en mí desde niña por mis padres y otros familiares. Cuando era niña vivía al lado de mi abuela materna y por una temporada vivía allí mi tío, el menor de todos (fueron 12 hijos en total), una de mis tías, mi titi Rosin. Recuerdo que ella colocaba un LP en el tocadiscos, subía el volumen y comenzábamos a cantar y a danzar (en ese tiempo no conocía el concepto de danza, así que para mí era bailar) alabando a Dios. Todo eso fue sembrado y dio fruto en el tiempo perfecto de Dios. Hoy mi amor por Jesús es inmenso. No lo puedo explicar con palabras. No hay manera que yo pueda agradecerle por lo que ha hecho en mi vida. Y me gustaría que todo el que me conozca o lea uno de mis libros comience a conocerlo y amarlo. No soy perfecta, pero sé que Dios me perfecciona cada día de mi vida. ¿Qué legado quieres dejar? Hoy te invito a reflexionar sobre esto. Pídele a Dios que te dé sabiduría, que te oriente, te guíe para que puedas dejar el mejor legado a los que tengan la fortuna de conocerte. Que seas reflejo de Jesús aquí en la Tierra.

Distancia de oración

"El Señor está cerca de los quebrantados de corazón, y salva a los de espíritu abatido". Salmo 34:18

He tenido varios momentos en mi vida en los cuales he tocado fondo. Momentos en los que me cuesta levantarme, dar una sonrisa, dar palabra de aliento a otra persona cuando por dentro siento un huracán que está atacando con toda su fuerza. Lloro y hasta llego a desesperarme, pero justo ahí, en ese punto, Jesús me recuerda que está conmigo. Entonces, oro, aunque a veces no me salen las palabras… lo único que hago es llorar y gemir delante de Su presencia. Sollozo como una niña. Y voy de un dolor muy grande a sentir tranquilidad, calma… hasta llegar a sentir Su paz. ¿Has vivido alguna vez esto? A veces cuando termino de orar me levanto súper agotada, como si hubiese estado en una pelea física, porque la realidad sí estuve batallando. Fue una lucha espiritual entre mis emociones y mi espíritu. Donde este le dice a mi alma "por qué te abates y te turbas, espera en Dios porque aún has de alabarle" (Salmo 42:11 RV).

Entonces, Dios me recuerda que está a la distancia de una oración. Hoy quiero que medites en esto: estás a la distancia de una oración de Dios. No conozco tu situación, pero Él sí. Así que te invito a orar, simplemente orar. Habla con tu Padre, tu Creador, Él se hará cargo de lo que ocurre en tu interior y luego del exterior. Dios trabaja de adentro hacia fuera, a la distancia de una oración.

Día 110

Cada día tiene su perfección

"Precisamente por esto los judíos perseguían a Jesús, pues hacía tales cosas en sábado". Juan 5:16

En el libro de Juan capítulo 5 del versículo 1-15, leemos la historia donde Jesús sana a un inválido. Si yo viera un milagro como ese con mis ojos naturales quedaría impresionada. Así me sucede cuando leo de sanaciones que ocurren en la actualidad. Sanaciones que ocurren por el poder del Espíritu Santo y para la gloria de Dios. Pero cuando leo la historia en Juan no puedo entender cómo esas personas son testigos de tal milagro y lo único que hacen es criticar a Jesús porque lo hizo el día de descanso. No me cabe en la cabeza. En vez de festejar, de regocijarse por el bien que ha recibido ese hombre, lo que hacen es criticar.

El ser humano es complicado, inconforme, quisquilloso, le tiene un "pero" a todo. ¿Por qué? Te invito a que disfrutemos el día, la vida, las bendiciones que Dios nos otorga. Agradezcamos, alabemos, adoremos a Dios. No perdamos el tiempo viendo lo malo que pueda haber en nuestra existencia. No vale la pena. Disfruta tu hoy, tu mañana y agradece tu ayer. Cada día tiene su perfección. ¡Amén! ¡Amén! ¡Amén!

Lo Debar

"¿Y dónde está? —En Lo Debar..." 2 Samuel 9:4

David fue muy amigo de Jonathan, hijo del rey Saúl. Al punto que en un momento dado hicieron un pacto por esa amistad. Al pasar los años y luego de la muerte del Rey Saúl y de Jonathan, David quiere cumplir el pacto y envía a buscar a Mefiboset, hijo de Jonathan que era lisiado. Él vivía en Lo Debar. Este nombre significa lo siguiente: *no palabra*, por lo cual se cree que a ese lugar no llegaba la Palabra de Dios. También significa sin pastos, tierra seca, sin frutos, dolor, miseria, tristeza, oscuridad, soledad y desesperanza. Así que era un lugar donde no había fe. Así vivíamos nosotros antes de aceptar a Jesús como nuestro Salvador. Cuando lo aceptamos fuimos sentados a la mesa del Rey como le sucedió a Mefiboset. A este le fue entregado todo lo que le pertenecía a su abuelo. Le pusieron a su servicio a Siba, con sus 15 hijos y veinte criados, y siempre comió a la mesa del rey. Nosotros hemos tenido la oportunidad de ser recibidos por el Rey y compartir la mesa con Él. Nuestro Rey Jesús tomó nuestro lugar para que Dios nos viera sin manchas. La mesa que compartimos es la vida. Esa mesa está llena de muchos alimentos, algunos de nuestros gustos y otros no. Pero Él está ahí para orientarnos a la hora de tomar cada uno de ellos. ¡Qué privilegio hermoso tenemos! Solo tenemos que alimentar nuestra comunión, comunicación, fe, adoración para Él, y ser testigos de esa gran cena de gala, fuera de Lo Debar. ¡Aleluya!

Día 112

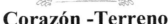

Corazón -Terreno

"Pero las otras semillas cayeron en buen terreno, en el que se dio una cosecha que rindió treinta, sesenta y hasta cien veces más de lo que se había sembrado". Mateo 13:8

Hace varios años escuché a un pastor decir: "El corazón es tierra o terreno. Cuando nacemos ese terreno está vacío, pero de inmediato comienza a ser sembrado por cosas positivas o negativas. Cuando llega el momento que aceptas a Jesús como tu Salvador, le das título de propiedad sobre tu terreno y Él de inmediato coloca una cerca alrededor y coloca un letrero que dice: "Propiedad Privada". Y es entonces cuando comienza a establecerse la persona que fuiste y la que eres en tu presente y la que serás en tu futuro. Comienza un enfrentamiento entre las características negativas que te distinguían y las positivas que te distinguen desde que le diste tu corazón a Jesús. Por ejemplo, antes había vanidad (es alguien que no tiene sustancia, no tiene fundamento, es inútil, ignorante, jactancioso) y ahora tienes virtud (eres valioso, valiente, tiene entendimiento, poderoso, eficaz). Como puedes ver son polos opuestos, como lo son la luz y las tinieblas, la mentira y la verdad, lo correcto y lo incorrecto, lo justo y lo injusto. Cuando aceptas a Jesús tu vida da un cambio de 180 grados. Es un cambio total, radical. Eres nueva criatura. En tu vida, en tu corazón, en ese terreno, se va arrancando todo lo que no es aceptable ante Dios y se ha sembrado en él sustancia. ¿De dónde proviene esa sustancia? De Dios. Él es la fuente de todo lo bueno, agradable y beneficioso para el ser humano. Dejas atrás la confusión, comienzas a creer en Jesús. Comienzas a ver y a escuchar lo que es real y es eterno. Llega a tu vida la libertad que fue pagada a precio de sangre. *"En él tenemos la redención mediante su sangre, el perdón de nuestros pecados, conforme a las riquezas de la gracia".* Efesios 1:7 Hoy te invito a estar más atento a lo que entra y es guardado en tu corazón, ya que es propiedad privada. Es el terreno de Dios. ¡Amén! ¡Amén! ¡Amén!

Ocúpate de tus negocios

"a procurar vivir en paz con todos, a ocuparse de sus propias responsabilidades y a trabajar con sus propias manos. Así les he mandado". 1 Tesalonicenses 4:11

Una de mis series favoritas de televisión es una llamada: Anne of the Green Gables. Es la historia de una niña huérfana que llega a vivir a esta finca llamada Green Gables. En la historia vemos a Anne desde niña hasta convertirse en mujer y todas las peripecias que pasa para vivir su sueño y ser feliz. Anne es fuerte, valiente, arriesgada, aguerrida, persistente, firme, bondadosa, amorosa, amable y muchas cosas más. Pero en esta historia, como en muchas otras, hay una vecina que quiere saber lo que ocurre en la vida de otros, que en ocasiones puede hablar lo que no es debido…etc. ¿Conoces a alguien así? Toda similitud con la realidad es pura coincidencia. Y esto trae a mi memoria algunos versículos de la Biblia, como el que leíste al principio de este relato. Fíjate, en ese versículo Pablo nos dice que hay que tener tranquilidad y que tenemos que ocuparnos de nuestros propios negocios (asuntos). De los nuestros. No dice: Vine observando y preguntando por la vida de otros. Sino que nos exhorta a ocuparnos de nosotros, de uno mismo.

Me parece que muchas personas deben leer y releer este versículo hasta que quede grabado en sus corazones y sus mentes. Y tal vez usted diga: "Pero la Biblia dice que hay que amar al prójimo, que hay que ser guarda de tu hermano, ayudar a otros…". Si lo pensó, está en lo correcto. Pero una cosa es brindar ayuda cuando sea necesario y amar al prójimo, a querer conocer el más mínimo detalle de la vida de quienes te rodean y querer dar opiniones y consejos (no pedidos) en la vida de otros. La vida de cada uno es bastante cargada, complicada, "ajetreada", como para querer vivir la de los demás. Pero eso no impide el ser un buen amigo, hermano…y prestar ayuda cuando se nos solicite. Eso no impide el que de vez en cuando demos una llamadita, una visita, un mensaje de texto…que sirvan para que esa otra persona sepa que es importante, valiosa, que no está sola y que puede contar contigo. Aprende a vivir tu vida, resuelve tus situaciones (siempre bajo la cobertura y dirección de Dios) y disfruta tus bendiciones. Pero volvamos a la historia de Anne. Les estaba hablando sobre la vecina, pero ahora quiero que nos enfoquemos en Anne. Ella podría ser en cierta medida un ejemplo de la Mujer Virtuosa.

El concepto de virtuosa en la Biblia significa: fuerza en la Tierra. Si usted conoce la serie de la cual le hablo estará de acuerdo que Anne tenía mucha fuerza. Ella era firme en sus convicciones. En Proverbios 31 nos describe a la Mujer Virtuosa y nos dice: con voluntad trabaja, está pendiente a su familia, se esfuerza, le va bien en sus negocios (en sus asuntos), da al pobre, cuida su familia, es sabia y enormemente bendecida (bienaventurada). Todo esto y más dice Proverbios de la Mujer Virtuosa. Si usted es hombre mire a ver si tiene estas características. Son importante para cualquier ser humano. La Mujer Virtuosa está atenta a sus cosas, no a las de otras personas. Si ve la necesidad ayuda, aporta, pero su centro es su vida, sus asuntos. Ese debe ser el ejemplo a nuestra vida. Anne se entregó por entero a sus asuntos, sus negocios. La vecina se entrometía en la vida de otros. ¿Cómo terminaron? La vecina enviudó, entendió que estaba mal, hubo un cambio en su vida, pero quedó sola. Anne se casó con el amor de su vida (lo conocía desde niña) y adoptó un bebé. Fue feliz. ¿Qué ejemplo quieres seguir? ¿Cómo quieres vivir tu vida? ¿Viviendo la de otros o esforzándote por la tuya? Tú decides.

El Sol naciente

"gracias a la entrañable misericordia de nuestro Dios. Así nos visitará desde el cielo el sol naciente" Lucas 1:78

Llevo unos días tratando de hacer costumbre el tomar la luz del Sol en la mañana. ¿Conoces los beneficios del Sol? Como maestra debo enseñarles a mis estudiantes los beneficios de este. Ahora comparto unos cuantos con usted: vitamina D para los huesos y dientes, mejora el aspecto de la piel, estimula las defensas, equilibra el colesterol, favorece el estado de ánimo, mejora la calidad del sueño y otros. Pues hoy quería tomar el Sol y resulta que amaneció nublado y luego llovió. Así que no pude exponerme al Sol por unos minutos. No fue muy agradable para mí. Pero luego Dios me llevó al versículo que leíste al principio y me dije: ¿Por qué el no poder tomar el Sol esta mañana me va a desanimar? Tengo el Sol naciente en mi vida y ese es Jesús. Él irradia en mí Su energía, Su poder y Su paz. Él ya salvó mi vida y me limpió de mis pecados. Por Él puedo entrar libremente a la presencia de Dios y alabarlo, adorarlo, hablarle y lo mejor aún es que Dios me escucha y me responde. Jesús es mi camino, mi verdad y mi vida. Hoy te invito a que disfrutes de ese Sol naciente en tu vida. Si aún no lo has aceptado, te invito hacerlo. Dile ahora mismo: *"Señor Jesús te acepto como mi Salvador, te entrego mi vida. Haz de mi una vasija nueva e inscribe mi nombre en el libro de la vida, en tu Santo nombre, amén"*. Si ya lo tienes en tu vida entonces sé intencional en querer disfrutar de la esencia del Sol naciente en tu existencia. Él te ama. Lo demostró en la Cruz del Calvario y te lo demuestra cada día con Su soplo de vida en ti. ¡Amén! ¡Amén! ¡Amén!

Día 115

Cosas nuevas verás

"¿Lo crees porque te dije que te vi cuando estabas debajo de la higuera? ¡Vas a ver aun cosas más grandes que estas!"
Juan 1:50

Cuando compré mi casa recibí muchos regalos de parte de mi familia, amigos, y hermanos en la fe. Uno de ellos fue una plaquita que dice lo siguiente: "Lo que Dios tiene para ti es mucho mayor de lo que tú puedas imaginarte". La tengo puesta en una pared donde la veo a diario y la declaro sobre mi vida. Hoy quiero compartirla contigo. Grandes cosas verás en tu presente y futuro, si sigues el camino correcto: Jesús. Cuando Él iba a comenzar su ministerio buscó a los 12 discípulos. En un momento dado se encontró con Felipe y le dijo que lo siguiera. Felipe tuvo de inmediato la convicción de que Él era el Mesías. Entonces, Felipe le hizo la invitación a Natanael. Este no tuvo esa misma convicción. Incluso hizo la expresión de que si de Nazaret podía salir algo bueno. Entonces, cuando llegó donde Jesús, este le dijo: *"—Aquí tienen a un verdadero israelita, en quien no hay falsedad"* Juan 1:47. Natanael se asombra y le pregunta que de dónde lo conoce y Jesús le dice que desde antes de que Felipe lo trajera, Él ya lo había visto bajo la higuera. Esto fue una revelación del Espíritu Santo. Y entonces Natanael expresa que Él es el hijo de Dios. Ahí es que Jesús le contesta el versículo que leíste al principio. Y realmente así fue. Natanael junto con los otros discípulos vieron grandes cosas durante el ministerio de Jesús y también luego cuando ya Él se había ido, pero les había enviado al Espíritu Santo.

Así mismo nosotros vemos cada día grandes cosas: la naturaleza, tus padres, tus hijos, tu esposo(a)…cada detalle de tu vida es un milagro. Tal vez hayas sido testigo de sanidades en tu vida o la de algún familiar, has visto cómo se han abierto puertas en tu vida de gran bendición y has visto puertas cerrarse porque no te convenían y con el tiempo te has dado cuenta y puedes reconocer que ahí ha estado la mano de Dios. Hoy quiero que tengas en mente que cosas mayores verás, porque los planes de Dios para tu vida son de bien. Presta atención, ponte alerta para que seas testigo de todo lo que Dios quiere hacer contigo y a través de ti para Su gloria y honra. ¡Amén! ¡Amén! ¡Amén!

Día 116

Dios te escogió

"Dios nos escogió en él antes de la creación del mundo, para que seamos santos y sin mancha delante de él". Efesios 1:4

Por medio de la sangre de Cristo tenemos redención, perdón de nuestros pecados y gracia en abundancia con sabiduría y conocimiento. Dios nos ama. Existimos gracias al amor y el sacrificio de Jesús. Solo tenemos que buscar Su rostro, tener más intimidad con Él, para conocerlo aun más.

Hemos sido sellados por el poder del Espíritu Santo. Vivimos por fe no por lo que vemos o sentimos. Vivimos porque Jesús vive en nosotros y Él es nuestra fuente de vida. Declaro en el nombre de Jesús nuevas fuerzas en cada uno de nosotros. Declaro que nuestros caminos son ensanchados y nuestras tiendas extendidas. Declaro lluvia de bendición sobre nuestros hogares, ¡Amén! ¡Amén! ¡Amén! Disfruta el día de hoy con la convicción de que Dios te escogió.

Creación admirable

"Tú creaste mis entrañas; me formaste en el vientre de mi madre". Salmos 139:13

Somos creación admirable. Entonces, ¿por qué en ocasiones no hacemos caso y nos dejamos llevar por comentarios mal intencionados de otras personas? Eso no debe pasar jamás. Debemos entender que somos obra de Dios y por lo cual somos maravillosos. Según somos, así quiso Dios que fuéramos. Si hay cosas que deben mejorar en nosotros, Dios a través de Su Espíritu Santo, de una manera que no lastima, lo hará con amor, con tacto, con bondad.

Debemos aprender amarnos para poder amar a nuestro prójimo. Debemos amarnos para poder amar la creación de Dios. Debemos entender que somos únicos, exclusivos e importantes. Nada que exista en este mundo puede medir nuestro valor. Fuimos pensados, diseñados y creados por el mejor artista que existe y existirá, Dios. Vivamos nuestro día con esta idea en nosotros.

Meditemos en ella: somos creación admirable. Mirémonos en el espejo y díganoslo en voz alta y convincente. Créelo y ámate.

Día 118

Amanecer

"Las naciones serán guiadas por tu luz, y los reyes, por tu amanecer esplendoroso". Isaías 60:3

¡Que ricura! Un nuevo día, donde la gloria de Dios brilla en ti. Él te invita a que te levantes y resplandezcas. Alza tus ojos y observa a tu alrededor, algo hermoso debes ver, así sea el rayo de luz del Sol que entra por tu ventana. ¿Lo ves? Ya de por sí es una bendición que lo puedas ver, que puedas respirar, que estés vivo. Llénate de Su alegría, de Su gozo. Que vibre en ti Su poder. Alaba a Dios con tu corazón, con tu alma, con tu boca. Levanta tu voz y expresa lo que sientes por Él. Si no estás en un buen momento de tu vida, haz sacrificio de alabanza. Adóralo, aún cuando tu ánimo no esté para eso. Así ocurre el sacrificio de alabanza. Permite que Dios sane tu corazón, tu alma con Su bálsamo. Deja que te dé Su paz.

Descansa en Él. Cuando descansas, te apoyas en Él y recuperas tus fuerzas para continuar. Él tiene compasión de ti. Te llena de Su favor y Su gracia. Él es tu Salvador y tu Redentor. Permite que Él sea tu luz eterna. Él actúa sin demora. Permite que te entregue un nuevo y hermoso amanecer. ¡Amén! ¡Amén! ¡Amén!

El mejor perfume

"...llegó una mujer con un frasco de alabastro lleno de un perfume muy costoso, hecho de nardo puro. Rompió el frasco y derramó el perfume sobre la cabeza de Jesús".
Marcos 14:3

Una mujer usó su preciado perfume para ungir el cuerpo de Jesús que pronto sería crucificado para entregar Su vida por nosotros. Ella pudo entender lo que sucedería e hizo un gran acto por su amado Jesús. ¿Qué puedes hacer por Él? ¿Cuánto lo amas? Amar a Jesús es reconocerlo como tu único Salvador. Es entender que Él es tu camino, tu verdad y tu vida. Amarlo a Él es permitirle que trabaje en tu corazón, que lo transforme de piedra a carne. Amarlo es permitir que el Espíritu Santo coloque en ti Su fruto (amor, alegría, paz, paciencia, amabilidad, bondad, fidelidad, humildad y dominio propio) para que madure en ti y lo puedas expresar a otros.

Amar a Jesús es permitir que Él se refleje en ti para que otros lo puedan conocer. Al hacer estas cosas y muchas más, estás permitiendo que Él te quiebre como aquel alabastro en las manos de aquella mujer, para que por medio del Espíritu Santo salga de ti el mejor perfume para Él, solo para Él. ¡Aleluya!

Día 120

Menguando

"A él le toca crecer, y a mí menguar".. Juan 3:30

Las palabras que acabas de leer en el versículo fueron dichas por Juan El Bautista, hablando sobre Jesús y él. Se expresó así porque le trajeron noticias de que Jesús estaba bautizando y que todos acudían a Él. Eso precisamente debe ocurrir una vez que aceptamos a Jesús como nuestro Salvador, debemos acudir a Él. Debemos menguar y acudir a Él. Cuando hablamos de menguar, hablamos de disminuir. Antes de aceptar a Jesús, nos enfocábamos en nosotros, nuestro pensamiento, nuestro razonamiento, nuestra inteligencia, en nuestro yo. Cuando estamos en Cristo, esto tiene que cambiar. Tenemos que enfocarnos en Él, en Su sabiduría, en Su conocimiento, en Su inteligencia. Debemos pedirle discernimiento para poder identificar lo que está bien y lo que está mal. Ya no nos regimos por nuestra voluntad, sino por la suya.

Juan El Bautista entendió que ya había completado su obra y que en ese momento comenzaba la de Jesús. Así mismo ha terminado el dominio de nuestro yo y ha comenzado el del Padre en nosotros. Menguamos nosotros y se enaltece Él para Su gloria y honra. ¡Amén! ¡Amén! ¡Amén!

Actitud como la de Cristo

"No hagan nada por egoísmo o vanidad; más bien, con humildad consideren a los demás como superiores a ustedes mismos". Filipenses 2:3

En ocasiones he estado en momentos donde he sido humillada por otras personas, incluso delante de testigos. En mi interior me da coraje, pero doy gracias a Dios que, aunque en mi rostro se ha notado la molestia (es algo que no he podido dominar), en muchas de esas ocasiones he permanecido callada. Recuerdo que una de esas humillaciones fue causada por un jefe que tuve. Por cierto, un buen hombre y director escolar, no puedo decir lo contrario, pero tenía un carácter fuerte. En una ocasión me dio unas instrucciones y yo no las seguí (en ese tiempo yo no le servía al Señor, aunque Él ya estaba trabajando fuertemente conmigo para que regresara a sus pies). Cuando Él se percató fue a donde yo estaba reunida con unos compañeros, me gritó (literalmente) y me llamó la atención. Yo comencé a llorar. Él se fue del lugar y yo seguí llorando, mientras mis compañeros trataban de consolarme. Recuerdo que pasaron semanas, meses, y yo continué trabajando. Nunca tuve un reclamo para mi director. Era cortés con él y cumplía con mis obligaciones.

El último día de trabajo fuimos a comer a un restaurante y lo pasamos muy bien. Yo me despedía de mis compañeros, porque era transitoria y no sabía a dónde me tocaría el próximo año. Cuando me tocó despedirme de él, me dijo: "Noemí, nunca dejes de ser humilde". Esas palabras siempre me han acompañado. Yo hice algo mal, y aunque no fue de la manera adecuada, él me llamó la atención. Pero lo que Dios me dio en ese momento fue lo que conozco hoy como mansedumbre: una disposición pareja, tranquila, equilibrada en espíritu, no pretenciosa, que mantiene las pasiones bajo control. Es poder y fuerza contenida. La persona que posee esta cualidad perdona las injurias, corrige las faltas y gobierna muy bien su propio espíritu. Eso me dio Dios en aquella ocasión y en varias más. Entendía que ese director era mi superior y merecía un respeto, aunque no estuviera bien su trato hacia mí. Tuve una actitud como la de Cristo. Hoy te invito a que tengas una actitud como la de Jesús. Busca Su dirección en todo tiempo para que seas Su reflejo con los demás. Al final Dios te bendecirá. ¡Amén! ¡Amén!¡Amén!

El amor no prescribe

"Pero yo confío en tu gran amor; mi corazón se alegra en tu salvación". Salmo 13:5

Leí esta historia y me gustó mucho. Ana Kolosov despidió a su esposo que viajó con el ejercito rojo (ejército y fuerza aérea de la Unión Soviética). Ella juró que lo esperaría, pero Stalin (Secretario General del Partido Comunista de la Unión Soviética en mitad de los años 1920 hasta 1953) exilió a Anna y su familia. Boris la buscó durante años hasta que los dos se casaron con otras personas. 60 años después, Anna volvió a su pueblo, en donde Boris la vio y corrió hacia ella. Ellos ya habían enviudado así que se casaron por segunda vez y vivieron felices para siempre. ¡Qué historia! Después de tantos años ese amor no se extinguió, no prescribió. A pesar de todo pudieron terminar sus días juntos. Si eso fue el amor de dos seres humanos entonces, ¿crees que el amor de Dios prescribirá? No. Su amor es infinito, es eterno. Puedes haber estado alejado mucho tiempo de Él, pero Su amor por ti continuó y te recibió con gozo y alegría cuando decidiste regresar a Él.

Si lees esto y aún no lo has recibido en tu corazón hazlo. No importa cómo ha sido tu pasado. Salmo 103:12 dice lo siguiente: *"Tan lejos de nosotros echó nuestras transgresiones como lejos del oriente está el occidente".* A Él le importa tu presente y tu futuro. Te invito a que busques la alabanza: *El Milagro* de Marcos Vidal. Yuri también la grabó. Quiero que la escuches. Es hermosa e intenta describir lo que ocurre cuando regresamos al redil. Y digo que intenta porque la realidad es aún más maravillosa. Recuerda, Su amor por ti no prescribe. ¡Aleluya!

Día 123

La inconformidad

"En cambio, el fruto del Espíritu es amor, alegría, paz, paciencia, amabilidad, bondad, fidelidad, humildad y dominio propio…" Gálatas 5:22-23

Hay una historia que me gusta mucho y la utilizo cuando imparto clases de discipulado a los nuevos convertidos en mi iglesia. Un muchacho se iba a graduar y le pidió de regalo a su padre un automóvil. El día de la graduación el padre le entrega un regalo a su hijo y cuando este lo abre se encuentra una Biblia. Le da tanto coraje al hijo que desde ese día se va y no vuelve a ver a su padre. Pasan los años y muere el padre. El hijo regresa a la casa de su niñez triste y arrepentido de su proceder. Cuando comienza a mirar y a buscar entre las cosas de su papá, encuentra la Biblia que rechazó hace tantos años atrás. Comienza a hojear y encuentra que su papá había marcado un versículo en ella: Mateo 7:11 *"Pues si ustedes, aun siendo malos, saben dar cosas buenas a sus hijos, ¡cuánto más su Padre que está en el cielo dará cosas buenas a los que le pidan!"* Y en ese preciso momento cayeron de la Biblia unas llaves de auto con una nota que decía que ya estaba pagado. Si te colocas en la posición de ese hijo ¿cómo te sentirías? Yo estaría devastada. Perder tantos años de relación con mi padre solo porque "no me complació" en algo que yo quería. En la historia vemos que el padre sí había cumplido el sueño de su hijo, solo que no vino en la envoltura que él esperaba. Tal vez el hijo esperaba ver el carro con un lazo gigante, tal vez esperaba una caja pequeña y ahí encontrar las llaves, pero no, no llegó así. Su sueño llegó envuelto en la Palabra de Dios.

Una característica de nuestra carnalidad es la inconformidad (hostilidad ante algo establecido). Elizabeth George (una de mis autoras favoritas) dice lo siguiente respecto a la inconformidad: "La inconformidad es un sentimiento que debemos quitar de nuestro corazón, porque nos conduce a una vida infeliz y a pecados incluso más graves". Cuando el chico de la historia vio la Biblia su actitud fue hostil, se alejó y nunca más volvió a ver a su padre. Solo regresó cuando este murió. Quiere decir que no cumplió, por ese tiempo, uno de los mandamientos: honrar a su padre. Quiere decir que su hostilidad lo llevó a un pecado más grande. Ya conociendo a Dios, con su arrepentimiento, Dios lo perdonó. Pero, ¿y el daño que se causó a sí mismo? Dios lo sana, de eso estamos seguros, pero se lo causó solo por su inconformidad. No sé qué no ha llegado a tu vida o qué te llegó de la forma que no esperabas, pero si sientes inconformidad te invito hoy a entregarla en las manos de Dios para que no te siga causando daño.

Todo ocurre con un propósito. Llénate de la Palabra para que esta cubra esa parte de tu vida, la cual observas con inconformidad, quite toda hostilidad, te sane y puedas disfrutar tu vida con todas sus oportunidades para mejorar. Pide a Dios el fruto de Su Espíritu para que sea eso lo crezca en ti y fluya de ti hacia otros. Echa fuera la inconformidad en el nombre de Jesús. ¡Amén! ¡Amén! ¡Amén!

Día 124

Intercambiados

*"porque esto es mi sangre, la cual confirma el pacto entre
Dios y su pueblo. Es derramada como sacrificio para
perdonar los pecados de muchos." Mateo 26:28*

Cuando hablo con Dios siempre le pido que me dé sabiduría para hacer las cosas bien en mi diario vivir. Una de las personas de la Biblia que atrae mi atención es Salomón. Cuando le tocó ser rey solo le pidió a Dios sabiduría. Dios se la otorgó, junto con muchas cosas más. En una ocasión se presentaron ante él dos mujeres y un bebé. Ambas reclamaban ser la madre del niño. Una de ellas había tenido un niño que murió y lo intercambió por el vivo. ¿Cuál de ellas habría hecho algo así? ¿Cuál de ellas sería la verdadera madre? Si ocurriera algo así en nuestros días se le hace una prueba de ADN y listo. Pero en aquella época no existía algo así. Salomón con su gran sabiduría tomó una decisión, cortar el bebé en dos y dar una parte a cada mujer. Una dijo que estaba bien, pero la otra dijo que no, que se lo dieran a la otra mujer. Ahí Salomón supo quién era la verdadera madre, porque demostró su amor por el niño. Prefería renunciar a él que verlo morir. Así es el amor de Dios por nosotros. No nos quiere ver morir y que suframos en la eternidad, por lo cual nos intercambió por Su Hijo, el cual podía entregar su vida y vencer a la muerte. Él tomó nuestro lugar, para darnos vida eterna junto con Él en el cielo. Dios quiere darnos vida en abundancia, depende de nosotros si la aceptamos. Nos llama de distintas maneras, solo hay que estar alerta y responderle con un corazón humillado, escucharlo atentamente y obedecerle. Por Su infinito amor fuimos intercambiados. Hagamos que valga la pena Su sacrificio, dolor y sufrimiento en aquel madero. Sigámosle a Él.

Es tuyo

"Lo que piden las hijas de Zelofejad es algo justo, así que debes darles una propiedad entre los parientes de su padre. Traspásales a ellas la heredad de su padre". Números 27:7

En la época de Moisés y aun mucho tiempo después, las mujeres no eran valoradas. Cuando se contaban las personas, contaban a los hombres, no contaban a las mujeres ni a los niños. Era algo cultural. Pero me alegra leer cómo para Dios las mujeres sí eran valiosas. En este caso, estas mujeres eran hijas de un hombre llamado Zelofejad. Al morir su padre, a ellas no le tocaría herencia, porque no eran hombres. Sin embargo, ellas se armaron de valor y fueron con su caso donde Moisés y le dijeron que merecían tener una herencia porque eran sus hijas. Moisés lo consultó con Dios y esa es la parte que me gusta porque Él dice que lo que ellas piden es justo. La mujer no era contada para los israelitas, pero para Dios siempre ha contado.

Gracias a Jesús tenemos ese derecho de ir al Padre y consultarle nuestras circunstancias. A través de nuestras oraciones podemos ser guerreros y luchar, espiritualmente hablando. Podemos abogar por nuestra causa. Y si somos persistentes podremos tener una vida placentera, ya sea aquí en la Tierra o al final en la eternidad con Jesucristo. Reclama tus derechos, reclama lo que es tuyo. Dios te honra tal y como eres. Dios te bendice tal y como eres. Lo que es tuyo no te va a ser negado. Dios va a encontrarse contigo. Lo que Dios te ha prometido te lo va a cumplir. Confía en Él. Cumple Su propósito en ti. Para Dios no hay nada imposible. Si decides reclamar lo tuyo, Dios abrirá las puertas cerradas, según Su voluntad. Darás a luz tu sueño. Créelo, es tuyo.

Día 126

Tu tiempo en el tiempo de Dios

"Todo tiene su momento oportuno…" Eclesiastés 3:1

"Dios hizo todo hermoso en su momento, y puso en la mente humana el sentido del tiempo, aun cuando el hombre no alcanza a comprender la obra que Dios realiza de principio a fin". (Eclesiastés 3:11) Nuestro tiempo está en las manos de Dios. Aunque a veces sintamos desánimo o desesperación por no ver con nuestros ojos naturales lo que le pedimos a Dios, la realidad es que Su tiempo es perfecto. Confiemos en Él. Su palabra nos dice: *"Quédense quietos, reconozcan que yo soy Dios. ¡Yo seré exaltado entre las naciones! ¡Yo seré enaltecido en la tierra!"* (Salmos 46:10)

También nos dice: *"Lo que ahora existe, ya existía; y lo que ha de existir, existe ya. Dios hace que la historia se repita"* (Eclesiastés 3:15). Esperemos pacientemente al Señor. Él nos escucha y responde a nuestro clamor. Solo dejemos nuestro tiempo en Su tiempo. Confía y alcanzarás. Confía y lograrás tus sueños en el tiempo de Dios. ¡Amén! ¡Amén! ¡Amén!

Autodisciplina

"En efecto, si lo hiciera por mi propia voluntad, tendría recompensa; pero, si lo hago por obligación, no hago más que cumplir la tarea que se me ha encomendado".
1 Corintios 9:17

Para cumplir la encomienda que Dios nos ha dado en nuestras vidas (llevar Su Palabra a todo lugar, claro que todos lo hacemos de una forma diferente y en lugares diferentes, como en el hogar, a los vecinos, en el trabajo, o tal vez desde una tarima…sea como sea la encomienda es la misma hablar de Jesús a otros) debemos tener autodisciplina. O sea, seguir las reglas, los mandatos, los preceptos que Dios nos da en Su Palabra, de una forma consciente. Pero esto ocurre de forma voluntaria, sin ningún control externo. Es mantenernos en la dirección correcta sin que nadie nos obligue a hacerlo. Y esto es así porque Dios nos da sus instrucciones, pero a la vez nos da el libre albedrío. Para cumplir con esta autodisciplina debemos prepararnos diariamente a través de Su Palabra y la oración para cumplir las funciones y el propósito que Dios nos ha dado en esta vida. Siempre mirando a los demás como mayores. Siendo humildes de corazón. Amando a los demás como a nosotros mismos. Recordando que lo que hagamos es un mandato de Dios, pero lo hacemos voluntariamente no por obligación. Con la certeza de que la obediencia trae bendición, pero recordando que Dios ve nuestro corazón y ve cómo realmente nos sentimos cuando realizamos nuestra parte. Siempre estando alerta de que no vayamos a caer. No somos perfectos, pero con Dios todo es posible. Que nuestra mirada siempre esté fija en Jesús. Y trabajando siempre como las hormigas: *"¡Anda, perezoso, fíjate en la hormiga! ¡Fíjate en lo que hace, y adquiere sabiduría! No tiene quien la mande, ni quien la vigile ni gobierne; con todo, en el verano almacena provisiones y durante la cosecha recoge alimentos".* (Proverbios 6:6-8)

Día 128

Autor de mis días

"Pero tú me sacaste del vientre materno; me hiciste reposar confiado en el regazo de mi madre". Salmo 22:9

Cada vez que pienso en la formación de un bebé en el vientre de su madre, no dejo de maravillarme y asombrarme. Recuerdo que de niña me gustaba hojear un libro que tenía mi mamá donde mostraban las etapas del bebé en el vientre materno. Cada imagen era a color. Me fascinaba ver ese bebé y su desarrollo. Las imágenes llegaban hasta el momento del nacimiento. Ese libro era hermoso. Si eso puedo pensar de unas imágenes creadas por alguna persona (no eran fotos), ¿qué puedo pensar de lo real, de la naturaleza, de la creación de Dios?

Cuánto cuidado puso en ti y en mí el Señor al diseñarnos y crearnos, al darnos ese aliento de vida para nuestra existencia. ¿Alguna vez te habías puesto a pensar en esto? Yo sí. Salmo 22:10 nos dice: *"Fui puesto a tu cuidado desde antes de nacer; desde el vientre de mi madre mi Dios eres tú"*. Dios es el autor de mis días, Él es el autor de tus días. Ha cuidado de ti y de mí desde el vientre de nuestras madres. La vida se la debemos a Él, solo a Él. Te invito a que en este momento le des gracias a Dios por tu existencia. Alza tu voz y adóralo con todo tu corazón, con toda tu alma. Existes porque a Él le place que así sea. Agradece al autor de tus días. ¡Aleluya!

Sé original

*"La creación aguarda con ansiedad la revelación de los hijos
de Dios," Romanos 8:19*

Recuerdo que hace varios años fui con una de mis comadres (cuando eso no imaginábamos que seríamos) a la feria. Me encantan las machinas o máquinas de diversiones. Esa noche la presentación musical sería de música sacra e iba a estar uno de nuestros exponentes favoritos: René González. Antes de la aparición de René salió una banda que hasta ese momento yo no conocía, se llama la Banda Desafinada. ¡Qué mucho disfruté su participación y cómo llevaron el mensaje de Dios! Su estilo es muy original, ya que los miembros de la banda se visten de payasos, hacen chistes, pero entre todo llegan al punto donde traen la enseñanza de la Palabra a las vidas de quienes los escuchan. Para mí fue un concepto nuevo, y lo disfruté. Así mismo cada uno de nosotros somos un diseño original, único de Dios. Por lo cual debemos ser originales y únicos en nuestros estilos de vida, de comportarnos, claro, siempre obedeciendo a Dios, pero no queriendo ser la copia de alguien más. En mi caso yo enseño la Palabra de Dios, pero no tengo que parecerme al estilo de nadie. Dios hizo mi estilo y es el que debo seguir. Hay un dicho que dice: "Para los gustos se hicieron los colores". Y pienso que es cierto. Para cumplir nuestro propósito de llevar el evangelio, las buenas nuevas a otros, cada uno tiene una forma diferente de hacerlo. Y por lo cual cada uno alcanzará a un grupo determinado de personas que se identifique con cada estilo. Recuerdo que al principio de mi caminar con el Señor pensaba que todos tenían que seguir ciertas formas o reglas preconcebidas. Gracias a Dios he aprendido que hay diferentes estilos, porque existen diferentes personas. Claro, algo que no debe cambiar es que entendamos que Jesús es el camino, la verdad y la vida. Así que no intentes tener un estilo parecido al de alguien más a quien admires, porque tú eres único, eres exclusivo. Cumple el propósito de Dios en tu vida, siendo tú, siendo original.

Día 130

Puedes ser más

"Los israelitas se asentaron en Egipto, en la región de Gosén (tierra de pastos). Allí adquirieron propiedades, prosperaron y llegaron a ser muy numerosos". Génesis 47:27

De niña nunca pensé que fuera a ser escritora, que fuera a ser autora. Pero los pensamientos de Dios son para bien. Él conoce el fin desde el principio. Dios utilizó a mi madre para inculcarme el amor por los libros, por la lectura. Cuando tenía 4 años de edad, mi mamá y yo nos mudamos a Carolina del Norte, E.U, para estar junto a mi papá, quien era militar. Uno de los mejores recuerdos que tengo de ese tiempo es que cuando íbamos al supermercado, luego de hacer la compra íbamos a una tienda que quedaba justamente al lado para comprarme un libro. Los libros eran en inglés, pero mi mamá buscaba la forma de leerlos para mí. Esa era mi parte favorita, que ella me leyera. Había ocasiones donde no me leía, solo me contaba alguno de los cuentos clásicos: Caperucita Roja, Los tres cerditos y el lobo, Blancanieves y los siete enanitos… etc. Y así fui adentrándome al mundo de los libros. Uno de mis "juegos" favorito era copiar párrafos de las enciclopedias en papeles sin errores. A esa edad no sabía que estaba usando una técnica que sirve para mejorar la escritura. Yo no, pero Dios sí.

Decidí ser maestra, aunque ahora entiendo que fue decisión de Dios en mi vida. El conocía el camino que tenía trazado para mí. Luego cuando llegué a mi iglesia supe que tenían un periódico y ahí nació en mí ese deseo de escribir, pero para que otros lo leyeran. Siempre escribía en mi diario, por lo cual era algo mío y de nadie más. Lo pedí en oración al Señor y al pasar de los años me lo concedió. Luego comenzó a pasearse por mi cabeza la idea de un libro. Incluso una vez redacté el borrador de un cuento sobre las figuras geométricas y hablé con uno de mis primos que dibuja bien para crearle imágenes, pero no llegó a nada. Pero la idea seguía paseándose en mi cabeza. Y a través de mi trabajo como maestra Dios me conectó con la persona que sería Su instrumento para que esa idea dejara de pasear y se volviera una realidad.

Dios siempre con mucho amor me ha impulsado a ser más, a salir de mi área de comodidad. Hoy te invito a escuchar a Dios. Pon atención a lo que susurra a tu oído y quiere que tú realices. Créeme si estás dispuesto a realizar Su voluntad, Él se encargará de colocar todo en perfecto orden para que se realice la idea que ha puesto en ti. Él es quien mejor te conoce, por lo cual sabe que puedes ser más. ¡Amén! ¡Amén! ¡Amén!

Día 131

Con Dios no existe independencia

"Así dice el SEÑOR: «¡Maldito el hombre que confía en el hombre! ¡Maldito el que se apoya en su propia fuerza y aparta su corazón del SEÑOR!" Jeremías 17:5

Desde que nacemos dependemos de alguien: padres, encargados, maestros…Siempre rindiéndole cuentas a alguien más por nuestros actos. A veces llegamos a la idea falsa de que cuando seamos adultos dejaremos de dar cuentas a alguien, pero nos equivocamos. Si eres casado debes decir donde estás, a que hora llegarás…a tu pareja. Si ya tienes hijos ellos también preguntan y quieren saber hasta el más mínimo detalle de lo que has hecho en el día. Y si estás solo, tal vez llegaste a pensar que no tenías a nadie a quien rendir cuentas. Pero seas casado o no, tengas hijos o no, seas soltero o no, siempre hay alguien a quien debemos rendirle cuentas, a Dios. Él nos observa en todo tiempo, conoce nuestro corazón y llegará ese gran día donde estaremos delante de Él y daremos cuenta por lo que hicimos mientras estuvimos aquí en la Tierra. Y mientras llega ese momento, tenemos al Espíritu Santo que nos hace saber cuando hacemos las cosas bien o mal. Por lo cual hoy solo quiero que medites en esta realidad, en esta verdad, al final estaremos delante de Dios y daremos cuenta de todo lo que hemos hecho y todo lo que pudimos hacer y no hicimos. Con Dios no existe la independencia.

Marco de tu origen

"Y mientras cantan y bailan, dicen: «En ti se hallan todos mis orígenes". Salmo 87:7

Llevo algunos días inquieta por la década en que nací. Pienso que viene a raíz de un reto de lectura que estoy intentando seguir este año, en el que debo leer un libro por mes. Pero cada libro tiene una característica definida. El que se supone que lea el próximo mes es un libro escrito en la década que nací. Al estar pensando en todo esto, me entró curiosidad por mi década, la de los años 70. Así que me puse a leer un poco sobre ella y encontré cosas que no conocía, cosas que sabía, pero desconocía que ocurrieron en esa década.

Encontré lo siguiente: hubo cambios importantes en la política y la cultura, así como en la moda (telas, estilos, zapatos) y la estética. Llegó la era de los hippies, la fiebre del disco. De este en particular recuerdo que mi mamá me contaba que de pequeña yo era loca con la película *Fever Saturday Night* con John Travolta. Siempre me ha gustado la música y soy fanática de ver películas. También en la década de los 70 hubo muertes de personas famosas como Elvis Presley y Chaplin. Sucedió el escándalo Watergate, que provocó la renuncia del presidente Nixon. Llegó el Apolo 13 a Tierra. Se levantaron dictaduras en muchos países como la de Pinochet en Chile. Aparecieron el floop disk, calculadoras de bolsillo, reproductores de cinta como el VHS. Mark Spitz ganó 7 medallas de oro en los Juegos Olímpicos de 1972, en Munich. Nació Microsft en 1975. Nació Apple en 1976. Nacieron sagas como: Star Wars, The Godfather, Jaws. Nació el primer bebé probeta. Ocurrió un suicidio masivo (918 personas) en Guyana, América del Sur en la secta El templo del Pueblo dirigida por Jim Jones.

Hay tantas cosas que contar de esta década, cosas alegres y otras tristes, pero todas partes de la historia. En uno de esos años nací yo. Dios me hizo nacer en Philadelphia, E.U.

Siempre me causa curiosidad haber nacido allí porque se llama igual que una de las iglesias que menciona el Apocalipsis. Philadelphia o Filadelfia significa amor fraternal y esa iglesia se caracterizaba por su lealtad. Sé que en Dios no hay casualidades y el haber nacido en ese lugar, con ese nombre, con ese significado y esa característica marcó mi origen. Sé que mi origen es Dios, pero creo firmemente que los nombres y lugares de nacimiento son claves en nuestra vida. Afirmo como los hijos de Coré en el Salmo 87 que en Dios están todos mis orígenes. Por eso cada detalle de mi vida es importante. Y más aún en aquellos donde no tuve voz ni voto. ¿Alguna vez has reflexionado sobre tu origen? En mi caso pensar en lo que he compartido contigo me ha llevado a darle gracias una vez más a Dios por Su control en mi vida. No conozco tu historia, tal vez piensas que tus comienzos no fueron muy buenos, pero quiero decirte que en Dios todo tiene un porqué válido y en Su momento te lo hará entender. Solo quiere que confíes en Él, que recuerdes que Sus planes para ti son de bien, que le perteneces a Él y que si se lo permites cumplirá Su propósito en ti. Así que no menosprecies ni devalúes el marco de tu origen. Dios te ama y en Él todo obra para bien. ¡Amén! ¡Amén! ¡Amén!

Gratitud

"Den gracias a Dios en toda situación, porque esta es su
voluntad para ustedes en Cristo Jesús".
1 Tesalonicenses 5:18

Gratitud significa: sentimiento que nos obliga a estimar el beneficio o favor que se nos ha hecho o ha querido hacer, y a corresponder de alguna manera. La relacionamos siempre con recibir algo. Gratitud en Dios puede ser un escenario muy diferente. Dios ordena que en toda situación hay que tener una actitud de dar gracias. La actitud de gratitud no se construye al recibir algo, sino cuando nos relacionamos en amor con Dios. Nuestra relación con Él depende de la obediencia y principios. Esa relación nos da fortaleza para permanecer firmes en Él, a pesar de nuestras circunstancias. Y esas vivencias causan que se forme el carácter de Dios en nosotros. Hay que amar a Dios porque Él es Dios, no por conveniencia. La obediencia alegra a Dios y Él la celebra. Por lo cual te animo a no desmayar. Solo Dios conoce las motivaciones de tu corazón. En tu caminar podría aparecer una piedra de tropiezo llamada frustración. La frustración llega cuando tus expectativas no se materializan en tu realidad. La frustración se sufre, se maneja y lo más importante… se supera. Dios utiliza las circunstancias y las personas para transformarnos, es lo que aprendí a llamar a través a mi autora favorita Joyce Meyer, "lijas" (papel con polvos o arenillas de vidrio o esmeril adheridos, que sirve para pulir maderas o metales). Por lo cual, las experiencias de vida nos pulen todo aquello que no debe ir en nuestro diseño. Dios es fiel, aunque las circunstancias no se ajusten a tu idea. Él trabaja en ti diariamente y cumplirá Su propósito. Vivas lo que vivas, agradece a Dios. Las circunstancias no te gobiernan. Puedes tener esperanza. Dios utiliza tu realidad para acercarte a Él. En todo tiempo ten gratitud hacia tu Diseñador, tu Creador, tu Padre, tu Señor, tu amado Dios.

Día 134

Como sombra

"Cuídame como a la niña de tus ojos; escóndeme, bajo la sombra de tus alas..." Salmo 17:8

Me gustan mucho las películas de Disney. Una de esas películas que me gusta mucho es Peter Pan (1953), el niño que no quería dejar de ser niño. Me gusta en el sentido que pienso que los niños deben disfrutar su niñez, ser creativos, usar su imaginación y disfrutar lo más posible. Gracias a Dios tuve una infancia así. Pero sé que no es la realidad para millones de niños en este mundo. Por eso, incluye a los niños siempre en tus oraciones. Volviendo a la película me gusta mucho la relación que tiene Peter con su sombra. La sombra es traviesa y se quiere escapar de Peter Pan. Es una relación cómica. Una de las definiciones de sombra es proyección o imagen oscura que se produce por la interposición de un cuerpo. Otra definición es persona que siempre acompaña a otra. Vivimos a diario con la primera definición de sombra. Es algo natural. ¿Alguna vez has jugado a hacer figuras con la sombra de tus manos? Los niños se divierten mucho haciendo esto. Otras personas viven con la segunda definición. Los que son padres o madres se pueden identificar con esta definición porque los hijos cuando son pequeños por lo general no les pierden pie ni "pisá" a sus padres. Los siguen a dondequiera y los quieren imitar. Hoy quiero decirte que todos tenemos este tipo de sombra y ese es Dios. Él siempre nos acompaña. No nos deja solos ni un minuto. Aunque en algunas ocasiones, te puedas sentir solo, no es así porque Él siempre te acompaña. Siempre está ahí dispuesto a contestar cada una de tus preguntas y dudas. Dispuesto a orientarte y encaminarte por el buen camino. Solo necesitas comunicarte con Él constantemente, o sea, orar sin cesar. Lo que distingue a Dios, de una persona que nos acompañe en todo momento es que Él es lo principal de nuestra vida. Debemos mirarlo siempre a Él, hacerlo prioridad en nuestro existir. Amarlo por encima de todas las cosas y más allá. Dios siempre anda contigo como sombra.

Sé una voz, no eco

"Cuando todos escuchen el toque de guerra, el pueblo deberá gritar a voz en cuello. Entonces los muros de la ciudad se derrumbarán, y cada uno entrará sin impedimento". Josué 6:5

Con el tiempo he aprendido la importancia de leer la Palabra por mí misma, escuchar el mensaje que Dios me quiere dar directamente y no esperar a que otros me digan algo. No me mal interprete, creo en profetas, pastores, maestros…pero he entendido que es vital para mí leer y permitir que Dios hable directamente a mi vida. También he aprendido que es importante escuchar bien y no a todo decir amén. Simplemente porque alguien cargue un título y se pare en algún lugar a hablar de Dios no significa que todo lo que diga es correcto. Hay que estar alertas espiritualmente al escuchar los mensajes que puedan llegar a nuestras vidas y pasarlo por el cedazo de la Palabra, por eso es tan necesario conocer y estudiar la misma. Cuando era adolescente estaba con parte de mi familia en la iglesia, ese día aprendí que no se dice amén a todo. Le dieron la parte a una de las ancianas de la iglesia para que diera un corto testimonio, pero pasaban los minutos e iba aumentando en tamaño. En un momento dado la señora dice: "Ya voy a terminar porque debe de haber muchos locos porque termine ya". Y en ese mismo instante se escuchó muy fuerte un amén. Por un segundo fue un silencio total. La persona que lo dijo se quedó helada. Luego todo fue risas y carcajadas. Pero yo aprendí a no decir amén a todo. Aprendí que no debo ser como eco, no debo ser un sonido reflejado, debo ser voz. Debo ser una palabra, un vocablo con poder, con derecho por ser Hija de Dios, que derribe los muros que se quieran interponer en el propósito que tiene Dios para mi vida. Para poder serlo debo conocer a mi Padre y lo conozco a través de Su Palabra. Hoy te animo a conocer más aún a Dios, para que en tu caminar no seas un eco en el mundo, sino que seas voz de un hijo e hija de Dios. ¡Aleluya!

Día 136

Vuela

"El Señor cumplirá en mí su propósito. Tu gran amor, Señor, perdura para siempre; ¡no abandones la obra de tus manos".
Salmo 138:8

Desde pequeña he viajado en avión. Nací en E.U y al año y medio, llegué a P.R. para conocer a mi familia. Gracias a Dios han sido varios vuelos en mi vida. Casi en su totalidad a E.U, excepto por uno que pude viajar a la República Dominicana. Cuando joven me imaginaba ganando buen dinero y viajando el mundo. He viajado, pero no el mundo. Disfruto viajar en avión, aunque la realidad es que, por lo general, lo que hago es dormir. No sé qué tienen los aviones que me siento, escucho las instrucciones de seguridad y quedo dormida. Cuando despierto estoy cerca de llegar a mi destino y en ocasiones ya he llegado. Nuestra vida es así, un vuelo. Cada día al despertar comienza un nuevo vuelo, lleno de retos, sorpresas, vivencias, alegrías, tristezas, llanto, consuelo, esperanza... y más. Nuestro vuelo puede ser el mejor, aun incluyendo todo lo mencionado antes, cuando estamos en las manos de Dios.

Hoy quiero que pienses en tu vuelo de hoy. Analiza todo lo que tienes que realizar y entrégalo en las manos de Dios. No permitas que el miedo te detenga. Dios está contigo por lo cual todo obra para bien. Permite que Él tenga el control, descansa en Él. Dios conoce el fin desde el principio. Él hará tu vuelo placentero, aún dentro de las circunstancias que puedas estar pasando porque Él te da Su paz. Vuela, vuela alto. Déjate llevar por el Señor para el cumplimiento de Su propósito en ti. Vuela, el cielo es el límite. Extiende tus alas, sal de zona de comodidad, de conformidad y permite que el Espíritu Santo te impulse a lo que Dios ha preparado para ti y tu vida. Vuela y disfruta el viaje. ¡Amén! ¡Amén! ¡Amén!

Abrazos

*"Así que emprendió el viaje y se fue a su padre. Todavía
estaba lejos cuando su padre lo vio y se compadeció de él;
salió corriendo a su encuentro, lo abrazó y lo besó".*
Lucas 15:20

Nunca me había sentado a evaluar la importancia de un abrazo hasta este momento. Sentir el calor humano es necesario para poder seguir hacia adelante. Los abrazos aumentan tu confianza y seguridad, reducen sentimientos de enfado y apatía. Esto me recuerda un video que vi hace tiempo de un niño pequeño al que le da un "tantrum" y su papá solo lo observa y de cuando en cuando le da un abrazo. Y así sigue sin desesperarse abrazando a su hijo hasta que llega el momento que el niño se calma. Los abrazos favorecen la felicidad y mejoran el estado de ánimo, fortalecen el sistema inmunitario, reducen el riesgo de sufrir demencia y rejuvenecen el cuerpo. Así debe haber sido para el hijo pródigo cuando se fue y dejó de recibir los abrazos de su padre. Yo he podido sentir cómo mi Padre, mi Dios me abraza en cada momento, como se hace presente en cada segundo de mis días para que entienda que no estoy sola, que Él está presente conmigo. Permite que hoy tu Padre te dé sus abrazos. Permite que te muestre cuánto te ama y cuán dulce es su compañía. Él quiere abrazarte. Así como el padre del hijo pródigo se compadeció de su hijo, Dios te mira con compasión extrema, tiene sus brazos abiertos de par en par dispuesto a darte todos los abrazos que necesitas hoy, mañana y siempre. Disfruta sus abrazos.

Día 138

Tonalidades

*"Israel amaba a José más que a sus otros hijos, porque lo
había tenido en su vejez. Por eso mandó que le
confeccionaran una túnica muy elegante". Génesis 37:3*

Finalizando mi último año del bachillerato en la
universidad (gracias a la intervención de mi mamá) conseguí
trabajo en una tienda de telas. Jamás pensé trabajar ahí. Mi
mamá fue costurera (ahora no lo ejerce por condiciones de
salud), pero eso nunca llamó mi atención. Por lo cual no me vi
trabajando en algo relacionado a la costura. Allí trabajé
alrededor de 7 meses, y aprendí un poco sobre ese mundo: tipos
de telas, de cierres, elásticos, cintas…y más. La gerente de la
tienda era una señora muy estricta, pero gracias a Dios le caí
bien. En esa época yo no le servía al Señor, pero siempre doy
gracias porque en ese tiempo tuvo cuidado de mí. Un día estaba
trabajando, la gerente se me quedó mirando seriamente y me
dijo: "Noemí me vas a hacer un favor, cuando cobres tu
próximo cheque te vas a ir a comprar ropa que no sea azul
oscuro, marrón o negro". Me quedé impactada por lo que me
dijo. No lo esperaba. Y luego añadió: "¿No te has dado cuenta
de que son los únicos colores que usas? Cambia, usa colores
alegres".

Ese día al llegar a casa abrí mi guardarropa de par en
par y lo observé, era cierto, esos eran los únicos colores que
había allí. Ahora, después de muchos años sé que era reflejo
de lo que ocurría en mi interior y Dios me hizo despertar. Esto
sucedió en primavera, estación llena de colores. Fui obediente
y con mi próximo cheque me compré ropa de colores: azul
claro, rosa y hasta amarillo, que no es un color que prefiera y
el cual realmente no uso, pero en esa ocasión lo usé. Como
estaba en el centro comercial donde trabajaba fui a la tienda de
telas y le mostré a mi jefa mis compras. Aquella señora sonrió.
Desde ese momento Dios estaba cambiando las tonalidades de
los colores de mi vida. De colores oscuros, pasé a usar colores

alegres, vivos. Al pasar el tiempo admití entre esas tonalidades el rojo, color que me negaba usar. Decía que no me quedaba bien y una amiga a quien quiero mucho en una ocasión me dijo: "Al contrario con tu tono de piel se te tiene que ver bello". Ahora es uno de los colores que prefiero para vestir. Pero yo escuché y permití que Dios (aunque en ese momento no lo podía entender) me moldeara, me sacara de mi zona de comodidad, me transformara y añadiera tonalidades de colores a mi vida. Te invito a que tú también se lo permitas. No te aferres a lo conocido, permite la sorpresa en tu vida. Deja que Dios te coloque una túnica de colores como una vez lo hizo Israel con José. Israel amaba a José. Dios te ama a ti. Ten acceso a lo nuevo, lo vivo, lo alegre en tu ser. Permite las tonalidades de Dios en ti. ¡Aleluya!

Día 139

Haz las paces contigo

"...ama a tu prójimo como a ti mismo" Mateo 19:19

Cuando niña tuve problemas con mi peso. A raíz de eso sufrí, en cierto grado, lo que se llama *bullying* en escuela elemental e intermedia. La adolescencia fue fuerte porque no estaba conforme con mi aspecto. De alguna manera, alguien encontraba el momento para soltarme un comentario hiriente. Cuando llegué a la escuela superior sufrí menos por mi aspecto (no es que ya estuviera contenta con él), me enfoqué en los estudios, en sacar buenas calificaciones y compartir el tiempo que me quedaba con mis amigos. Pero no fue hasta que llegué a la universidad que me di cuenta de que tenía que cuidar mi peso por mi salud. Cambié la forma en que me alimentaba y comencé a hacer ejercicios. Lo creas o no me dio con hacerlo en el mes de octubre, con todas las celebraciones que se acercaban, fue un reto, pero lo logré. Bajé las libras que deseaba. Mejoró la forma en que me veía y me percibía, aunque no del todo. No fue hasta que me reconcilié con el Señor que pude hacer las paces conmigo misma. Tomó tiempo y mucho amor de parte del Señor. Él me mostró que me diseñó, me creó, que soy Su hija y solo por eso tengo un valor incalculable. Que soy como Él quiso que yo fuera. Que soy Su obra maestra. Que Su opinión es la que me debe importar. Me enseñó a no compararme con los demás. Que tengo virtudes y oportunidades para mejorar, si las coloco en Sus manos. Que el que debe estar en el trono de mi corazón es Él. Me enseñó que no debo moldearme a este mundo, no debo estar buscando el querer "encajar" en él, porque no pertenezco a él. Me enseñó que para poder amar a otros tenía que comenzar a amarme primero. ¿Te amas a ti mismo? ¿Te valoras? ¿Te puedes ver como Dios te ve? Te invito a que ores y le pidas a Dios que te muestre quién eres en Él. Que te muestre el valor que tienes en Él. Que te enseñe a amarte para que puedas amar a los que te rodean. Que te muestre cómo hacer las paces contigo. Eres una obra maestra de Dios y como tú no hay nadie igual, créelo.

¿Qué escuchas?

"Dios hace tronar su voz y se producen maravillas: ¡Dios hace grandes cosas que rebasan nuestra comprensión!"
Job 37:5

Para aprender a hablar hay que tener la habilidad, la destreza de escuchar, para luego comenzar a repetir sonidos. Luego se comienzan a entrelazar palabras con sentido para expresar lo que se siente. Después, en el desarrollo, se pulen las destrezas de comunicación. Debe haber un comunicador, un mensaje y un receptor. En el mundo en que vivimos y con el avance de la tecnología estamos expuestos a muchos mensajes. Algunos de beneficios para nuestro ser y otros no. A través de la televisión, radio, periódicos, revistas, internet, redes sociales todo el día estamos escuchando algún mensaje. Pero te pregunto: ¿qué escuchas? ¿A qué le das entrada y cabida en tu vida? Podemos estar expuestos a muchas cosas, pero quien decide qué entra a tu mundo interior eres tú. ¿Tomas autoridad en esta área de tu vida? Es importante que lo hagas. Es importante que evalúes bien qué dejas que entre en ti, a qué le das importancia, valor y permites que tenga efecto en tus pensamientos y en tus emociones. Mi recomendación es que permitas que sea la Palabra lo que fluya en tu interior. Josué 1:8 nos dice que meditemos en ella de noche y de día, o sea, siempre. Lee la Palabra, lee libros con base bíblica, escucha predicaciones, alabanzas al Señor, la mayor parte del tiempo que se te sea posible. No te digo que vivas enajenado de tu realidad, pero el mayor tiempo que pases en Su presencia, escuchando lo que Él quiere hablar a tu vida producirá maravillas en ti. Te pregunto: ¿qué escuchas?

Día 141

Tesoro

"Más bien, acumulen para sí tesoros en el cielo, donde ni la polilla ni el óxido carcomen, ni los ladrones se meten a robar". Mateo 6:20

Las compras por internet están en su apogeo. No soy de comprar por internet. La tecnología no es mi fuerte y además me gusta poder salir, ver personas, interactuar con ellas y elegir físicamente lo que quiero comprar. Ya les he contado que doy estudios bíblicos en mi iglesia a nuevos convertidos y también a la iglesia en general. Por lo cual siempre estoy leyendo y buscando material que me ayude a dar las clases. Claro, el mejor material que tengo es la Biblia. Por lo cual tengo distintas clases de biblias, creo que ya puedo considerar que tengo una colección de biblias.

Hace poco estaba limpiando mis libros y leyendo en que año los leí (por lo general le escribo la fecha en que lo comienzo y la fecha en que lo acabo) y así me di cuenta de que llevaba más de un año que no leía un libro de mi autora favorita, Joyce Meyer. Se lo comuniqué a una de mis amigas y ella me informó que una de las librerías donde suelo comprar tenía ventas por internet. Ay, internet, tecnología, que mal me va. Bueno me llené de valentía (Ja, ja, ja, ja) y entré a la página de la librería. Comencé buscando el libro de Joyce Meyer y no sé cómo (Ja, ja, ja) terminé en la sección de biblias. Comencé a mirar cuando de pronto apareció ante mis ojos una Biblia de la cual ya unos amigos me habían hablado de lo buena que era. Lo curioso fue que yo los ayudé a escogerla el día que la compraron, pero en ese momento solo le di una hojeada, la encontré buena para ellos y ya. Ahora estaba dentro de mi carro de compra virtual.

El día que llegaría por correo recibí un email de que ya la Biblia estaba en camino y horas más tarde la tenía en mis manos junto al libro de Joyce Meyer (no me olvidé de la compra inicial). Ese día recibí un tesoro en mis manos. Recibí una nueva versión de la Palabra de Dios. Recibí una nueva versión de mi libertad. Porque la Palabra de Dios me hace libre. Cada día que la leo me llena de fuerzas, esperanzas, aprendizaje, lecciones, sabiduría, promesas para mi vida. Es un tesoro. Y ese tesoro hay que usarlo. Te invito a que busques tu tesoro y lo uses. Si lo tienes empolvado en alguna esquina de tu casa búscalo y úsalo. Es de la única manera que va a enriquecer tu vida. Es como único conocerás a tu Salvador, tu Libertador, tu Camino, tu Verdad y tu Vida, Jesús. Abre tu tesoro y permite que brille Su luz, que ilumine tu camino, que ilumine tu entorno y que enriquezca tu interior. Disfruta de tu tesoro.

Día 142

Buscando a Dios

"En aquel día buscará el hombre a su Hacedor; fijará la mirada en el Santo de Israel". Isaías 17:7

Nuestro ser busca a Dios constantemente. Tenemos sed de Su presencia y esencia. Hay ocasiones donde podemos llorar mucho, podemos ir a la casa de Dios sin entusiasmo, sin alegría, sin gozo, sin ganas de ver personas y tener que dar una sonrisa y decir que todo está bien, cuando en realidad por dentro se llora. Pero todo esto es producto de nuestra humanidad, de la parte almática, y esta parte no puede ser la que nos domine. Por lo cual hay que colocar nuestra esperanza en Dios. Hay que alabarlo, adorarlo hay que hacer sacrificio de alabanza. En nuestros momentos duros debemos pensar en Él, porque es el único que está con nosotros en todo tiempo. No lo podemos ver y a veces hasta no lo sentimos, pero está presente. Él nos observa y nos escucha. Él lo conoce todo sobre nosotros. Dios no solo está en nuestros momentos de alturas, sino también en los momentos de abismos. De día nos envía Su amor y de noche nos envía Su canto. Dios nos saca a la luz, Su luz. Nos coloca en lugares espaciosos, nos da las fuerzas para seguir hacia adelante. Salmo 42:5 dice lo siguiente: *"¿Por qué voy a inquietarme? ¿Por qué me voy a angustiar? En Dios pondré mi esperanza y todavía lo alabaré. ¡Él es mi Salvador y mi Dios!"* Te invito a que desde hoy vivas buscando a tu Diseñador, Creador y Padre. Vive buscando a Dios.

Palabra + Obediencia = Bendición

"Hoy te ordeno que ames al SEÑOR tu Dios, que andes en sus caminos, y que cumplas sus mandamientos, preceptos y leyes. Así vivirás y te multiplicarás, y el SEÑOR tu Dios te bendecirá en la tierra de la que vas a tomar posesión".
Deuteronomio 30:15-16

Creemos en la Palabra de Dios. Tratamos de obedecerla. Cada día Él nos va perfeccionando. Cada día recibimos sus bendiciones en cada segundo de nuestras vidas. A veces nos podemos hacer esta pregunta: ¿cuándo veremos el anhelo de nuestro corazón? A veces podemos proyectar nuestra tristeza o insatisfacción por algo que no ha sucedido aún en nuestras vidas. Debemos creer en Él. Entender que nuestro gozo proviene de Su esencia, por lo que Él es y no por lo que nos pueda dar o conceder. Aunque parezca muy largo tu tiempo de espera, ten por seguro que Él te ve y te escucha. Su tiempo no es nuestro tiempo. Vive con Él, para Él y por Él. Cree en lo que habla a tu espíritu.

Palabra + Obediencia=Bendición.

Día 144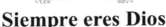

Siempre eres Dios

"¿Soy acaso Dios solo de cerca? ¿No soy Dios también de lejos? — afirma el SEÑOR". Jeremías 23:23

Nelson Mandela fue hijo del jefe de una tribu. Su nombre de origen fue Rolihlahla que significa revoltoso. Luego se lo cambiaron a Nelson para que pudiera estudiar en un colegio metodista. Su padre murió y él quedó al cuidado de un primo. Cuando tenía 21 años le concertaron un matrimonio, pero él decidió irse. Se fue a Johannesburgo (Ciudad en Sudáfrica) y ahí su historia cambió. Y el cambio fue tan impactante que estuvo por 27 años en una cárcel, o sea que estuvo en el foso de los leones como en una ocasión le ocurrió a Daniel. En el reinado del rey Darío, Daniel se distinguió como muy buen administrador. El rey pensó en colocarlo al frente de todo. Esto trajo envidias y celos por lo cual los otros administradores comenzaron a buscar cómo podían perjudicarlo. Como no encontraron nada, se presentaron ante el rey y le aconsejaron que hiciera un edicto en el cual cualquier persona que dentro de los siguientes 30 días adorare a otro hombre o dios lo echaran en el foso de los leones. El rey firmó el edicto.

Cuando Daniel lo supo fue a su casa y adoró a Dios como siempre lo hacía. Lo vieron y lo acusaron ante el rey. El rey tenía en gran estima a Daniel. Intentó salvarlo del castigo, pero no pudo. Tuvo que dar la orden. Daniel fue echado al foso de los leones, pero el rey le dijo: *"... ¡Que tu Dios, a quien siempre sirves, se digne salvarte!"* (Daniel 6:16) Y así fue, Dios les cerró la boca a los leones y no le hicieron daño.

Dios siempre es Dios. No importa por las circunstancias que pasemos Él no cambia, sigue siendo el mismo. A Daniel lo salvó. A Nelson Mandela, después de 27 años, lo libertó y le permitió ser el primer presidente negro de Sudáfrica, del foso fue colocado en las alturas. Obtuvo el premio Nobel de la Paz en 1993. Daniel volvió a su puesto de altura y el rey Darío dijo: *"He decretado que en todo lugar de mi reino la gente adore y honre al Dios de Daniel. Porque él es el Dios vivo, y permanece para siempre. Su reino jamás será destruido, y su dominio jamás tendrá fin. Él rescata y salva; hace prodigios en el cielo y maravillas en la tierra. ¡Ha salvado a Daniel de las garras de los leones!"* (Daniel 6: 26-27) Para todos nosotros siempre será Dios. ¡Alábalo!

Día 145

Versículo favorito

"Grábate en el corazón estas palabras que hoy te mando".
Deuteronomio 6:6

¿Cuál es tu versículo favorito de la Biblia? El mío es: *"Porque yo sé muy bien los planes que tengo para ustedes —afirma el SEÑOR—, planes de bienestar y no de calamidad, a fin de darles un futuro y una esperanza".* (Jeremías 29:11) Este versículo cada vez que lo leo o lo escucho me llena de mucha paz. Porque sé que si soy obediente a su Palabra los planes que tiene para mí son de bien. Me habla de futuro. Solo tengo que creerle y confiar en Él. Me dice en este versículo que no me afane, que no me adelante, que todo es en su tiempo y todo me saldrá bien. Dios quiere que viva en abundancia. Por lo cual debo orar y dedicarle tiempo a Él. Debo ser agradecida y mis ojos naturales verán cosas que no he podido imaginar. Yo le pertenezco a Dios y tú también. Te invito a que tomes tu Biblia, busques tu versículo favorito y hoy medites sobre él. Permite que a través de él Dios hoy hable con profundidad a tu vida, te sorprenderás de lo que te quiere decir. Disfruta tu versículo favorito en la presencia del Señor. Lo dejó para ti. Lo dejó para impactar poderosamente tu vida. Recíbelo con acción de gracias. Dios te ama. No lo dudes. Ámalo también a Él. ¡Amén! ¡Amén! ¡Amén!

Dios cree en ti

"Pon en manos del SEÑOR todas tus obras, y tus proyectos se cumplirán". Proverbios 16:3

Durante mi tiempo de oración Dios ha hablado a mi vida claramente lo siguiente: "espera en mi tiempo, este es tiempo de restitución, verás milagros en tu vida, sé de ayuda a otros, mi misericordia es nueva cada día". Lo último que me ha dicho hasta este momento que escribo es: "creo en ti." Recibir palabras como estas de mi Padre ha sido hermoso y necesario. Dios me ha demostrado su amor de distintas maneras, me ha cuidado y me ha protegido. Pero al decirme "creo en ti" ha sido muy especial. Me ha dado seguridad en mi caminar y en mi proceder. Sé que aún hay mucho por aprender y por hacer, pero sé que Él cree en mí.

Hoy comparto esa palabra contigo: Dios cree en ti. Él mejor que nadie sabe cómo eres, qué habilidades y talentos tienes, por lo cual Él cree en ti. Aquí lo importante es: ¿Tú crees en ti? Piénsalo. Si te falta confianza en ti mismo, pídele a Dios que te ayude en esa área de tu vida. Recuerda que te debes amar tu primero para poder amar a otros y toda habilidad o don que Dios te ha concedido es para el bien de otros. Hoy te invito a que ores y le presentes a Dios cómo te sientes respecto a ti mismo. Sé sincero, a Dios le gusta la honestidad. Preséntale todo aquello que pueda interferir con tu autoconfianza. Dios te ayudará a trabajar con ese obstáculo. Y así podrás caminar con la confianza y seguridad que proviene de Dios. Voy a ti. Como diría la Dra. Lis Milland "Vive libre, vive feliz". Dios cree en ti.

Día 147

Cuando la piedra es más grande

que tu boca

"Vengan a mí todos ustedes que están cansados y agobiados, y yo les daré descanso". Mateo 11:28

Estuve hablando con una amiga por video llamada y mientras hablábamos estaba en acción su hermosa perrita. En la conversación mi amiga me cuenta que a su perrita le gusta traer piedras del patio y pedazos de ramas. Me contó que un día la perrita llegó con una piedra con la cual casi no podía porque era más grande que su boca. De momento pensé: Así somos en muchas ocasiones los seres humanos. Queremos cargar con cosas que son más grande que nosotros. Cuando Dios en su Palabra nos dice que le dejemos nuestras cargas a Él, por lo general no le dejamos nuestras cargas y le sumamos las cargas de otros más. Cargamos con la opinión de otros, con la decisión de otros, con la vida de otros…cuando Dios nos dice que descansemos en Él.

¿Te inquieta algo? Entrégaselo a Él. No vivas pendiente a lo que puedan pensar otros de tu vida, eso no lo puedes manejar. Personas cercanas a ti toman malas decisiones, ora por ellos, ayuda en lo que puedas, pero no cargues con su equivocación. Entiende que tu mejor decisión es confiar y creer en Dios. Deja de cargar con la piedra más grande que tú. Dásela a Dios. Él no tiene problema con su tamaño. El Señor tiene control, tiene la última palabra, es tu mejor opción de vida. Descansa en Él, renueva tus fuerzas con Él, intercede por otros ante Él, pero vive en Él, vive en Su paz, la que ya nos otorgó. Es tuya, solo aprópiate de ella. Vive la vida que Dios quieres para ti y cumple el propósito de Él en ti. Suelta la piedra que es más grande que tú. ¡Amén! ¡Amén! ¡Amén!

El Maestro

"Dios es exaltado por su poder. ¿Qué maestro hay que se le compare?" Job 36:22

¿Recuerdas tus tiempos escolares? ¿Tienes un recuerdo positivo de algún maestro? Yo tengo varios. Aunque me gusta leer y escribir no me gusta todo tipo de género literario. Uno que no es de mis preferidos es la poesía. Tratar de entender el significado que da el poeta a sus palabras no es una de mis habilidades. En una ocasión, cuando estaba en grado 10, tuve que leer: El Poema Mío Cid. Cuando la maestra lo asignó en mi interior se encendió una alarma de peligro. No puedo leer bien un poema corto ¿cómo voy a leer un libro que es un poema? Me dio un poco de ansiedad esa situación, pero la maestra hizo la diferencia. Supo llevarme y adentrarme en ese poema de una manera tal que disfruté su lectura y lo entendí. Si una maestra, un ser humano que tuvo sus virtudes y sus oportunidades para mejorar, pudo enseñarme y guiarme no puedo dejar de pensar cuánto más me puede enseñar el mejor maestro, Jesús. Él es el maestro de maestros. Él tiene diversas formas de darnos sus enseñanzas: a través de Su Palabra, a través de vivencias que experimentamos que nos hacen crecer y madurar. ¿Qué tal si le prestamos más atención? ¿Qué tal si lo obedecemos? ¿Qué tal si nos relacionamos más con Él? ¿Qué tal si hablas más con Él? Está ahí contigo ahora mismo, mientras lees esta página. Dedícale tiempo a Él, obtendrás sabiduría, inteligencia y conocimiento para tu andar en este mundo. Préstale atención a el MAESTRO. ¡Aleluya!

Día 149

Dios conoce el final

"Siembra tu semilla en la mañana, y no te des reposo por la tarde…" Eclesiastés 11:6

¿Estás orando por algo que aún no has visto concretado en tu vida? Me imagino que tu contestación es sí, porque el ser humano se caracteriza por siempre querer algo más. Algunas veces pedimos cosas que nos llegan rápidamente, otras se demoran un poco y otras pues parecen que no llegarán. La vida consiste en riesgos y oportunidades. Nosotros decidimos si los tomamos o los rechazamos. Al tomar decisiones como: comprar una casa, enseres para la casa, un automóvil, cambiar de trabajo, cambiar de escuela, casarse, tener hijos…todas incluyen riesgos u oportunidades. Pueden llegar a causar ansiedad en la vida, pero la única decisión que al final te dará oportunidades, privilegios y bendiciones es servir a Dios. Claro, todos serán según la perspectiva de Dios y no la nuestra. Por eso, se aprende a vivir entendiendo que todo lo que ocurra en nuestra vida es según el tiempo y la voluntad de Dios. Por eso una semilla en la que no debemos darnos reposo es en la oración. No para decirle a Dios qué debe hacer, o solo para pedirle a nuestro antojo, sino para conocer Su voluntad, adueñarnos de la paz que ya nos dio y vivir con la estabilidad física, emocional y espiritual que solo Él nos puede dar. Así que sigue orando, no desmayes. Sigue viviendo, disfruta cada segundo de bendición que te otorga el Señor. Dios conoce el final de tu historia, Él la ha diseñado y tiene planes de bien para ti. ¡Amén! ¡Amén! ¡Amén!

Dificultades, ¿Cómo las enfrento?

"Y Dios puede hacer que toda gracia abunde para ustedes, de manera que siempre, en toda circunstancia, tengan todo lo necesario, y toda buena obra abunde en ustedes".
2 Corintios 9:8

¿Has enfrentado dificultades en esta vida? Ya me imagino tu cara, diciéndome: "Ni te imaginas". Todos enfrentamos dificultades en este mundo y cuando somos hijos de Dios creo que aún más. No pertenecemos a este mundo, por lo cual, aparecerán cosas, personas, circunstancias que querrán molestarnos, alterarnos para llevarnos al punto en el que optemos por alejarnos de Dios. Cuando pasamos tiempo con Dios, nos relacionamos con Él y leemos Su Palabra entendemos que en los momentos de dificultad es cuando más fuerte debemos sujetarnos de Él. Pablo nos dice en 2 Corintios 9:8 que Dios nos proveerá todo lo necesario, pero hay una parte clave en ese versículo y es cuando dice "…y toda buena obra abunde en ustedes". Dios se encarga de nosotros, pero de lo que tenemos: economía, dones, talentos, tiempo…para que demos a otros que tengan necesidad. ¿Tienes dificultades? Seguramente si miras a tu alrededor encontrarás a alguien que su situación sea más intensa de la tuya y de alguna manera puedas hacer una buena obra por ella. Así que, ¿cómo enfrentamos las dificultades? Dando gracias a Dios aún en medio de ellas y no enfocándote en ellas. Observa a tu alrededor y mira qué buena obra puedes hacer hoy. No te enfoques en tus problemas, ora por otros como hizo Job y recibirás bendición en tu vida. Recuerda lo que nos dice Dios en 2 Corintios 12:9 *"Te basta con mi gracia, pues mi poder se perfecciona en la debilidad…"* Apodérate de la gracia de Dios y haz buenas obras y así harás frente a las dificultades. ¡Aleluya!

Día 151

Ve con fuerza

"El SEÑOR lo encaró y le dijo:—Ve con la fuerza que tienes, y salvarás a Israel del poder de Madián. Yo soy quien te envía". Jueces 6:14

En una ocasión conversé con una persona, apenas la estaba conociendo. Cuando le pregunté a qué se dedicaba me dijo que estaba pensionado. Me sorprendió porque era una persona joven. Me contó ciertas cosas de su vida y me di cuenta de que su existir no ha sido fácil. Me conmovió mucho percatarme que el sentimiento de culpa estaba muy ligado a sus circunstancias. Como hijos de Dios buscamos obedecer a Dios en todo. Queremos ser agradables delante de sus ojos, pero se nos olvida un detalle, somos imperfectos. Al cometer un pecado o un error, rápidamente nos quiere acompañar la culpa. ¡Qué piedra tan pesada! Es normal que de momento la sintamos y es hasta beneficioso porque nos hace darnos cuenta de nuestros errores, eso abre la puerta para el arrepentimiento. Dios nos perdona y nos dice: "Ve con fuerzas". El problema es que Dios nos perdona, pero nosotros no y seguimos con la culpa como un martillo dando en nuestra cabeza, en nuestras emociones, en nuestro espíritu y si le permitimos continuar nos destruye. Hay que tener claro que esa culpa no es dirigida por Dios, es una de las armas de Satanás. Apocalipsis 12:10 dice lo siguiente: *"...Porque ha sido expulsado el acusador de nuestros hermanos, el que los acusaba día y noche delante de nuestro Dios".* Él es el acusador, es quien quiere destruir vidas. Hoy quiero recordarte lo siguiente: Dios sabía que por nuestra humanidad no podíamos cumplir a la perfección todo lo establecido en la ley, por eso envió a Jesús. Él pagó por nuestros pecados. Vivimos en la gracia de Dios. No permitas que tu pasado dañe tu presente y ahogue tu futuro. De hoy en adelante ve con fuerza y aprópiate de lo que Dios tiene para ti. ¡Amén! ¡Amén! ¡Amén!

Solo una cosa es necesaria

"pero solo una es necesaria..." Lucas 10:42

Me gusta escuchar a personas de otros países que hablan español. Para mí es interesante escuchar sus acentos y su vocabulario. Muchas veces comparo mi vocabulario con el de ellos y pienso que debo mejorar en las palabras que utilizo y ampliar mi vocabulario. Estuve conversando con una amiga al respecto y llegué a la siguiente conclusión: que aparte de tener un vocabulario más extenso, debo escuchar más. ¿Sabes escuchar a otros? Por lo general, cuando otra persona habla en nuestro interior estamos construyendo la contestación que vamos a dar. A veces ni dejamos que termine de expresarse cuando la interrumpimos para hablar. Hay que afinar esa habilidad de escuchar, fijar atención a lo que el emisor (persona que habla) está transmitiendo. Hay que ser un mejor receptor (persona que recibe el mensaje). No solo hay que mejorar por nuestra relación con otras personas, sino por nuestra relación con Dios. Él es el emisor y nosotros los receptores. Aunque en muchas ocasiones queremos que los papeles estén invertidos y queremos que Él sea constantemente el receptor y nosotros el emisor. ¿No te sucede? Comienzas a hablar y no paras. No tomas un tiempo para ser receptor de lo que Dios quiere hablar a tu vida. Eso le sucedió a Marta. No paraba. Estaba abrumada por los quehaceres. Al punto que dio queja a Jesús respecto a su hermana, quien hacía lo contrario: escuchaba. Cual no fue su sorpresa cuando Jesús le dijo que solo una cosa era necesaria, escuchar. Fíjese que Él dijo necesaria: que hace falta, que es indispensable. Escuchar es necesario. Te invito hoy a escuchar. Comienza con algo simple, escucha los ruidos que tienes a tu alrededor. Luego, cuando tengas tu tiempo con Dios, ¡escúchalo! Saca todo lo que pueda interferir en ese tiempo tuyo con Dios y enfócate en Él. Escucha. Solo una cosa es necesaria.

Día 153

¿Cómo debe ser mi día?

"Que habite en ustedes la palabra de Cristo con toda su riqueza: instrúyanse y aconséjense unos a otros con toda sabiduría; canten salmos, himnos y canciones espirituales a Dios, con gratitud de corazón". Colosenses 3:16

¿Todos los días te levantas igual? ¿Tienes las mismas energías al comenzar cada día? No. Por lo menos yo no. Hay días que me levanto con mucha energía y disposición para realizar todo lo que me corresponde hacer. Hay otros días que casi necesito de una grúa para levantarme de la cama. Hay días que me levanto casi sin apetito y comienzo el día con solo un café. Hay días que me levanto con tanta hambre que me puedo desayunar una hamburguesa o en casos bien extremos como arroz. El punto es que todos los días no me levanto igual. Pienso que a usted le ocurre igual. Aunque cada día sea diferente hay algo que sí debe ser igual: nuestra comunicación con Dios. Cada día debemos tener esa conexión con Dios. Por Él es que descansamos en las noches y nos podemos levantar cada día. Por lo cual, comunicarme con Él no debe ser algo que se omita.

Como leíste al principio en Colosenses 3:16 cada día debemos: alimentarnos con Su Palabra, cantarle, adorarle y agradecerle. Eso no debe estar fuera de nuestra agenda en el día. ¿A qué hora? ¿En qué momento? Eso depende de usted y del estilo único que tiene, el cual le fue dado por Dios. Para mí, por mi estilo, el mejor momento es en la mañana. Hay personas que lo prefieren hacer en la noche. Lo importante es hacerlo. Ten presente esto cada día y piensa en cada amanecer: ¿Cómo debe ser mi día?

Dios es suficiente

"Así que podemos decir con toda confianza: "El Señor es quien me ayuda; no temeré. ¿Qué me puede hacer un simple mortal?»" Hebreos 13:6

Como hijos de Dios debemos comprender que lo material no es lo importante. Hebreos 13:5 nos dice: *"Manténganse libres del amor al dinero, y conténtense con lo que tienen, porque Dios ha dicho: "Nunca te dejaré; jamás te abandonaré»"*. Lo principal es cómo está tu vida espiritual. Cuando pasas un proceso difícil en tu vida ¿cuánto confías en Dios? ¿Puedes descansar en Él, aun cuando soplen los vientos y el mar se enfurezca? Alimenta tu espíritu y tu alma con la Palabra. Así es como crece tu fe en Dios. Ama, lee, medita, guarda, haz como indica que debes proceder y recibirás prosperidad en diferentes áreas de tu vida (Josué 1:8).

Cree en Dios. No solo de boca, sino con tu interior, con tu espíritu y con tu alma. Salmo 103:2 dice: *"Alaba, alma mía, al SEÑOR, y no olvides ninguno de sus beneficios"*. El Señor es quien te ayuda. Dios es suficiente y no necesitas nada más. Jesús + nada = Todo. Si tenemos a Jesús, lo tenemos todo.

Día 155

Compartir tiempo

*"Pero tú, cuando te pongas a orar, entra en tu cuarto, cierra
la puerta y ora a tu Padre, que está en lo secreto. Así tu
Padre, que ve lo que se hace en secreto, te recompensará".*
Mateo 6:6

Por lo general el ser humano da todo por hecho. No
sabemos si amaneceremos vivos mañana, pero separamos un
viaje para el año siguiente. Así somos. Cuando se nos quita, se
nos restringe algo es que nos damos cuenta de lo valioso que
era. Recuerdo que, durante la pandemia, se nos quitó el poder
compartir con otros por mucho tiempo. Muchos quedaron
acuartelados con los miembros de su familia directos. Otros,
como en mi caso, fuimos acuartelados solos. Los días fueron
largos. Sin embargo, pude conectarme con otros a través de la
tecnología, pero jamás fue igual. Cuando dieron el permiso
(por fases) de comenzar a reunirse, fue un proceso extraño para
mí. Llegar a congregarme nuevamente fue impactante. Lo
hicimos en el patio de la iglesia. Todos alejados y con
mascarillas. Nada de abrazos, solo saludos a la distancia. En la
próxima reunión fue todo un protocolo: toma de temperatura,
desinfección de zapatos y manos, firmar una hoja de asistencia
y que el ujier te indicara dónde te podías sentar. Al salir había
que hacerlo rápido, no podíamos quedarnos a hablar con los
hermanos como acostumbramos. ¡Cuán valioso es compartir el
tiempo con otros! Muchos de nosotros no lo entendíamos hasta
que pasamos por esta experiencia. La importancia de un
abrazo, sentarte a conversar, a reír con otros, celebrar
ocasiones especiales. Hoy, piensa en alguien con quien tal vez
no compartes hace mucho y si tienes la posibilidad haz un
espacio en tu día y comparte un rato con la persona. Pero sobre
todo busca espacio para compartir con Dios. El tiempo más
valioso que puedes compartir es con Él. Atesora ese momento.
Su amor es eterno, por lo cual, disfruta compartirlo contigo...
Compartir tu tiempo con Dios es esencial, es vital. ¡Amén!
¡Amén! ¡Amén!

Nuestro camino es dirigido por Dios

"Todos andábamos perdidos, como ovejas; cada uno seguía su propio camino, pero el SEÑOR hizo recaer sobre él la iniquidad de todos nosotros". Isaías 53:6

Dios es mi pastor. Un pastor cuida sus ovejas. En el mundo de las ovejas hay clasificaciones: carneros (machos), ovejas (hembras) y corderos (2 años o menos). Los corderos son los más difíciles de cuidar, porque cuando hay peligro no se dan cuenta y siguen saltando y moviéndose como si nada. El pastor no lo puede agarrar con las manos porque le dejaría su olor impregnado y entonces la oveja no lo querría. Por tal razón, el pastor lleva un cayado, que es largo y tiene una curvatura, con la cual agarra al cordero, lo aleja del peligro, lo regresa al rebaño y la oveja no lo despreciará.

Cuando llegamos a los caminos del Señor somos esos corderos que saltan, revoloteando en el peligro y Dios nos hala con Su cayado y así transcurre el tiempo hasta que nos convertimos en ovejas o carneros: más grandes, maduros. Todos los días aprendemos algo nuevo que nos hace crecer y aunque hay ocasiones que en nuestra humanidad saltamos como corderos…Dios nos hace recordar que somos Sus ovejas y que pertenecemos a Su rebaño. Por lo cual es Él quien dirige nuestro camino. Dios es nuestro buen pastor.

Día 157

La escala de valores de Dios

"¡Ciegos! ¿Qué es más importante: la ofrenda, o el altar que hace sagrada la ofrenda?" Mateo 23:19

Una vez escuché la historia de un hombre rico que llevó a su hijo al barrio más pobre de la ciudad para que pudiera apreciar lo afortunados que eran al tener dinero. En su excursión el niño observó la naturaleza, el río, el cielo...Y al llegar a su casa el niño le dio las gracias a su padre por haberle mostrado lo pobres que ellos eran, comparados con aquellas personas. El padre asombrado preguntó por qué decía eso. Su hijo le explicó que aquellas personas podían mirar a su alrededor sin una pared que limitara su visión, de noche podían observar el cielo estrellado y además tenían un cuerpo de agua que no tenía fin, mientras ellos tenían una piscina de ciertas medidas. El niño pudo observar y apreciar lo que su padre no pudo. En la Palabra de Dios dice que debemos ser niños para heredar el Reino de los cielos (Mateo 18:3). Como el ejemplo que acabas de leer el niño captó lo que realmente tenía valor, Dios tiene una escala de valor muy distinta a la nuestra, a la de la sociedad. Su perspectiva es muy particular. Dios utiliza lo que a nuestro parecer tiene poco valor. 1 Corintios 1:27-31 dice: *"Pero Dios escogió lo insensato del mundo para avergonzar a los sabios, y escogió lo débil del mundo para avergonzar a los poderosos. También escogió Dios lo más bajo y despreciado, y lo que no es nada, para anular lo que es, a fin de que en su presencia nadie pueda jactarse. Pero gracias a él ustedes están unidos a Cristo Jesús, a quien Dios ha hecho nuestra sabiduría —es decir, nuestra justificación, santificación y redención— para que, como está escrito: «Si alguien ha de gloriarse, que se gloríe en el Señor»"*. Dios se fija en el corazón. El hombre se fija en lo material: ropa, zapatos, lugar donde vives, carro... pero Él valora nuestro corazón, sentimientos, actitudes y más. Su escala de valor es diferente. ¡Aleluya!

Pedalea...en obediencia

"Hijo mío, obedece el mandamiento de tu padre y no abandones la enseñanza de tu madre". Proverbios 6:20

Cuando tenía unos 10 años, en Navidad, me regalaron una bicicleta. Una clásica, como la de las películas: color rosa con una canasta blanca al frente. Así la había pedido y así me la regalaron. Un día mis padres decidieron llevarme a un parque a correr la bicicleta. Con nosotros fueron mi tía que estaba embarazada (debía tener 7 meses de gestación) y su esposo. Todo iba muy bien. Ellos conversaban, mientras yo "mataba la fiebre". En mi paseo conocí a una niña y comenzamos a correr juntas por el parque. En un momento ella me invitó a correr por una ruta que ella conocía y yo acepté. ¿Sabes qué? La ruta era por fuera del parque, expuestas al tránsito. Cuando estaba paseando por mi nueva ruta mi familia me vio. No puedo imaginar todas las alarmas que se encendieron en su interior. Cuando vi sus rostros sabía que no me iba ir muy bien. Cuando entré de nuevo al parque y llegué donde ellos estaban, todos me dijeron algo respecto a mi comportamiento. Lo irónico es que nosotros somos así en este mundo. Somos niños que de momento no seguimos las instrucciones de nuestro Dios y quedamos expuestos al peligro inminente de este mundo. Dios observa cómo nos exponemos al peligro y busca la manera de llamar nuestra atención para que volvamos dentro del parque, donde hay seguridad. Recibimos amonestación (nuestros actos tienen consecuencias), pero recibimos Su infinito amor. Detente y piensa: ¿dónde estoy pedaleando, dentro o fuera del parque? Te invito a regresar al parque y que pedalees en obediencia. Eso te traerá bendición. ¡Amén! ¡Amén! ¡Amén!

Día 159

Alcanza lo que está delante

"Hermanos, no pienso que yo mismo lo haya logrado ya.
Más bien, una cosa hago: olvidando lo que queda atrás y
esforzándome por alcanzar lo que está delante".
Filipenses 3:13

La vida es un reto. Cada día es un nuevo comienzo. Una nueva oportunidad de emprender cosas y para terminar cosas inconclusas del día anterior. Pero siempre hay algo que realizar. Y qué tal cuando se te presenta la oportunidad de realizar algo que te saca de tu zona de comodidad. Esas oportunidades siempre dan nervios, pero si son de bien para uno, se deben aceptar y trabajar para conseguir un buen resultado. En mi vida he tenido muchos retos: cuidar mi salud, realizar mi trabajo con esmero y dedicación, comprar mi casa, perder seres queridos debido a la muerte y aprender a vivir sin ellos, perder amistades porque terminaron su tiempo en mi tren de vida, conocer otros amigos que subieron al tren… y así podría seguir nombrando. Pero algo que internalicé y entendí es que mi mayor reto es cumplir con el propósito de Dios en mi vida y alcanzar la vida eterna. Esto no es tarea fácil ya que nuestra vida es una constante guerra en el plano espiritual para conquistar esa meta. En la vida se viven momentos alegres, emocionantes… pero también hay momentos duros, difíciles y dolorosos. Dios nos dice que olvidemos y nos esforcemos. Filipenses 3:14 dice: *"sigo avanzando hacia la meta para ganar el premio que Dios ofrece mediante su llamamiento celestial en Cristo Jesús"*. Dios nos asegura que hay un premio para los que le creen y confían en Él. Agarrados de Él cada momento, alegre o triste, siempre es mejor que alejados de Su presencia. Así que en toda oportunidad o reto que aparezca en tu vida, reconoce que Dios está en el asunto y vívelo. Alcanza lo que está delante de ti. Permite que Dios se encargue de tu vida. Con Él todo obra para bien. Sus planes son de bien. ¡Aleluya!

Transformación

"No se amolden al mundo actual, sino sean transformados
mediante la renovación de su mente. Así podrán comprobar
cuál es la voluntad de Dios, buena, agradable y perfecta".
Romanos 12:2

En mi familia materna los varones son mayoría. Así que cuando llegaba el fin de semana, la casa de mi abuela se llenaba de sus nietos y por un tiempo fui la única niña. Así que no es de extrañar que me gustara ver programas de televisión y películas que le gustaban a los varones. Por ejemplo: la lucha libre, Ultraman, Rambo, Rocky, Predator…. Igual era con los muñequitos o caricaturas: Mazinger, He-Man…uno de mis favoritos era Transformers. Ver esos medios de transportación que hablaban y podían transformarse en robots era muy interesante para mí. En el caso de ellos se transformaban para combatir el mal. Lo hacían en el momento necesario y cuando lo deseaban. Siempre querían el bien para los habitantes de la Tierra. La transformación es un cambio que ocurre de adentro hacia fuera. Y Dios quiere que seamos transformados mediante la renovación de nuestra mente, o sea de adentro hacia fuera. Pero para esto debemos ser como los Transformers, debemos quererlo, desearlo. Al ser transformados nos haremos bien a nosotros mismos, a los que nos rodean y combatiremos el mal. La clave para este proceso es la Palabra. Ella es la clave de nuestra existencia. Cada día Dios tiene un mensaje para nosotros a través de Su Palabra que trabajará en nuestra transformación, por eso hay que quererlo, desearlo. Depende de nosotros tener ese tiempo con la Palabra. En mi caso, la Palabra de Dios llama mi atención, amo esos momentos, ese tiempo que paso con ella, que paso con Dios. Eso me ayuda a no dejarme llevar por lo que este mundo quiera dictar a mi vida y sí a obedecer lo que Dios quiere para mí. El proceso de renovar la mente es constante. Te invito a entrar a ese proceso de renovación. Vive tu transformación en las manos de Dios. ¡Aleluya!

Día 161

Belleza en los sueños

"En ese momento se acordó José de los sueños que había tenido…" Génesis 42:9

¿Recuerdas lo que sueñas? Yo no suelo recordar mis sueños. Sin embargo, mientras escribo esta reflexión recuerdo lo que soñé anoche con personas que conozco, pero que no son cercanos a mí y eso me extraña bastante. Algo que he aprendido de mi pastor es que cuando algo así sucede debemos orar por esas personas. El sueño no fue malo, solo veía estas personas y yo entendía que eran enamorados, así que era algo bueno. Lo extraño fue soñar con ellos. Incluso ellos se conocen, así que quien sabe, si sucede lo que vi. En la Biblia encontramos a José. Seguramente conoces su historia. Dios le daba sueños. A causa de ellos fue vendido por sus hermanos, estuvo en la cárcel y llegó a ser el segundo al mando de Egipto. Sus sueños le indicaron lo que viviría, pero el proceso no fue fácil. Lo interesante e importante es que dentro de todo lo que vivió y sufrió, él fue fiel a Dios. José le creyó a Dios y al final vivió la belleza de sus sueños. Desconozco cuál es tu sueño, ignoro lo que has pasado en el proceso de alcanzarlo, solo puedo decirte que, si es dirigido por Dios y persistes, permaneces, eres fiel, alcanzarás la belleza de tu sueño. En la vida debemos ser fuertes, aguerridos, valientes para alcanzar el propósito de Dios en nuestra vida. Asegúrate de que estés siguiendo la guía de Dios. Vivimos para hacer la voluntad de Dios, no para que Él haga nuestra voluntad. ¿En cuál de las dos estás? Comunícate con Dios, escucha lo que quiere decirte, enfócate, organízate y vive la belleza de tu sueño. ¡Amén! ¡Amén! ¡Amén!

Fosa de la muerte

"Me sacó de la fosa de la muerte, del lodo y del pantano;
puso mis pies sobre una roca, y me plantó en terreno firme".
Salmo 40:2

A través de una conversación supe la historia de un hombre, quien me dio el permiso de plasmarla en este escrito. Claro, no mencionaré su nombre, pero vamos a llamarle Juan. Cuando era niño, Juan estudiaba en colegios evangélicos. Proverbios 22:6 dice: *"Instruye al niño en el camino correcto, y aun en su vejez no lo abandonará"*. Este versículo encierra un mandato y una promesa. Así que, Juan fue instruido en el camino correcto. Por cosas de la vida, en su niñez cambió muchas veces de casa, ya que sus padres se mudaban constantemente. Hasta que llegó a un lugar al cual llama hogar. Al estar establecido comenzó a relacionarse con diferentes personas: positivas y negativas. Lamentablemente sucumbió al mundo de las drogas. Comenzó a generar mucho dinero con la venta de drogas, se hizo dueño del punto y también comenzó a consumir. Usó desde marihuana hasta crack. Juan describe esta época como espantosa. Llegó a tener acceso a armas de fuego, pero nunca llegó a matar. Cuando se quedaba a solas, en su cuarto, Juan le pedía a Dios que lo sacara de ese mundo porque él, por sus propias fuerzas, no podía. Según palabras de Juan Dios respondió a su petición, pero de una forma que no imaginaba. Salió del bajo mundo a través de una enfermedad que por poco le cuesta la vida y lo dejó encadenado a una silla de ruedas. Conversando conmigo dentro de su situación, Juan daba gloria a Dios por haberlo sacado de ese mundo, aunque se encontrara en la situación actual. Él fue sacado del foso de la muerte y su vida fue colocada en terreno firme. Te invito a orar e interceder por esas personas que viven en el mundo de las drogas, de armas…y la violencia. Interceder es una forma de demostrar amor por el prójimo. El poder de la oración es tan grande que mientras intercedemos las cadenas son rotas y las vidas son sacadas de la fosa de la muerte. ¡Aleluya!

Día 163

Hoy decido...

"Hoy te doy a elegir entre la vida y la muerte, entre el bien y el mal". Deuteronomio 30:15

Quiero invitarte a hacer una buena decisión hoy. La mejor opción es Jesucristo. Tal vez digas: Ya lo acepté como mi Salvador. Cada día luchamos con las cosas, presiones y ofrecimientos de este mundo. Quiero que comiences el día haciendo una decisión hermosa para tu vida conscientemente. Léela y repítela en voz alta. Al escucharla se quedará impregnada en todo tu ser.

"Hoy amaré a Dios y lo que Dios ama. Invitaré a mi Dios para ser el Dios de las circunstancias. Viviré habiendo sido perdonado(a). Perdonaré para poder vivir. Pasaré por alto los inconvenientes del mundo. Elijo amabilidad. Elijo la bondad. Hoy guardaré mis promesas. Elijo dominio propio. Solo Dios ejercerá influencia sobre mí. Solo Cristo me enseñará".

Que bueno que lo has declarado. Ten un hermoso día y recuerda que Dios te ve. ¡Aleluya!

Polvo del Sahara

"¡Levántate y resplandece, que tu luz ha llegado! ¡La gloria
del SEÑOR brilla sobre ti!" Isaías 60:1

Un día en Puerto Rico amanecimos con una capa de polvo del Sahara como no se veía hace más de 50 años. El cielo se ve opaco, oscurecido. Se ocultó el cielo azul y brillante al cual estamos acostumbrados. Lo recomendable en ese tipo de situación es mantenerse dentro de los hogares, especialmente si tiene problemas con el sistema respiratorio. A veces nos vemos como ese día: en oscuridad, haciendo cosas que están fuera de la voluntad de Dios. Obedecer a Dios y su Palabra nos trae luz, nos hace brillar y otros podrán apreciar esto en nosotros. Al hacer lo que no es agradable a los ojos de Dios, trae como consecuencia esa capa que opaca nuestros colores, nuestra luz y otros también lo podrán observar. Lo peor es que esto nos corta la respiración. Se nos hace difícil, pesado vivir el día a día porque somos conscientes de que vivimos equivocadamente.

¿En cuál de los dos paisajes quieres estar? Prefiero el de colores, el que brilla y donde puedo respirar profundamente, sin dificultad. Te invito a escoger este paisaje: Jesús. Si lo haces no te vas a arrepentir. Dile adiós a ese polvo de Sahara que te opaca, te desluce, te impide respirar y te corta la visión. Dios tiene algo hermoso para tu vida. ¡Amén! ¡Amén! ¡Amén!

Día 165

Regalo sorpresa

"Porque por gracia ustedes han sido salvados mediante la fe;
esto no procede de ustedes, sino que es el regalo de Dios"
Efesios 2:8

Una de mis amigas es locura con la naturaleza. Ella ama observar el cielo (de día y de noche), observar las plantas, las aves…todo. Le encanta la jardinería. En su casa tiene plantas y árboles hermosos que han sido sembrados y cuidados por ella. Cuando conversamos por FaceTime me muestra algo nuevo en su jardín. Un día me envió la foto de una nueva flor en una de sus plantas. Era amarilla con unos puntos rojos en su interior. Realmente era hermosa. Mi amiga estaba súper emocionada. Ella me dijo: "No sabía de qué color saldría. Fueron unas semillas que compré por $1.00." Mi respuesta fue: "Dios te consiente. Te la dio de tu color favorito, amarillo". Ella estaba feliz.

¿Alguna vez ha llegado algo a tu vida por sorpresa y te alegró el día? ¿Te ha ocurrido que quieres algo y de momento llegó sin aviso? A mí me ha ocurrido muchas veces. Siempre digo que Dios me añoña como hija suya que soy. Y sé que es así contigo. Tal vez no te has dado cuenta. De hoy en adelante trata de estar más alerta para que reconozcas en qué momento Dios te da un regalo sorpresa. Dios te ve. Por eso sabe cómo darte gusto de vez en cuando. La próxima vez que te ocurra y te percates, agradece. Siempre ten en mente que Jesús nos ha dado el mejor regalo sorpresa de nuestra vida, Su vida. Gracias a eso estamos vivos, somos salvos y tenemos vida eterna. Todo lo debemos a Su regalo sorpresa. ¡Aleluya!

El encuentro

"Así que emprendió el viaje y se fue a su padre. Todavía estaba lejos cuando su padre lo vio y se compadeció de él; salió corriendo a su encuentro, lo brazo y lo besó".
Lucas 15:20

La Biblia tiene muchas historias que me gustan. ¿Cuál es tu historia favorita? Piénsalo un momento. Una de las historias que me gusta es la parábola del Hijo Pródigo. Jesús usaba constantemente parábolas con sus discípulos. ¿Por qué? Porque son narraciones que contienen elementos conocidos por las personas y llevan una enseñanza. Era una manera para que los discípulos entendieran mejor el mensaje que Jesús les quería dejar. Si no la has leído, detente un momento, busca tu Biblia y lee Lucas 15:11-31. Este hijo pidió su herencia, se fue de su casa, derrochó todo el dinero, quedó en una situación tal que hubiese querido comer la comida de los cerdos. Llegó a un punto de desesperación en el que no pudo más y corrió a casa de su padre, arrepentido. Su padre, en vez de rechazarlo o reclamarle por lo que había hecho, cuando lo vio a lo lejos corrió y lo abrazó, y le hizo un banquete en su honor. Cuando no le servíamos al Señor éramos como ese hijo que se fue de la casa de su padre. En mi caso fue así, ya que me criaron en la iglesia, pero me alejé y me fui a malgastar mi vida por el mundo. Luego llegó la desesperación a mi vida. Sucedieron circunstancias que me fueron arrinconando hasta el punto de que reconocí que tenía que regresar a casa: a Dios. ¿Ya regresaste a casa? ¿Tuviste el encuentro con Jesús? Si ya lo viviste me regocijo por eso. Si aún no has regresado te invito a hacerlo ahora mismo, repite: *"Señor Jesús, me arrepiento de haberme alejado de ti. Te pido perdón por todos mis pecados. Quiero encontrarme contigo de nuevo. Estoy dispuesto de corazón a comenzar de nuevo agarrado a ti y a tu Palabra. Anhelo volver a la casa de mi Padre en tu nombre Jesús.* ¡Amén! ¡Amén! ¡Amén! ¡Bienvenido!

Día 167

¿Qué es el Señor para ti?

"El SEÑOR es mi roca, mi amparo, mi libertador; es mi Dios,
el peñasco en que me refugio. Es mi escudo, el poder que me
salva, ¡mi más alto escondite!" Salmo 18:2

¿Alguna vez te has hecho esa pregunta? En el año 2018 en mi tiempo con Dios, Él me lo preguntó. ¡Uff! En mi vida estaban pasando unas cosas que me tenían presionada, confundida y Él me confrontó. En el Salmo 18 David cantó lo que Dios era para él. Para mí Dios es mi Padre, mi seguridad, mi redentor, mi esperanza, mi castillo, mi ayuda, mi libertador, mi refugio… y podría continuar enumerando. Lo que he entendido con el transcurso del tiempo es que Dios es mi TODO. Sin Él soy nada. En mi vida todo comienza en Él y termina en Él. Dios es mi respirar. Ahora te pregunto: ¿Qué es Dios para ti? No tomes a la ligera la pregunta. Medita en ella. ¿Es Dios la prioridad en tu vida? ¿Hay algo o alguien que hasta hoy era tu prioridad antes que Dios? Evalúate. Leyendo el libro: *Una vida mejor* de Christy Muller (te lo recomiendo), me llevó a ver algo que, aunque lo había leído muchas veces no lo había entendido: Dios creó la luz, antes que el Sol. Léelo en Génesis 1. Dios crea luz en el versículo 3 y al Sol en el versículo 15. Qué aprendí y quiero que tú también entiendas es que Dios es tu luz. Todo es por Él. Si no estamos establecidos en Él, en su esencia, en su existencia, entonces no vamos bien en nuestro caminar. Dios debe ser tu prioridad. Nada debe ocupar su lugar, nada. Deuteronomio 7:9 nos dice: *"Reconoce, por tanto, que el SEÑOR tu Dios es el Dios verdadero, el Dios fiel, que cumple su pacto generación tras generación, y muestra su fiel amor a quienes lo aman y obedecen sus mandamientos"*. Deuteronomio 30:20 nos dice: *"Ama al SEÑOR tu Dios, obedécelo y sé fiel a él, porque de él depende tu vida, y por él vivirás mucho tiempo en el territorio que juró dar a tus antepasados Abraham, Isaac y Jacob"*. De Dios depende tu vida. Hazte de nuevo la pregunta: ¿Qué es el Señor para ti?

Concentración

"Ya que han resucitado con Cristo, busquen las cosas de arriba, donde está Cristo sentado a la derecha de Dios. Concentren su atención en las cosas de arriba, no en las de la tierra". Colosenses 3:1-2

    ¿Se te hace fácil concentrarte? En mi caso entiendo que sí, pero si me encuentro en las condiciones óptimas. Por ejemplo, mis mejores horas de trabajo son en las mañanas. Trabajar en las tardes me cuesta más. En mi trabajo como maestra se me otorga un periodo de tiempo para planificar mis clases y buscar o crear los materiales que necesito para desarrollar mis clases. Por varios años ese periodo me lo daban en mi última hora de trabajo. Para muchos de mis compañeros esa hora es ideal, pero para mí no. Así que lo que hacía era llegar más temprano a la escuela para poder sentarme con calma y poder concentrarme en mi trabajo. Con el tiempo pedí un cambio de ese periodo y gracias a Dios me lo concedieron. En una ocasión estuve tomando un taller online de mi trabajo que duró casi 6 horas. La hora de comienzo era a la 1:00 pm. Para mí la experiencia no fue buena debido al horario. Se me hacía muy difícil concentrarme en el material y para sumarle era de un tema que no domino bien: tecnología. Mi relación con la tecnología es un poco complicada, ja, ja, ja. Pero cuando estoy en las condiciones óptimas logro concentrarme de maravilla, al punto que es como si de momento estuviera dentro de una burbuja y a mi alrededor siguen ocurriendo cosas, pero yo no oigo, ni veo nada más que lo que estoy haciendo. ¿Me puedes entender?

Concentración es el proceso de centrar voluntariamente tu atención sobre un objetivo. Aunque es un acto voluntario hay factores que pueden influir como los ejemplos que te acabo de dar. Ahora voy al punto que quiero que agarres: la concentración es un acto voluntario. Al principio leíste Colosenses 3:1-2. En el versículo 2 Dios es claro en lo que nos dice: concentren, o sea nos dice que voluntariamente fijemos nuestra atención en las cosas de arriba no en las de la tierra. Es un ejemplo del libre albedrío que tenemos en Él. Dios quiere que fijemos nuestra atención voluntariamente. ¿Cuándo vas a Su presencia te concentras rápido en ese momento? Mi experiencia es que cuando comienzo mi cabeza comienza a llenarse de ideas, de recordatorios de cosas que debo hacer y pasa un tiempo hasta que logro estar centrada en Él. Pero cuando el momento en que mi atención está en Él, en Su Palabra... ¡es hermoso lo que ocurre ¡Te invito a vivirlo! Saca tiempo cada día, sin prisa, en las condiciones óptimas para ti y disfruta tu tiempo con Dios. Saldrás fortalecido, con dirección, claridad en tus pensamientos, organización en tu agenda y en tu vida, y mucho más. Nada de eso lo vas a encontrar fijando tu atención voluntariamente en las cosas que te puede ofrecer este mundo. Aquí todo es perecedero. En el cielo todo es eterno. Concéntrate en lo que es real y valioso: Dios. ¡Amén! ¡Amé! ¡Amén!

Pasos para seguir con Jesús

"¿No te dije que si crees verás la gloria de Dios? —le contestó Jesús". Juan 11:40

Este versículo que acabas de leer me llama mucho la atención porque Jesús nos habla en tres tiempos en los verbos: dije (pasado), crees (presente) y verás (futuro). Ya Jesús nos ha dicho que hay que creer para poder ver (fe). Al leerlos parecen pasos sencillos. Pero realizarlos y vivirlos no lo es. Estamos en un mundo que lo menos que quiere es que creamos en Jesús. Tiene muchas cosas para distraernos, hay muchas ideologías que quieren llevarnos por el camino incorrecto, vivimos experiencias tan difíciles que nos podrían desviar.

La Palabra de Dios es real, verdadera y libertadora. Si te enfocas en su contenido y renuevas diariamente tus pensamientos, recibirás la perspectiva de Dios sobre tu realidad. Te dará inteligencia, conocimiento, sabiduría, energía, fuerzas...para seguir hacia adelante, pero con Jesús como centro de tu existencia. Hoy te invito a seguir los pasos que nos fueron dados por nuestro Salvador y que no han caducado: cree y verás. ¡Aleluya!

Día 170

Escogidos

"A los seis meses, Dios envió al ángel Gabriel a Nazaret,
pueblo de Galilea, a visitar a una joven virgen comprometida
para casarse con un hombre que se llamaba José,
descendiente de David. La virgen se llamaba María".
Lucas 1:26-27

Existimos porque Dios nos ha escogido. Si te preguntara cómo es la historia de tu nacimiento, seguramente hay alguna particularidad que lo hizo especial. Solo por un momento pensemos un caso hipotético: Jesús está conversando con otras personas y de momento le preguntan cómo fue su nacimiento. Él muy calmado dice: mi mamá era virgen cuando me tuvo. ¿Puedes hacerte la idea de la cara de los que lo escucharon? Cara de conmoción, sorpresa y hasta de espanto. Claro, eso soy yo imaginándome la escena. En mi caso fui pedida en oración. Mis padres llevaban par de años de casados y sin ninguna noticia de que tendrían un bebé, su mayor anhelo. En la iglesia donde se congregaban, en un servicio especial, oraron por las personas que querían ser padres, ellos pasaron, recibieron la oración y un tiempo después, un bebé venía en camino. Lo curioso es que muchos años después mi mamá me contó que ellos no evitaron un posible nuevo embarazo, pero nunca sucedió. Así que estoy segura de que fui escogida por Dios. También tú fuiste escogido. Has sido creado con propósito. Los planes de Dios son perfectos. Existes porque Dios te creó para cumplir una misión. Tal vez no han ocurrido cosas que hubieses deseado, pero Sus planes son mejores. Cree, confía en Él. Dios conoce el fin desde el principio. Dios te ve. Fuiste escogido. Ora para que Dios te muestre qué debes hacer. Si ya lo estás haciendo, entonces haz como el título de uno de los libros de mi autora favorita, Joyce Meyer, que se llama: *Disfruta donde estás y hacia donde vas.* "Disfruta el poder cumplir tu misión, que si proviene de Dios es para bendecir a otros no a ti mismo. Y siempre es mejor dar que recibir. Deléitate en saber que eres escogido". ¡Aleluya!

El Verbo

"Y el Verbo se hizo hombre y habitó entre nosotros. Y hemos contemplado su gloria, la gloria que corresponde al Hijo unigénito del Padre, lleno de gracia y de verdad". Juan 1:14

Cuando escucho la palabra verbo pienso en acción: hacer, movimiento, acontecimientos. El verbo es esa parte de la oración que te indica la acción del sujeto. Te dice qué hizo, hace o hará. Juan 1:1 comienza diciendo: *"En el principio ya existía el Verbo, y el Verbo estaba con Dios, y el Verbo era Dios"*. Y luego en el versículo 14, el que leíste al comenzar, nos dice que el Verbo es Jesús. Nos dice que Jesús es acción. Durante 30 años Él estuvo en la Tierra llevando una vida normal hasta que llegó el momento de actuar. Luego de eso estuvo 3 años haciendo. Desde la creación ha estado haciendo. Es su naturaleza y no ha parado aún. Es nuestro Creador y es quien nos sostiene. Colosenses 1:17 dice: *"Él es anterior a todas las cosas, que por medio de él forman un todo coherente"*. Estuvo en la Tierra demostrando quién es Dios y aún lo hace a través de Su Palabra. Mientras estuvo físicamente aquí lo demostró con palabras, actitudes y acciones. Colosenses 1:10 dice: *"para que vivan de manera digna del Señor, agradándole en todo. Esto implica dar fruto en toda buena obra, crecer en el conocimiento de Dios"*. Él quiere que estemos en acción beneficiando a otros. Jesús intercede al Padre por nuestro bien. Él hace una parte, pero quiere que nosotros hagamos otra. Que seamos verbos, estemos haciendo, moviéndonos para llevar a cabo Su propósito en nuestra vida que tiene como finalidad que otros lo conozcan y se unan a la gran familia de Dios. Lo hacemos de formas diferentes, pero la meta es la misma. Todo lo que hagamos es porque Él ha puesto en nuestro ser el querer como el hacer. Y todo es hecho por Su poder, no por nuestro propio esfuerzo. La gloria y la honra siempre es para Él. Jesús es el camino la verdad y la vida. El Verbo te quiere a ti. Únete a Su equipo y te sorprenderás de lo que sucederá en tu vida y en la de otros.

Júbilo

"Nuestra boca se llenó de risas; nuestra lengua, de canciones jubilosas. Hasta los otros pueblos decían: «El Señor ha hecho grandes cosas por ellos»". Salmo 126:2

Antes de reconciliarme con el Señor yo existía, pero no vivía. Recuerdo que hacía las cosas porque eran mi responsabilidad, pero en mi interior siempre estaba vacía. Para tratar de llenar eso salía a compartir con otras personas, pero cuando regresaba a mi hogar me enfrentaba de nuevo con el vacío, con la nada. Así estuve muchos años, no reconocía lo que sucedía en mi vida y en muchas ocasiones llegué a decir que era feliz con mi vida. Cuan lejos estaba de la verdad. Al llegar al punto que sentí que no tenía salida decidí tomar la decisión más acertada de mi vida: volver mi rostro a Dios. ¡Qué sensación y transformación más hermosa ocurrió en mi vida desde ese día! Recibí el júbilo que procede de Dios. Me sentí viva, alegre y comencé a manifestarlo en mi diario vivir. Desde ese día Dios ha hecho grandes cosas en mi vida, continúa haciéndolo y lo seguirá haciendo. Con esto no te quiero decir que mi vida es color de rosa, sería mentira. Pero al ser Él mi fuente de júbilo y de gozo, aún en los momentos más difíciles de mi vida he podido continuar, levantarme y caminar porque Él es quien me sostiene. Y dentro de cada situación he podido ver cómo Dios abre ese espacio de luz y de la forma menos esperada, ¡he podido sonreír de nuevo! Te invito que aceptes a Dios como tu fuente de júbilo. Al hacer esto lo colocarás por encima de todo y de todos. Cuando lo hagas, disfrutarás de la vida, aprenderás de ella, pero no te caerás. Antes yo existía, ahora vivo. Dios me ha libertado y lo quiere hacer contigo también. Job 8:21 dice: *"Pondrá de nuevo risas en tu boca, y gritos de alegría en tus labios"*. Eso hará en ti cuando decidas vivir. Disfruta el júbilo que Dios te otorga.

Mira a tu lado…

"Hagan lo que hagan, trabajen de buena gana, como para el Señor y no como para nadie en este mundo".
Colosenses 3:23

El 21 de enero de 2019, vi una imagen en Facebook que impactó mi vida. Era un joven que se dedicaba a trabajar vendiendo cocos para poder pagar sus estudios universitarios. Hizo que me remontara a mi tiempo de estudios y recordara cómo fue mi proceso. Me llevó a reconocer que fui y soy bendecida. Cuando estudié me aprobaron la beca en su totalidad. Mi papá me enviaba su pensión alimentaria, aún cuando la corte en E.U había determinado que ya no tenía que hacerlo, pero él ha sido y es un buen padre (no solo en lo económico). En mi segundo año de universidad me otorgaron exención de matrícula por mi promedio y así fue hasta que me gradué. Además, trabajaba y estudiaba en la universidad. Hubo momentos difíciles, sí. Mi mamá perdió su empleo, enfermó de los nervios y se nos dañó el carro, nuestro único medio de transporte. Tuve que ir a la universidad por "pasaje" (trasporte público), hubo personas que me dieron "pon" (me llevaron en sus carros), en ocasiones me quedé en el hospedaje de una amiga, luego me mudé a la casa de otra amiga para viajar con ella a la universidad (sus padres son muy especiales para mí).

Luego, en mi tercer año de universidad, mi papá me envió un automóvil. Por lo cual mi vida volvió a la "normalidad". Viví muchas cosas, pero cuando vi la imagen del joven, entendí que lo que pasé fue nada, comparado con él o con muchos más que tienen que hacer sacrificios increíbles para llegar a la meta de obtener su título universitario. Lo que logré fue gracias a Dios. La gloria y honra es en todo tiempo para Él. Y hoy realizo mi trabajo con amor, agradecimiento, dedicándoselo a Dios. Lo debo hacer bien porque no es para los hombres es para Dios. Mi jefe es Dios. Hoy te invito a que mires a tu lado. Tal vez tu vida esté muy bien por lo cual puedes brindar tu ayuda, tu apoyo a otros. Puede ser que no te encuentres bien del todo, pero si miras al lado seguro encontrarás que hay alguien que la está pasando peor que tú y aún en tus circunstancias puedes hacer algo para su bien. Dirige tu enfoque hacia a otros, no a tus propias circunstancias. Dios se encarga de tu vida y a través de ti se encargará de la vida de alguien más. Mira a tu lado…siempre hay alguien más, hay algo por hacer. Hazlo todo para el Señor. Él te ve.

¿Qué hay que buscar?

"Si a alguno de ustedes le falta sabiduría, pídasela a Dios, y él se la dará, pues Dios da a todos generosamente sin menospreciar a nadie". Santiago 1:5

Aprender siempre ha sido mi predilección. Cuando comencé en la escuela, lo hice en el programa de Head Start. En ese programa los niños aprenden a través de juegos. Yo jugaba, pero llegaba el tiempo en que perdía el interés porque quería aprender a leer. Mi maestra se dio cuenta de lo que ocurría y sacó tiempo para enseñarme a leer y a escribir (algo que según el programa no podía hacer, pero yo le agradezco que lo hiciera). Ya con las herramientas necesarias comencé a leer por cuenta propia. Ya les he contado que mi mamá siempre me leyó, pero ahora lo podía hacer por mí misma. Hacerlo me abrió la puerta al conocimiento. Siempre me ha gustado aprender. Así que cuando me reconcilié con el Señor y llegué a la iglesia no fue la excepción. Comencé a leer la Palabra, cada vez que anunciaban unas clases de discipulado, ahí estaba yo porque quería aprender. Claro, ahora con los años sé que Dios me estaba preparando para lo que iba a hacer conmigo y lo sigue haciendo cada día. Me hizo que buscara sabiduría. Su Palabra es eso, sabiduría. Él es el dueño absoluto de la inteligencia, sabiduría y el conocimiento. Hoy quiero invitarte a que comiences tu búsqueda de sabiduría. Dios la da. No menosprecia a nadie. Él busca personas con hambre de Su Palabra para darles a conocer la verdad, que a su vez los llevará a la libertad. No habrá tiempo suficiente para conocerlo todo, pero alimentarse cada día es un proceso que te hará crecer y madurar espiritualmente. Te da las armas y las estrategias para vivir en este mundo. Te hace conocer a Jesús, el camino, la verdad y la vida. Te llena de júbilo, dirección, propósito, te perfecciona día a día para que estés listo cuando Jesús venga a buscarnos. ¿Qué hay que buscar? La sabiduría que proviene de Dios. ¡Aleluya!

Día 175

Ven al encuentro con Jesús

"Vengan a mí todos ustedes que están cansados y agobiados, y yo les daré descanso". Mateo 11:28

Cuando nos encontramos con personas que amamos y apreciamos cambia la atmósfera, nos sentimos bien, alegres, el humor nos cambia por completo y si estamos en un proceso de dolor hasta se nos olvida por un momento. También existen encuentros inesperados que pueden transformar nuestro día para bien o para mal. En la Biblia tenemos varias personas que sorpresivamente tuvieron un encuentro con Jesús y su vida no volvió a ser la misma. Algunos ejemplos son: Mateo, Zaqueo, el endemoniado gadareno, la mujer samaritana, la mujer adúltera, el apóstol Pablo…y muchos más. ¿Y tú? ¿Ya te encontraste con Jesús? Ese encuentro es el más maravilloso que puedas tener. En Él recibes salvación, vida eterna, descanso, paz, refugio, consuelo, bienestar, dicha, luz, agua viva… Hoy te invito a tener ese encuentro con tu Salvador. Tal vez eres cristiano, pero por alguna razón te sientes alejado. Vuelve a tener amores con Dios, recuerda lo que hizo Jesús por ti y dispón tu ser a recibir todo lo que Él tiene para ti. Saca tiempo para Él y para ti. Ese tiempo jamás será tiempo perdido. Recuerda que Él quiere tener un encuentro único y personal contigo. ¡Aleluya!

Claro y hermoso

"Los preceptos del SEÑOR son rectos: traen alegría al corazón. El mandamiento del SEÑOR es claro: da luz a los ojos". Salmo 19:8

Después de mucho tiempo tuve la oportunidad de ir a la playa. Soy bendecida al vivir en una isla y tener la facilidad para llegar a la playa. Fui con unas amigas. Llegamos y me puse a observar todo a mi alrededor. No había muchas personas cuando llegamos. Cuando miré al horizonte, era todo un espectáculo: el mar se veía azul y el cielo estaba claro y hermoso. Ver eso me llenó de mucha alegría y comencé a agradecer a Dios por el día que me otorgaba. Me hizo pensar que así es su amor por nosotros: claro y hermoso. Un amor del cual podemos disfrutar libremente. Un amor que nos cubre como el cielo y nos muestra un plan de bien e infinito como el horizonte. Eso es lo que nos quiere entregar Dios, eternidad con Él.

Permite que Dios te cubra y te muestre lo que tiene preparado para ti, el amor que tiene por ti. Dale la oportunidad de entregarte Su plan para ti que es claro y hermoso. ¡Aleluya!

Día 177

No te puedes esconder

"¿Podrá el hombre hallar un escondite donde yo no pueda encontrarlo? —afirma el SEÑOR—. ¿Acaso no soy yo el que llena los cielos y la tierra? —afirma el SEÑOR—".
Jeremías 23:24

Al comenzar y terminar tu día en oración siempre pide perdón al Señor por tus pecados, por aquellos de los cuales eres consciente y por los que no te percataste. Dios conoce TODO de ti. De Él no te puedes ocultar. Él conoce tus pensamientos y sentimientos reales. Cada día llénate de la Palabra de Dios para que te transforme y te cambie de adentro hacia fuera. Lo importante es que reconozcas que eres un ser imperfecto, por lo que cada día preséntate con humildad a la presencia de Dios para encontrar Su paz, Su instrucción, Su dirección, porque de Él no te puedes esconder. Nada te puede ocultar del ojo de nuestro Señor. Dios llena el cielo y la tierra.

Salmo 139:7 dice: *"¿A dónde podría alejarme de tu Espíritu? ¿A dónde podría huir de tu presencia?"* Nunca estás lejos de la presencia de Dios. No te puedes esconder de Él.

Sanidad

"Él fue traspasado por nuestras rebeliones, y molido por nuestras iniquidades; sobre él recayó el castigo, precio de nuestra paz, y gracias a sus heridas fuimos sanados".
Isaías 53:5

Recuerdo que cuando era niña, si me caía al jugar y comenzaba a llorar, todos mis familiares dejaban de hacer lo que estaban haciendo y salían a mi rescate. Incluso de esto tengo una anécdota jocosa: un día me caí y mi familia salió a mi encuentro. Mi papá estaba tocando guitarra y no paró de hacerlo. Cuando mi mamá regresó a la casa, luego de correr a ver cómo yo estaba, le dijo a papi: ¿Tú oyes que la nena llora y no te mueves? Y él le contestó: ¿Para qué? Si todos ustedes la van a socorrer. Para mí es gracioso, porque mi papá hablaba con lógica. Era cierto, salían varias personas a verificar mi estado. Lo hacían porque me amaban y me aman. Así es mi familia. Y así mismo es Dios. Cuando nos caemos, nos lastimamos, lloramos y Él sale a nuestro encuentro para sanarnos.

Haz la imagen en tu mente. Mírate como a un niño(a), ahora estás jugando, te caes, comienzas a llorar y comienzas a ver la imagen de alguien que se acerca a ti. Ese es Dios. Te levanta, seca tus lágrimas, mira dónde estás herido y te sana. Ahora, dale gracias a Dios por la sanidad que está haciendo en ti, mientras lees esto. Di en voz alta: Gracias Dios por tu sanidad, gracias por tu cuidado y amor.

Día 179

Encuentro

"En eso Jesús les salió al encuentro y las saludó. Ellas se le acercaron, le abrazaron los pies y lo adoraron". Mateo 28:9

Después de tres meses y un poco más, tuve un reencuentro con unas amigas muy queridas. Nos habíamos comunicado por medio de la tecnología, pero no nos podíamos ver a causa de la pandemia. Fue tan emocionante vernos nuevamente, beber café juntas y reírnos de nuestras ocurrencias. Pasamos más de dos horas compartiendo. Nos sentimos llenas de energía. Sentí una alegría que no puedo describir. Algo aún mayor tienen que haber sentidos las mujeres cuando vieron a Jesús luego de la resurrección. Ver a su maestro, a su Salvador, luego de haber sido testigos del maltrato al cual fue sometido y ser testigos de su muerte. Verlo de pie delante de ellas, lleno de majestad debe haber sido una imagen sin comparación. Se reencontraron con su amigo. Y Él es nuestro amigo. Me siento tan honrada de poder llamarlo de esa manera. Es emocionante saber que cuento con alguien que me puede comprender en TODO.

¿Puedes llamarlo tu amigo? ¿Has tenido un encuentro con Él? Si lo tuviste disfruta tu amistad con Él. Si aún no lo has hecho te invito a tener tu encuentro. Jesús es un amigo fiel. Tu caminar con Él será el correcto. Él es el camino, la verdad y la vida. Vive tu encuentro. No te arrepentirás jamás.

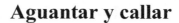

Aguantar y callar

"Mientras guardé silencio, mis huesos se fueron
consumiendo por mi gemir de todo el día". Salmo 32:3

Hace varios años fui sometida a una cirugía. No era la primera vez. Soy una persona con problemas para tolerar la aspirina, cosa que mi médico sabía, por lo cual optó por no darme ninguna medicación para cuando estuviera recuperándome en mi hogar. Lo que no podíamos imaginar es que luego de la operación tendría una complicación. Comencé a tener un dolor muy intenso, a tal grado que estuve alrededor de dos semanas sin poder dormir. No encontraba la posición correcta para encontrar alivio a mi sufrimiento. Como adulta aguantaba y callaba, aunque por dentro lo que quería era llorar como una niña pequeña. Cuando llegué al punto máximo a la tolerancia del dolor acudí al médico. Allí me notificó lo que me sucedía y tomó cartas en el asunto para aliviar mi dolor y mi angustia. Así es Dios con nosotros. Él es nuestro médico por excelencia. Y aunque conoce nuestro corazón Él quiere escucharnos. David dice que mientras calló envejecieron sus huesos. Así ocurre mientras no vamos a la presencia de Dios y desplegamos ante Él nuestras vivencias, preocupaciones, errores... Al aguantarnos y callarnos nos hacemos daño a nosotros mismos. No lo hagas más. No aguantes. No te calles. No importa cuán fuerte pueda ser lo que vives, Dios quiere escucharte. Cuando hables, Dios irá a tu encuentro, te dará Su paz y Su sanidad. Tú serás renovado. Hazlo ahora. Toma tiempo y habla con Dios. No aguantes, ni te calles. Dios te ve, te escucha y te responde. Confía en Él.

Día 181

Laboratorio

*"Después de todo, aunque nuestros padres humanos nos
disciplinaban, los respetábamos. ¿No hemos de someternos,
con mayor razón, al Padre de los espíritus, para que
vivamos?" Hebreos 12:9*

Cuando leo o escucho la expresión fuego consumidor, recuerdo mi niñez. No porque haya sido horrible, al contrario, agradezco a Dios por mi hermosa niñez. Pero me remonto a ese tiempo porque cada vez que escuchaba esa expresión en una predicación lo que venía mi mente era destrucción. Veía a Dios como castigador y por un momento olvidaba que Él es amor. No digo que, en su momento, en su hora, en el juicio, utilizará Su poder para destruir todo aquello que va en contra de Él. Pero también sé que Su Espíritu Santo es como fuego que, al estar en nosotros, nos purifica. Por lo cual comparo la vida con un laboratorio. En ese lugar se llevan a cabo procesos químicos con un fin determinado. En el laboratorio de Dios Él nos limpia para que seamos perfeccionados cada día, para cuando llegue nuestro gran encuentro. Ese fuego quita todo aquello que no tenga que ver con Jesús y con nuestra fe en Él. Por eso no me destruye, sino que me limpia, me renueva, me hace una mejor persona para que en mi diario vivir demuestre Su fruto a los demás. Este fuego quita el pecado de nosotros, nos prepara para que podamos cumplir nuestro propósito. Para lograr esto es necesario solo una cosa: obediencia. Vivimos en el laboratorio de Dios. Cada día Él trabaja con nosotros, nos purifica y nos perfecciona. La entrada a este laboratorio es voluntaria. Yo entré hace varios años y no me arrepiento. He pasado procesos que en su momento han sido muy dolorosos, pero han sacado lo mejor de mí. Yo no quiero salir de ahí. ¿Quieres entrar? Te invito a que lo hagas y te dejes purificar por su fuego. Si ya estás, sigue, continúa, no te desanimes. Tal vez el proceso sea fuerte, pero cree que el resultado será el mejor. Permanece en el laboratorio de Dios.

Tu tesoro

"Por sobre todas las cosas cuida tu corazón, porque de él mana la vida" Proverbios 4:23

Los maestros debemos estar creando, inventando cada día, tanto para captar la atención de los niños como para trabajar su conducta. Al comienzo de mi carrera para trabajar la conducta utilizaba el cofre del tesoro, esto es un sistema de recompensa. Conseguí unas monedas como las que usan en las películas de piratas. Cada semana a los niños que se portaban correctamente le entregaba una moneda, la cual tenían que guardar como un gran tesoro. Al terminar el mes los niños podían cambiar sus monedas por premios. Estos variaban, según la cantidad de monedas que tuvieran los niños. Aunque para mí era muy sacrificado económicamente, ver el resultado al final del año era mi recompensa. Ver cómo los niños tenían cambios positivos en su conducta porque querían ganar su premio me llenaba de alegría. Ellos guardaban cuidadosamente sus monedas para obtener su gran premio al final del mes. Nosotros tenemos una tarea similar para tener ese gran encuentro con nuestro Padre celestial. Solo que en vez de guardar monedas debemos guardar nuestro corazón. El cuerpo humano con el tiempo pasará. Los que seamos salvos, tendremos un cuerpo glorificado delante de Dios. Para alcanzar esa meta, ese premio, desde ahora debemos guardar y cuidar nuestro corazón. Tener cuidado con lo que vemos y escuchamos. Lo que absorbemos e internalizamos afectará positiva o negativamente nuestro ser. El versículo nos dice que de él (corazón), mana la vida. Depende de cómo lo alimentemos será nuestro destino, nuestro fin. Cada día ora y lee Su Palabra. Permite que Dios modifique tu conducta paso a paso. Él es el Pan de vida. Dios cultivará un corazón tan hermoso en ti que te llevará en el momento preciso a Su presencia y allí con Él disfrutarás de Su existencia, de tu tesoro.

Día 183

Piso inclinado

"Los envío como ovejas en medio de lobos. Por tanto, sean astutos como serpientes y sencillos como palomas".
Mateo 10:16

Desde niña me han gustado las ferias, las machinas (máquinas de diversiones como al estilo de Disney). Recuerdo que cuando tenía como 8 o 9 años fui con mis padres y mi familia paterna a una feria. En ella había una casa, no era una casa embrujada por llamarla de alguna manera, sino más bien era como de sorpresas, no sabías lo que te ibas a encontrar. Entré con una de mis tías y su novio en aquel tiempo. La parte que recuerdo al sol de hoy fue entrar a un cuarto, era color azul y en el centro solo había un tubo que iba del techo al piso. Esa habitación no tenía nada peculiar. Pero cuando comenzamos a caminar, de momento el piso se inclinó y nosotros caímos a una de las esquinas del cuarto. Había que tratar de llegar hasta el tubo para poder impulsarse hasta la puerta de salida. Niña al fin y un poco pasada de peso, necesité la ayuda del novio de mi tía para poder pasar este reto.

Algo similar nos ocurre en nuestra vida. Vamos caminando por cada una de las habitaciones: familia, trabajo, sueños, metas… y de momento el piso se inclina sin aviso previo y nos caemos. Es ahí donde tenemos que utilizar nuestra confianza y nuestra fe en el Señor. Entender que aún en la circunstancia que nos toque vivir Dios guarda de nosotros. Creer que luego de lo que es "destrucción" viene un renacimiento, florecimiento, orden, restauración, restitución, firmeza en nuestra vida, en nuestro piso. Luego de ese movimiento tan fuerte viene la calma, el restablecimiento. Solo confía, cree en Dios. Debemos ser astutos para enfrentar y vencer lo que este mundo coloque en nuestra vida para tratar de interponerse entre Dios y nosotros. En Él todo tiene solución. El piso inclinado vuelve a su lugar y reforzado. ¡Aleluya!

No te apresures

"El afán sin conocimiento no vale nada;
mucho yerra quien mucho corre". Proverbios 19:2

¿Cuán rápido tomas decisiones? ¿Analizas los pro y los contra de las mismas? ¿Has tomado decisiones de las cuales te has arrepentido luego? Yo sí. Decisiones que han tenido consecuencias negativas para mi vida. Al ocurrirme he tenido que reconocer que no las consulté con Dios. He tenido que pedirle perdón a Él y arrepentirme.

Salmo 143:10 dice: *"Enséñame a hacer tu voluntad, porque tú eres mi Dios. Que tu buen Espíritu me guíe por un terreno sin obstáculos".* He aprendido lo importante de pedirle a Dios que me muestre Su voluntad para caminar en ella y poder estar en paz. Seguir Su voluntad me garantiza que TODO saldrá bien. No es que sea perfecta, pero estoy más consciente al respecto. Oro a Dios cada día para que Él tenga el control de mi vida. He aprendido que es necesario adquirir conocimiento, aprender de cada experiencia de vida.

Es importante pensar bien antes de actuar. La Palabra es esa herramienta que nos ayuda a pensar, es la que ilumina nuestro caminar y nos muestra por dónde andar. Hoy te invito a que le pidas sabiduría a Dios. Santiago 1:5 nos dice: *"Si a alguno de ustedes le falta sabiduría, pídasela a Dios, y él se la dará, pues Dios da a todos generosamente sin menospreciar a nadie".* Dios nos instruye, dirige, guía, siempre y cuando lo busquemos de todo corazón, lo escuchemos y obedezcamos. Mi consejo: no te apresures.

Día 185

Transparente

"Resplandecía con la gloria de Dios, y su brillo era como el de una piedra preciosa, semejante a una piedra de jaspe transparente". Apocalipsis 21:11

Ya te he contado que me gustan las ferias y sus atracciones. En una ocasión entré a una casa que, en vez de ser de espejos, sus paredes eran transparentes. Por lo cual, la gente que estaba afuera nos podía ver. Salir de allí fue difícil para mí y me di varias veces en la cabeza con las paredes. La gente que estaba allí se reía por lo que nos sucedía a todos los que estábamos adentro. Ahora hazte esta imagen: la casa eres tú y tus paredes son transparentes para Dios. Él ve todo lo que ocurre en tu interior, sea bueno o sea una oportunidad para mejorar. Todo el tiempo Él te ve, te observa. Él conoce el rincón más escondido de tu interior. De Él no te puedes esconder.

Hoy te invito a que revises cada uno de tus cuartos. Observa qué Dios está viendo allí. Invita al Espíritu Santo que te acompañe en ese reconocimiento y te indique dónde está aquello que hay que mejorar. Pídele al Espíritu las herramientas y estrategias para lograr tu limpieza y reconstrucción. Cuando vayamos a morar con Dios iremos a una Jerusalén que será como jaspe (piedra de grano fino opaca y de colores variados) transparente. Para habitar allí debemos querer ser transparentes con nosotros mismos y con los que nos rodean. Ya para Dios lo somos, Él nos ve. Procura ser transparente.

Dios es perfecto

"Él es la Roca, sus obras son perfectas, y todos sus caminos son justos. Dios es fiel; no practica la injusticia. Él es recto y justo".
Deuteronomio 32:4

Somos parte de Su obra, así como nos hizo estamos bien. Debemos vivir en Él para que solo Él haga los cambios necesarios en nuestras vidas, para que estemos listos cuando Jesús busque Su iglesia. Solo el poder del Espíritu Santo es quien debe transformarnos por el deseo de Dios. No debemos ser nosotros por deseo del hombre, la sociedad o por este mundo. Romanos 12:2 nos dice: *"No se amolden al mundo actual, sino sean transformados mediante la renovación de su mente. Así podrán comprobar cuál es la voluntad de Dios, buena, agradable y perfecta".* Nuestra mente es clave para esa transformación. Ella se renueva mediante la lectura de la Palabra de Dios. Al ser llenos de la Palabra, los pensamientos no serán como los de este mundo, no son compatibles. Nos hará vivir de acuerdo con el Reino de Dios. Recuerda que Dios es perfecto, en Él no hay variación. Lo mejor que podemos hacer es amarlo, seguirlo y obedecerlo. Él es nuestra fuerza, fortaleza y en Él no hay injusticia. Dios es perfecto.

Día 187

Instrumento necesario

"Toda la Escritura es inspirada por Dios y útil para enseñar,
para reprender, para corregir y para instruir en la justicia..."
2 Timoteo 3:16

Como maestra uso varios instrumentos para realizar mi trabajo: computadora, internet, proyector, televisión, radio, bolígrafo, papel, regla, juegos... y así muchas cosas más. En tu trabajo también debes tener instrumentos que utilizas para poder realizarlo de la mejor manera posible. ¿Piensa en uno de ellos? ¿Ya? Sin ese instrumento, ¿será fácil realizar tu tarea? Me imagino que me dirás: sería más difícil. Lo mismo ocurre en nuestra responsabilidad como cristiano: hablarle las buenas nuevas a otros para que ingresen a la familia de Dios. ¿Qué necesitamos para realizar eso? La Palabra de Dios. Sin ella no podríamos conocer cada día más al Señor para poder presentarlo a otras personas. Ese instrumento debe estar contigo en todo tiempo y ser estudiado. Con la tecnología de hoy en día es posible, la podemos tener como audiolibro, en el celular...Pero donde realmente debe estar es en tu corazón. Hay que leerla, estudiarla, meditarla, guardarla, obedecerla y utilizarla en el momento oportuno o necesario. Te invito a que desde hoy internalices que la Biblia, la Palabra, es el instrumento necesario para poder continuar tu vida. Ella es la que ilumina tu camino, nunca lo olvides. Ella es pan de vida. Es el instrumento necesario para tu existencia.

Oscuridad

"Esta luz resplandece en las tinieblas, y las tinieblas no han podido extinguirla". Juan 1:5

Cuando era niña le tenía miedo a la oscuridad. En mis primeros años de vida dormí con mis padres, pero llegó el momento donde esta no era la mejor opción (realmente pienso que no debe ser la mejor desde un principio en la vida de un niño). Así que mis padres comenzaron a buscar alternativas para que yo me quedara en mi cuarto toda la noche. La que resultó fue que pusieran en mi cuarto una bombilla de pocos watts y así me acostaba con la luz encendida. Esto no quita que desde niña me enseñaron a orar antes de ir a dormir, pero aún así no quería quedarme a oscuras.

Ahora como adulta no quiero quedarme a oscuras referente a mi relación con Dios. Por eso cada día busco estar en Su presencia, hablarle y escucharle. Dedico tiempo a Su Palabra para que esta ilumine mi camino. Al leerla se va toda tiniebla que quisiera arroparme. La luz que me da Su presencia en mi vida es eterna, no se extingue como podría ocurrir con la luz de una bombilla. Doy gracias a Dios por Su luz, la cual ha llenado mi vida, mi ser. Doy gracias a Dios porque me rescató, me sacó de la oscuridad en que me encontraba. Dale paso a Su luz en tu vida y deja en el pasado la oscuridad.

Día 189

Somos luz

"Ustedes son la luz del mundo. Una ciudad en lo alto de una colina no puede esconderse". Mateo 5:14

Cuando comenzaba mi carrera como maestra, digo que fue el momento cuando Dios decidió que trabajaría fuertemente en mi vida para que me rindiera a Sus pies. Mi primera experiencia de trabajo fue en un colegio cristiano, por lo cual estaba expuesta a Su Palabra diariamente y recibí una semilla que daría fruto tiempo después. Doy gracias a Dios por Su amor al trabajar con mi corazón. Aunque no me congregaba en ninguna iglesia, meditaba en la Palabra que recibía y hasta la utilizaba con otras personas, sin saber cómo sería mi futuro. En una ocasión, en una de las escuelas que trabajé, tuve una conversación con una compañera sobre una situación por la cual ella estaba pasando. Recuerdo que asistimos a tomar un taller y estábamos en un momento de descanso que nos dieron. En un punto de la conversación me dijo: "Yo oré por esto, pero si de aquí a tal tiempo no ocurre lo que espero, entonces haré tal cosa". Yo me quedé mirándola y le dije: "¿Sabes que no le puedes dar tiempo a Dios? Ella abrió sus ojos azules bien grandes y no sabía qué contestar. Luego me dijo: "No le estoy dando tiempo a Dios". Y le contesté: "Sí, lo haces. Tú oras, pero debes dejar que Dios actúe a su tiempo y su forma". Ella me dijo: "No lo había visto de esa manera". Recuerdo que cuando le hablaba yo sentía que algo recorría todo mi ser. Hoy sé que era el Espíritu Santo. En ese momento fui instrumento de Dios para ser luz en la vida de una persona. Cada uno de nosotros somos luz. Podemos ser usados para disipar las tinieblas en la vida y en los pensamientos de otras personas. Debemos estar dispuestos a serlo cada día. Aunque habrá ocasiones que Dios nos usará y nos daremos cuenta en el momento o luego que pase el suceso. Levántate cada día dispuesto a ser luz en la vida de otros, siguiendo la dirección de Dios, haciendo Su voluntad. Sé luz y disipa las tinieblas.

Sonrisa

"El que ama a su hermano permanece en la luz, y no hay nada en su vida que lo haga tropezar". 1 Juan 2:10

"Sonríe que Cristo te ama".
-Evangelista Yiye Ávila.

Seguramente hayas escuchado mencionar a este hombre. Tal vez hayas visto videos de sus predicaciones o has leído algún libro de él. Este hombre dedicó su vida a hablarle a muchos sobre Dios, a mostrarle el camino correcto: Jesús. También vivió momentos muy difíciles en su vida como la muerte de sus dos hijas: una fue asesinada y la otra falleció en un accidente de carro. Pero Yiye siempre siguió adorando a Dios, llevando el mensaje de la Palabra a otros y siempre repetía: "Sonríe que Cristo te ama".

¿Hoy has tenido la oportunidad de sonreír? ¿Te han dicho algo tan gracioso que hasta lágrimas te sacó? ¿Alguien te dijo un buen chiste? Si has dicho sí en alguna de las preguntas me alegro por ti. Reír es bueno y saludable. Ayuda con el insomnio, previene infartos, rejuvenece, reduce la presión arterial y otros. Ahora, quiero que internalices esto: Cristo te ama. Quiero que sonrías, que te rías a causa de esta verdad, Él te ama. No hay amor que se pueda comparar o que te pueda sostener por la eternidad. Alégrate, gózate con esta realidad y expresa una gran sonrisa. No para mí (no te puedo ver). Muestra tu sonrisa para ti, pero sobre todo para Dios. Sonríele al Dador de la vida, tu Diseñador, tu Creador, tu Padre. Otórgale hoy tu gran sonrisa al Señor.

Día 191

Estrellas

"Para los justos la luz brilla en las tinieblas". Salmo 112:4

Siendo sincera no saco mucho tiempo en las noches para observar el cielo. Creo que la época que más lo hice fue cuando Puerto Rico fue azotado por el Huracán María en el año 2017. No tenía electricidad y cuando llegaba la noche sacaba mi silla de playa afuera, me reunía con mis vecinos a hablar y ahí era que observaba el cielo nocturno. Había noches que se veían más estrellas y otras noches menos. La vista era hermosa. Lo mejor de la oscuridad del cielo es que se ven resplandecer las estrellas. Así resplandecemos nosotros en este mundo lleno de tinieblas. Lo hacemos por la luz de Dios en nosotros. Él está con nosotros, en nosotros y se deja ver a través de nosotros. Busquemos Su presencia diariamente para que nuestra luz esté viva cada día y podamos resplandecer como estrellas. La luz de ellas es hermosa, la nuestra debe ser superior. Llénate de la luz de Su Palabra y transmítela a todo aquel que se encuentre cerca de ti. Seamos como estrellas en las tinieblas que existen a nuestro alrededor e iluminemos el camino para que otros encuentren a Jesús y sean llevados hasta la presencia del Padre. Brillemos más que las estrellas. ¡Aleluya!

Vuelve a brillar

"¡Levántate y resplandece, que tu luz ha llegado! ¡La gloria del SEÑOR brilla sobre ti!" Isaías 60:1

Te he comentado que pertenezco a un grupo en el cual hacemos Bible Journaling. En esas reuniones estudiamos la Palabra y luego dejamos fluir nuestra creatividad, dibujamos, coloreamos, escribimos... sobre la Palabra estudiada. Últimamente me ha atraído utilizar brillo en mis creaciones. Así que, compré unas pegas en colores que tienen brillo. ¿Por qué me ha dado con esto? Porque he visto que el brillo le da vida al dibujo, a mi creación. Fíjate que dije mi creación. Así ocurre con nosotros. Somos creación de Dios y Su gloria nos da brillo. Nos da vida en este mundo caído. Nos hace resaltar en nuestra familia, en nuestros trabajos, en nuestras congregaciones. Cada uno de nosotros tenemos un brillo, es particular para cada uno, porque Dios nos hizo únicos e inigualables. Su gloria nos hace resplandecer y nos hace levantarnos cada día en este mundo donde vivimos, pero al cual no pertenecemos. Dios nos colma con Su favor y Su gracia dondequiera que nos paramos. Y si de casualidad te ha tocado interactuar con alguien difícil, que ha querido hasta causarte daño, créeme que es que tu resplandor le molesta. Nuestra responsabilidad es levantarnos y resplandecer bajo la gloria de Dios, no para pensar que somos mejores, al contrario, para servir y llevar a otros a que reconozcan que necesitan a Dios en su vida; que acepten que también desean ese brillo y que solo lo pueden encontrar en Dios. Cada día levántate y vuelve a brillar. ¡Aleluya!

Día 193

Nubes

"Ustedes son la luz del mundo. Una ciudad en lo alto de una colina no puede esconderse". Mateo 5:14

Una actividad que hago en ocasiones con mis estudiantes es salir del salón, observar el cielo para que me digan qué formas tienen las nubes. Incluso algunos grupos las han observado y luego las han dibujado. Es interesante lo que se puede observar. Las figuras que pueden aparecer ante nuestros ojos. Este ejercicio se puede llevar a cabo si el día es soleado, claro y hermoso. Cuando el cielo está nublado no es tan placentero. En nuestra vida tenemos temporadas como el cielo azul, pero de momento aparecen esas nubes grises: dolor, problemas, sufrimientos, decisiones… que nos quitan la claridad de la cual disfrutábamos antes. Gracias a Dios que tenemos Su Palabra que ilumina nuestro sendero, nuestro interior y nos hace que iluminemos nuestro día, aunque pueda tener nubes grises.

Llénate cada día de Dios y Su Palabra. No te dejes llenar por el mundo y sus mentiras. La última palabra la tiene Dios y Él quiere llenarnos de claridad y hermosura. Él quiere colocar en nuestro cielo nubes blancas y no grises. Síguelo a Él en TODO tiempo y permite que dibuje su cielo, sus nubes en ti. ¡Aleluya!

¿Conoces la nieve?

"el SEÑOR te mire con agrado y te extienda su amor".
Números 6:25

La nieve es agua helada que cae de las nubes en forma de copos. Ningún copo es igual a otro. Dios los crea únicos. Así es Su creación, única. Desde niña estoy familiarizada con la nieve, ya que nací en Estados Unidos en época navideña. Y aunque me crié en Puerto Rico he pasado temporadas en E.U. Cuando tenía 4 años viví una temporada en Carolina del Norte. De ahí tengo el recuerdo de mi primer muñeco de nieve. Lo hice junto con mi mama, tenía sombrero, ojos, boca, nariz y hasta bufanda. Yo estaba muy contenta por lo que habíamos creado. Cuando el invierno llegó a su fin y el muñeco comenzó a derretirse recuerdo que lloré mucho y le pedí a mi mamá que lo metiera en el refrigerador para que no se dañara, ja, ja, ja, ja… niña al fin.

Con la nieve ocurren dos cosas: se derrite o los copos se siguen uniendo hasta crear una montaña o bola gigantesca de nieve. Eso ocurre con nuestras decisiones cuando no consultamos a Dios. A causa de ellas podemos perder un sueño, un anhelo, que se desaparece dejando un vacío, un sin sabor, culpabilidad y arrepentimiento. También puede crecer como una montaña o una bola y traer consecuencias que destruyen nuestra vida. Ninguno de los dos panoramas es bueno. Por eso es tan importante consultar a Dios en todo, permitir que nos guíe, obedecerlo para que realmente podamos disfrutar la nieve y continuar a la próxima estación llenos de alegría y nuevas metas. Aprende a conocer la nieve, pero diviértete, tomando lo bueno de ella, porque lo haces dejándote llevar por Dios y Su Espíritu Santo, el consejero. Escucha, aprende, diviértete y pasa a lo próximo, siempre agarrado de Dios.

Día 195

Faro

"Encomienda al SEÑOR *tu camino; confía en él, y él actuará. Hará que tu justicia resplandezca como el alba; tu justa causa, como el sol del mediodía". Salmo 37:5-6*

El faro es una torre alta que tiene un foco con el cual ilumina el mar para dirigir a los barcos. Llevo años viendo faros porque mi mamá los colecciona. Tiene de varios tamaños, colores, tiene vasos y tazas con dibujos de faros e incluso en una ocasión le compré un set de baño con estampado de faros. ¿Colecciona usted algo? Mi mamá tiene varias colecciones, pero diría que esa es una de las más grandes. Incluso en una ocasión la llevé de sorpresa a ver un documental sobre los faros de P.R. Ella lo disfrutó mucho. Hasta yo lo disfruté, fue bien interesante.

Así como estas torres iluminan el sendero de los barcos, de la misma forma la Biblia ilumina el nuestro. Jesús abrió ese camino hacia el Padre y la Biblia nos ilumina con Su luz para que no nos salgamos del mismo. Esto lo hará si abrimos la Biblia, la leemos, la estudiamos, la meditamos, la guardamos y hacemos como nos indica. Si te dejas llevar por la luz, aparecerán nubes, tinieblas que querrán confundirte y descarrilarte, pero si sigues la luz de ese faro tan potente que Dios nos dejó esas nubes, esas tinieblas no podrán prevalecer y continuarás por la ruta correcta. Ilumina tu interior con esa luz y resplandece aquí en la Tierra. Déjate llevar por el Faro que Dios te ha otorgado. ¡Amén! ¡Amén! ¡Amén!

Semilla

"Tu palabra es una lámpara a mis pies; es una luz en mi sendero". Salmo 119:105

En mis comienzos como educadora, recuerdo que se utilizaba lo que se llamaba Big Book (Libro Grande). Eran libros de un tamaño bastante grande para capturar la atención de los niños, ya que pueden apreciar mejor las imágenes. Recuerdo que había uno que contaba la historia de una semilla que no quería salir, o sea que no quería crecer. En el cuento se les enseñaba a los niños lo que necesitaba una planta para su crecimiento, combinado con valores. Para que una planta o árbol surja, la semilla tiene que morir. Debe dejar atrás su identidad de semilla para dar paso a la transformación (cambio de adentro hacia fuera) para darle espacio al propósito que Dios tiene para ella. Cada uno de nosotros somos semillas que debemos morir a nuestro yo para dar paso al propósito de Dios. Para la semilla no es un proceso fácil. Debe romper su cubierta y debe abrirse paso por el terreno donde fue sembrada. Con nosotros ocurre igual. No es fácil. Debemos romper con nuestra cubierta, nuestra coraza, nuestra vieja criatura y abrir paso a través de nuestro terreno: humanidad, familia, sociedad…Para lograrlo, necesitamos luz al igual que la semilla. La luz de la Palabra. Esa luz nos da energía, el valor para romper con nuestro yo y comenzar a estar de acuerdo con Dios y Su voluntad. Sé semilla y permite que puedas ser sembrada en buen terreno, aliméntate de la mejor luz que puedes encontrar, la de Dios y la de Su Palabra.

Día 197

Héroe

"También Cristo fue ofrecido en sacrificio una sola vez para
quitar los pecados de muchos; y aparecerá por segunda vez,
ya no para cargar con pecado alguno, sino para traer
salvación a quienes lo esperan". Hebreos 9:28

Un héroe es un hombre que ha realizado una hazaña valerosa. Si fuera una mujer se le llamaría heroína. Yo soy fanática de las películas de superhéroes. Recuerdo que cuando niña me gustaba ver las caricaturas de Thor, era mi favorito de los hombres. De las mujeres era la Mujer Maravilla. Todos estos son superhéroes ficticios. Pero hay personas famosas que en algún momento han sido héroes en la vida real. Por ejemplo:
1) Brad Pitt (actor), salvó a una niña de que fuera aplastada por un grupo de personas, también salvó a un joven que cayó en un canal de Venecia.
2)Hugh Jackman (actor), ha sido héroe interpretando a Woolverine de los XMen. En una ocasión salvó a su hijo y otros bañistas de unas fuertes corrientes en el mar.
3)Kate Winslet (actriz) salvó a una anciana de un fuego.
4)Demi Moore (actriz) salvó a dos personas del suicidio.
Estos han sido famosos que han sido héroes. También están esos héroes que arriesgan su vida día a día como: policías, bomberos, rescatistas…y muchos más. Hay héroes bíblicos como David, Sansón, Moisés y otros. Existen diferentes tipos de héroes, pero hay uno que va sobre todos ellos y ese es Jesús. Ninguno de los héroes mencionados anteriormente se puede comparar con Jesús. El cual ha hecho la hazaña más valerosa que ha ocurrido en la Tierra: dar Su vida por la humanidad para darle salvación y vida eterna. Cargó con el pecado de la humanidad para que fuéramos perdonados a causa del derramamiento de Su sangre. Jesús entregó Su vida por nosotros. Se sacrificó por nosotros y lo hizo por amor. Hoy te invito a que cierres tus ojos y por un momento le agradezcas a tu héroe, dale las gracias de todo corazón a Jesús.

Entusiasmo

"La exposición de tus palabras nos da luz, y da entendimiento al sencillo". Salmo 119:130

Como sabes, intento tener todos los días mi tiempo con Dios, donde realizo mi diario espiritual. Lo que sí me he percatado es que en los días que, por alguna razón, no tengo mi tiempo con Dios, no resulta ser un buen día. Paso el día sin entusiasmo. Encontré algo muy curioso sobre este concepto y lo quiero compartir contigo: "El entusiasmo es la exaltación del ánimo que se produce por algo que cautiva o es admirado. El término procede del latín tardío *enthusiasmus*, aunque su origen más remoto se encuentra en la lengua griega. Para los griegos, entusiasmo significaba "tener un dios dentro de sí". Por lo tanto, la persona entusiasmada era aquella guiada por la fuerza y la sabiduría de un dios, capaz de hacer que ocurrieran cosas". Los griegos eran politeístas (creían en muchos dioses), pero esta definición me hace cierto sentido con lo que he experimentado. Sabemos que Dios está con nosotros, en nosotros y que actúa a través de nosotros. También sabemos que Su Palabra es nuestro pan de vida, por lo cual debemos leerla diariamente para alimentar nuestro espíritu, nuestra alma, nuestro ser. Por lo cual nuestro entusiasmo está estrechamente relacionado al tiempo que pasamos con Dios. Porque al conectarnos con Él por medio de la oración y Su Palabra estamos adquiriendo más de Él en nuestro interior y esto produce el entusiasmo, la fuerza, la sabiduría necesarios para vivir y para hacer que las cosas ocurran. Conectarnos con Él significa tener la energía y la capacidad para que se lleve a cabo Su propósito en nuestra vida porque nos da la vitalidad para que hagamos la parte que nos corresponde dentro del mismo. Al tener nuestro tiempo con Dios cuidamos nuestro porcentaje de entusiasmo, pieza importante para continuar de pie. ¡Amén! ¡Amén! ¡Amén!

Día 199

Poner todo

"No tengan deudas pendientes con nadie, a no ser la de amarse unos a otros. De hecho, quien ama al prójimo ha cumplido la ley". Romanos 13:8

Una de mis características es ser estructurada. Hay ocasiones que es muy bueno ser así. En otras no es así porque puede ser en cierto sentido un poco limitante. Al trabajar para mi primer libro mi proceso fue algo distinto ya que tenía el contenido escrito para el mismo desde el año 2012, sin saber que terminaría en un libro. Para este devocional el proceso ha sido distinto, tuve que comenzar a escribir en cero. Doy gracias a Dios por gente que está a mi alrededor que al saber que iba a escribir otro libro han estado pendientes de mi proceso, cuánto he escrito, si escribo todos los días…y así por el estilo. Una de esas personas es mi amiga y editora Amneris Meléndez, con ella he aprendido mucho, sobre todo que cuando uno está en un proyecto hay que poner todo de nuestra parte para llegar a la meta. Mientras yo escribo, ella publicó su segundo libro: De Reina a Princesa, es madre, trabaja mano a mano con su esposo que es comediante y siempre dice sí a la hora de ayudar a otros. Admiro su entrega en sus proyectos. Ese tipo de entrega debe ser copiada cuando se trata de nuestra entrega a Dios. Cuando nos entregamos a Él debemos poner todo en Sus manos. No podemos colocar una parte de nuestra vida y otra no. Si lo hacemos así no funcionará. Debemos poner todo en Sus manos con entusiasmo, confiados, llenos de fe para lograr llegar a la meta. Hoy te invito a evaluar tu vida y si te das cuenta de que hay algo que no has puesto en Sus manos, hazlo en este momento. Permite que te moldee. No es un proceso fácil ya que habrá cosas que debas dejar, cambiar y tal vez no estés muy de acuerdo. Pero ¿sabes qué? Con Dios todo obra para bien. Pon todo en Sus manos, escucha qué quiere Dios para tu vida y esfuérzate por alcanzarlo. ¡Amén! ¡Amén! ¡Amén!

Vive tus sueños

"Alégrense siempre en el Señor. Insisto: ¡Alégrense!"
Filipenses 4:4

Uno de mis sueños era ir a ver un juego de pelota de E.U. Hace unos años visité a unos queridos amigos en Texas. Ellos desconocían mi sueño, pero se esmeraron en que mi tiempo fuera hermoso allí y así fue. Y una de las cosas que coordinaron fue ir a ver un juego de pelota. Vi un juego entre los Astros y los Yankees. Fue una experiencia hermosa. No ganó el equipo al que iba ja, ja, ja, ja, pero verlo en vivo fue un sueño hecho realidad. Dios coordinó todo y me regaló ese momento. Hoy quiero invitarte a que presentes a Dios tus sueños. Con esto no te quiero decir que todo se te cumplirá porque todo depende de la voluntad de Dios. Pero sí que te sinceres con Él y le expreses todo lo que te gustaría hacer, vivir o tener. Hazlo y confía en Su voluntad. Las cosas que no llegaran son cosas que a larga no serían para tu bien, de eso estoy segura. Dios conoce el fin desde el principio. Pero lo que sea para tu bien, si confías en Él será concedido. Solo aprende a aceptar Su voluntad y a disfrutar lo que te otorgue. Comienza a vivir tus sueños de la mano de Dios, tu Diseñador, Creador, tu Padre. ¡Aleluya!

Día 201

Ajusta tus velas

"y la barca ya estaba bastante lejos de la tierra, zarandeada por las olas, porque el viento le era contrario". *Mateo 14:24*

A lo largo de mi vida he visto muchas películas que se relacionan al mundo de la navegación, ya sean barcos piratas, buques de guerras, cruceros del amor, ja, ja, ja, submarinos y muchos más. Uno de esos métodos de navegación que he apreciado en las películas son los veleros. Según estuve leyendo, estos barcos aparecieron hace 5,000 años y fueron creados por los egipcios. En sus comienzos se utilizaron como medio de transporte, pero luego su uso tuvo variaciones: fines deportivos, recreativos y militares. Se les llama barcos de velas porque para su desplazamiento utilizan unas lonas (tela fuerte de algodón o cáñamo "otro tipo de planta", para velas de navío, toldos, tiendas de campaña y otros usos). ¿Alguna vez has podido observar o viajar en un barco de estos? Yo solo los he visto, pero me parecen hermosos. Luego cuando pienso que dependen del viento para llegar a su destino me inquieta un poco. Leyendo descubrí que las velas son solo una parte de lo que se conoce como el aparejo. Esta parte incluye velas, palos, jarcias (cuerdas) y otras cosas más. Y aprendí que, si el aparejo es el correcto, es bueno, le permite al barco navegar aún en contra de la corriente. Permite controlar el barco con mejores resultados. Todos nosotros somos como barcos de velas. Y ¿saben qué? Vamos en contra del viento de este mundo. Nosotros navegamos según la dirección del Reino de Dios por lo cual vamos en contra de la fuerza del viento de este mundo. Constantemente debemos ajustar nuestras velas, nuestro aparejo para tener mejores resultados en nuestro caminar en este mundo. Nos ajustamos a través de la oración, la lectura y estudio de la Palabra. Así nos llenamos de fuerza, ajustamos nuestras velas, cuerdas, palos...y seguimos hacia adelante para poder llegar al puerto que todos anhelamos: El Puerto Vida Eterna. ¡Amén! ¡Amén! ¡Amén!

Arcoíris

"Cuando yo cubra la tierra de nubes, y en ellas aparezca el arco iris, me acordaré del pacto que he establecido con ustedes y con todos los seres vivientes. Nunca más las aguas se convertirán en un diluvio para destruir a todos los mortales".
Génesis 9:14-15

Hace más de un año Dios me regaló la amistad de unas mujeres hermosas por dentro y por fuera. A una de ellas le encanta el arcoíris y cuando alguna de nosotras ve uno, le toma una foto y la envía al chat del grupo. El arcoíris es una creación majestuosa de Dios para el ser humano. Su origen se da luego de que Dios destruye la Tierra con un diluvio y salva a Noé y a su familia. La historia se encuentra en Génesis, capítulos 6 al 9, te invito a leerla. El arcoíris existe como símbolo de pacto de Dios con el hombre de que no volvería a destruir la Tierra con agua. Este espectáculo de la naturaleza surge cuando la luz del sol tiene contacto con el agua que está suspendida en el aire. Por eso aparece generalmente después de que ha llovido. En la Biblia Dios Habla Hoy (DHH) se refiere al arcoíris como señal de alianza. Es el símbolo de un convenio, de un tratado, de la unión que hizo Dios con el hombre. Esa unión sigue vigente con nosotros hoy. Dios quiere estar con nosotros, en nosotros y actuar a través de nosotros. Está de nuestra parte el querer vivir unidos con Él. De mi parte solo puedo decir que vivir unida a Él es lo mejor que ha ocurrido en mi vida. He visto Sus obras en mi caminar. He sido testigo de Su amor, cuidado y protección hacia mí. Y solo puedo darle gracias.

Ver el arcoíris me recuerda que Él está y va conmigo dondequiera que yo vaya. Te invito a desde hoy observar bien la naturaleza, el ambiente que te rodea y cuando veas un arcoíris no lo tomes a la ligera, no lo tomes como algo más. Haz un detente, observa sus hermosos colores: rojo, anaranjado, amarillo, verde, azul, índigo (azul añil) y violeta. Disfruta lo maravilloso que es, dale gracias a Dios por ese obsequio que te da y agradece la unión que tiene Él contigo. Permite que el resto del día luego de observar el arcoíris Dios te inunde de colores, te inunde de Su gloria, de alabanzas para Él, de Su Espíritu Santo, de Su autoridad, de Su sobrenaturalidad y de Su sangre. Aquella que derramó por ti y por mí en la Cruz del Calvario. Salmo 16:11 dice: *"Me has dado a conocer la senda de la vida; me llenarás de alegría en tu presencia, y de dicha eterna a tu derecha"*.

Disfruta la existencia del arcoíris y su significado. ¡Aleluya!

Vida en los años

"Así que tengan cuidado de su manera de vivir. No vivan como necios, sino como sabios, aprovechando al máximo cada momento oportuno, porque los días son malos".
Efesios 5:15-16

Cuando era niña imaginaba cómo sería mi vida de adulta. Ahora de adulta pienso en lo que imaginaba y veo que mi realidad no es como la soñaba. Claro, esto es así porque mi vida es según Dios lo ha determinado y también un poco de consecuencias por mis actos. Cuando llegué a mis 40 años no lo podía creer. Me puse a reflexionar sobre todo lo que había vivido hasta ese momento, lo que había logrado, lo que no se me había dado y lo que tenía por delante para hacer. Fue un día de autoevaluación. Lo que sí estoy segura es que cada día de mi vida debo dar lo mejor de mí, mostrar la mejor versión de Noemí. Lo digo fácil, pero realmente no lo es. Hay tantas cosas a mi alrededor que intentan sabotear mi decisión, que cada día es un escalón que debo querer subir en esta escalera llamada vida. Escalón que no quiero vivir en ignorancia, al contrario, quiero estar llena de la sabiduría de Dios. Anhelo estar llena de su inteligencia, de su capacidad para razonar, analizar y vivir de la mejor manera. Y sé que la fuente de todo eso es Su Palabra, la Biblia. Hoy te invito a hacer de la lectura de la Palabra una prioridad en tu día. Así darás vida a tus años y estos no pasarán en vano. ¡Amén! ¡Amén! ¡Amén!

Día 204

Date cuenta

"El que va tras la justicia y el amor halla vida, prosperidad y honra". Proverbios 21:21

Pasó por Puerto Rico la tormenta Isaías. Cuando se acercaba a nuestra zona aún no era tormenta, se esperaba que pasara al sur de la Isla y que solo dejara mucha lluvia. Pues cuando el sistema ya estaba en el área se convirtió en tormenta, subió más al norte y cubrió a P.R. Las lluvias fueron torrenciales, hubo grandes pérdidas materiales: siembras, casas... y hasta donde supe la muerte de una mujer. Las personas en las redes sociales solo traían a la memoria la experiencia del Huracán María en el 2017. Entonces, Dios habló a mi corazón y me dijo: "Date cuenta de lo frágiles que son. Nada es seguro en esta vida. Nada es eterno en esta vida. Saben de ahora, pero no de más tarde o de mañana. Date cuenta de lo importante que es buscarme en cada oportunidad. No desperdicies esa oportunidad".

Date cuenta del privilegio que tienes de estar vivo y poder estar leyendo esto en este momento. No es casualidad. Es voluntad de Dios, es un placer para Él otorgarte vida hoy, aliento en este instante, salud, fuerza, energía. Date cuenta de que es un privilegio vivir un día más y es gracias a Dios. En este momento dale gracias con todo tu corazón, pide perdón por tus pecados y disfruta este tiempo con Él. Date cuenta de que has tenido una nueva oportunidad de vivir. ¡Aleluya!

Cambiarnos a nosotros

"¿De qué sirve ganar el mundo entero si se pierde la vida?"
Mateo 8:36

Somos seres complicados. Buscamos siempre cómo cambiar nuestro entorno para que el mismo se ajuste a nosotros. Eso sucede desde el pecado de Adán y Eva. Antes de su error ellos vivían para agradar a Dios y disfrutar de lo que Dios había creado para ellos. Pero luego de sus acciones vivieron y vivimos para satisfacer nuestras exigencias, deseos, anhelos, caprichos…etc. Y se nos olvida que debemos vivir buscando la manera de agradar a nuestro Diseñador, Creador, Padre y nuestro Dios. Para poder vivir de esa manera no tenemos que cambiar lo que nos rodea, tenemos que cambiarnos a nosotros mismos. Cambiar nuestros pensamientos, ideas, emociones, acciones… Eso solo sucede buscando Su presencia y esencia a través de la oración y la lectura de Su Palabra. No solo leerla, sino atesorarla como un tesoro de valor incalculable, atrapándola en nuestro interior y viviéndola. Hoy te invito a no pensar en que debes cambiar de lo que te rodea, sino a pensar qué debes cambiar en tu interior y comenzar a trabajar en esa área en particular. Cuando lo hagas te sentirás mejor contigo mismo y verás cómo influye y transforma tu atmósfera. No es cambiar lo que nos rodea, es cambiarnos a nosotros y vivir una transformación llena de sabiduría y de mucho amor. ¡Aleluya!

Día 206

Tus sendas

"SEÑOR, hazme conocer tus caminos; muéstrame tus sendas".
Salmo 24:5

Caminar en Jesús para llegar al Padre no es un camino color de rosa. Es una realidad y hay que aceptarla. Al pertenecer al Reino de Dios, este mundo donde vivimos se inventará cosas para llamar nuestra atención e intentar sacarnos del camino correcto, el único que nos lleva al Padre, Cristo. Aunque se viven momentos no deseados, la verdad es que al vivir cruzando el puente entre nosotros y el Padre, llamado Jesús, también encontramos gozo y deleite (Salmo 16:11). Y lo hermoso es que ese gozo y deleite no tiene tiempo de caducidad. Es así porque la fuente de ambos es Dios. Así como Él ha sido la fuente de luz para este mundo aún antes de que creara el Sol, así mismo Él es quien genera nuestro gozo y deleite. Ambos ocurren cuando nuestra vista está puesta en las cosas de arriba y no en las que ofrece este mundo. Debemos andar en Sus mandamientos (Salmo 119:35). En Su camino hallaremos descanso (Jeremías 6:16) Por eso hoy te invito a que hables con Dios y le pidas que te muestre Su camino y que te enseñe Sus sendas. Llevo 20 años caminando con Él. No ha sido fácil, he tenido momentos donde me he caído y me he tenido que levantar de nuevo, pero lo mejor es que puedo decir que estoy de pie. Te aseguro que Sus sendas son increíbles, he vivido y experimentado cosas que este mundo no me podría dar jamás. Vive las tuyas y no te arrepentirás. ¡Amén! ¡Amén! ¡Amén!

Bajo la lluvia

"Por sobre todas las cosas cuida tu corazón, porque de él mana la vida". Proverbios 4:23

Cuando era niña disfrutaba mucho mojarme bajo la lluvia. Recuerdo que si llovía y estaba en casa de mi abuela paterna mis tías y yo jugábamos y hasta creábamos historias. Era algo que disfrutaba mucho. Hace mucho no disfruto de la sensación de la lluvia sobre mí, pero sí disfruto recibir la lluvia de bendiciones que Dios deposita sobre mi vida cada día. ¿Te percatas de las bendiciones que recibes diariamente? Por un momento respira profundo y medita en las bendiciones que has recibido en el día de hoy. Solo por comenzar te menciono el hecho de que pudiste despertar. Ahora sigue pensando en lo demás que has recibido. Puede ser que estés viviendo un día difícil pero no te enfoques en lo que te pueda estar perturbando, piensa en lo bueno que has recibido. El día tiene cosas buenas y cosas con las que hay que lidiar y si es posible cambiar. Todas caen como lluvia sobre nuestra vida y hay que aprender a bailar bajo la misma.

Recuerdo que cuando el cantante Chayanne pertenecía al grupo Los Chicos tenían una canción que se llamaba Bailando al ritmo de la lluvia. Me gustaba mucho esa canción. Con el paso de los años realmente he tenido que hacerlo, pero hace más de 20 años lo hago en compañía de Dios. Te invito a que estés bajo la lluvia con nuestro Señor Jesucristo. ¡Aleluya!

Día 208

Tus pensamientos

"Las armas con que luchamos no son del mundo, sino que tienen el poder divino para derribar fortalezas. Destruimos argumentos y toda altivez que se levanta contra el conocimiento de Dios, y llevamos cautivo todo pensamiento para que se someta a Cristo". 2 Corintios 10:4-5

Una de mis actividades favoritas es leer. Tal vez ya lo imaginabas, ja, ja, ja. Ahora tienes la certeza. Amo los libros, me gusta leerlos, tenerlos en las manos, pasar las páginas y poder olerlos. No soy muy de libros digitales. He leído algunos de esa manera, pero no es mi formato favorito. Una de mis autoras cristiana favorita es Joyce Meyer. Uno de sus libros se llama *El campo de batalla de la mente*. Recuerdo que la primera vez que me dispuse a leer ese libro fue porque una de mis tías me lo prestó. Lo comencé a leer y lo dejé a un lado. ¿Te ha pasado eso con algún libro? Con libros cristianos he aprendido que cuando me ocurre eso es porque no es el tiempo de leerlo, pero no lo descarto, lo mantengo cerca y siempre me llega el momento justo para que lo lea. Pues con este libro fue así.

Luego al pasar del tiempo, tuve una época difícil en mi vida y fue el momento justo para hacer esa lectura. Con la palabra que ya recibía en mi iglesia, a través de las enseñanzas de mi pastor, y con este libro entendí lo importante de cuidar, proteger y alimentar adecuadamente mis pensamientos. Aprendí que si no tengo control de mi mente no tengo control de mis actos. Aprendí lo importante de confiar por completo en Dios sin importar las circunstancias. Aprendí que, si quiero ver cambios en mis actos, primero mi mente tiene que cambiar. Aprendí que si no confío en Dios verdaderamente llegará el momento que caeré en desobediencia porque querré hacer las cosas a mi manera. Aprendí que cuando Dios habla a mi vida lo que tengo que hacer es actuar y no racionalizar. Hoy te invito a que llenes tu mente con pensamientos que encuentras en la

Palabra de Dios. Llénate de la sabiduría, la inteligencia y el conocimiento que Dios tiene para ti a través de la Biblia. Léela con calma, poco a poco, disfruta su lectura y su enseñanza. Permite que Dios tome el control de tus pensamientos y por ende de tus actos y verás como todo obra para tu bien (Romanos 8:28), el de tu familia y todo aquel que se relacione a ti de alguna manera. Dale el control absoluto a Dios de tus pensamientos. ¡Amén! ¡Amén! ¡Amén!

Día 209

Bloques de construcción

"Y ustedes no recibieron un espíritu que de nuevo los esclavice al miedo, sino el Espíritu que los adopta como hijos y les permite clamar: ¡Abba! ¡Padre!" Romanos 8:15

La construcción ha sido parte de mi vida desde niña. Me crié viviendo rodeada de mi familia materna. Los hijos de mi abuela eran 9. De los cuales 5 son varones y de ellos 3 trabajan en la construcción. Hay otro que también hace par de cosas en esta área, aunque su fuerte es la cocina. Así que crecí viendo cómo siempre estaban construyendo algo. Incluso mi casa de niña era de madera y vi como poco a poco se convirtió en una casa de cemento con el pasar de los años. Sé lo que es el cemento, bloques, arena, piedra, lo que son vigas, varillas…etc. Y pude observar la transformación que ocurre a través de la construcción. Vi que donde no había nada, después de días de trabajo, aparecía una buena casa, con una buena zapata, o sea, bien cimentada.

El espacio vacío éramos nosotros sin Cristo. Luego, cuando lo aceptamos como nuestro Salvador comienza la construcción. La creación de ese nuevo ser humano, de esa nueva criatura, que antes estaba esclavizada y ahora tiene libertad. Una criatura que será edificada bajo la cobertura de nuestro Abba Padre. El proceso conlleva cambios, procesos – algunos de los cuales nos pueden provocar dolor, pero todo será para que al final seamos una obra majestuosa en las manos de Dios. Nos irán colocando bloque sobre bloque, nivel sobre nivel hasta que lleguemos al diseño que Dios tenía desde un principio cuando nos pensó y nos hizo. Permite que te coloquen bloque sobre bloque, permite que Dios termine tu construcción. ¡Amén! ¡Amén! ¡Amén!

Espacio para lo nuevo

"No te dejes vencer por el mal; al contrario, vence el mal con el bien". Romanos 12:21

¿Tienes en tu casa un cuarto al cual le llames el cuarto de los regueros? ¿Tienes algún closet en el cual colocas cosas con el pensamiento de que luego lo vas a organizar? ¿Tienes una gaveta donde colocas papeles, cartas, porque luego las vas a cotejar bien para botar lo que no es importante? Me imagino que has dicho sí a alguna. Por experiencia sé que esos lugares existen. Hace poco revisando una gaveta me di cuenta de que guardaba unas cosas que al verlas lo que me causaban era dolor, tristeza y decepción. Tomé la decisión de romper y botar. Esto debí haberlo hecho hace muchos años atrás, pero lo pospuse por demasiado tiempo. El día que lo hice me sentí literalmente libre. Luego, unas semanas después, en el grupo en el cual estoy: Bible Journaling Coffee Creadas para Crear trabajaron el tema: Haciendo espacio para lo nuevo. Eso era lo que yo había hecho, espacio para lo nuevo de Dios en mi vida. Te invito a hacerlo tú también. Coloca en cajas el dolor, la amargura, el enojo, la ira, la baja autoestima, el odio, la intolerancia, el orgullo y muchas cosas más y bótalas. Haz espacio. Permite que Dios te llene de amor, alegría, paz, paciencia, amabilidad, bondad, fidelidad, humildad y dominio propio (Gálatas 5:22-23). Y verás la transformación que tendrás en tu vida. Haz espacio para lo nuevo.

Día 211

Mi libro

"Me buscarán y me encontrarán cuando me busquen de todo corazón". Jeremías 29:13

San Agustín dijo una vez: "La vida es un libro, y aquellos que no viajan solo leen una página". Si me dejo llevar por lo que él dijo mi libro ha tenido capítulos interesantes. Capítulos que jamás pensé que iba a vivir. Algunos capítulos tuvieron finales felices, otros finales fueron tristes. Con el pasar de los años he aprendido que de todo se aprende. Cada experiencia nos hace madurar más. Cuando niña imaginaba que mi vida futura sería como un cuento de hadas, esos que me gustaban tanto, en los cuales siempre aparecía un príncipe y salvaba a la princesa. No ocurrió así. Ocurrió mejor. Llegó un Rey y me salvó. Mi Rey es Jesucristo. Y al ser salvada y adoptada me convertí en princesa.

Ahora te pregunto: ¿cómo es tu libro? ¿Ya tuvo ese capítulo de salvación? ¿O aún no ha ocurrido? Si ya está escrito ese capítulo, mi alegría es inmensa. Si aún no se ha escrito, solo quiero decirte que se escribirá cuando tú lo permitas. No lo pienses más, permite que Dios transforme el libro de tu vida. ¡Amén! ¡Amén! ¡Amén!

¿Cómo comienzas tu día?

"Luego el Señor le dijo a Josué: «Este día comenzaré a engrandecerte ante el pueblo de Israel. Así sabrán que estoy contigo como estuve con Moisés". Josué 3:7

¿Al comenzar el día tienes alguna rutina establecida? ¿O simplemente te dejas llevar según amaneces? En mi caso tengo una rutina establecida. Me levanto y después de asearme, hago café y tengo mi tiempo con Dios. Luego, si es día de semana, voy al trabajo. Si es fin de semana las cosas pueden variar, según los compromisos que tenga. Hace poco vi un video de un militar. Pienso que era de alto rango, estaba dando un discurso y me llamó la atención cuando dijo que para comenzar en orden el día había que hacer la cama en la mañana. Esto captó mi atención. Un simple hecho como ese puede tener un efecto tan grande en nuestra vida. Yo suelo hacer mi cama, pero debo aceptar que ha habido ocasiones donde no la he hecho. Pero desde que vi ese video me propuse hacer mi cama todos los días para comenzar con orden mi día. Ha resultado, me ha ayudado a organizarme mucho mejor el resto del día. Hacer esto no lo es todo. Realmente debemos comenzar el día buscando el orden que Dios quiere para nuestra vida. Para que esté con nosotros, así como estuvo con Josué y para que quienes nos vean reconozcan que Dios está con nosotros. Él es quien nos da favor y gracia delante de otros: familia, jefes, supervisores, compañeros de trabajo, amistades y otros. Mi consejo para ti hoy es que arregles tu cama al levantarte y busque la dirección de Dios en tu vida, antes de hacer cualquier otra cosa. Verás que tendrás una gran diferencia en tu diario vivir. Cambia tu manera de comenzar el día, hazlo de la mano de Dios. ¡Amén! ¡Amén! ¡Amén!

Día 213

¿Cómo te describirías?

"De aquel que cree en mí, como dice la Escritura, brotarán ríos de agua viva". Juan 7:38

¿Has participado alguna vez de alguna dinámica donde tengas que describirte a ti mismo? ¿Ha sido fácil o difícil describirte? En mi trabajo, cada cierto tiempo, tengo que participar de talleres y me ha tocado enfrentarme a esa situación. No sé si es igual para todo el mundo, pero a mí se me hace difícil describirme a mí misma. Hablar de mí no es mi fuerte. Pienso que es así porque en este tipo de actividad uno debe enfocarse en las fortalezas que uno tiene y a veces uno no se da cuenta de sus propias fortalezas. Te invito a que pienses por un momento en tus fortalezas y escríbelas en un papel. Cuando termines tu lista, relee la misma todos los días. Date retroalimentación de lo que sabes hacer, de lo que haces bien, de las habilidades y dones que tienes; eso te ayudará a enfocarte en ti y conocer qué herramientas tienes para cumplir tus metas a corto y largo plazo. Te ayudará a trazar tus sueños y trabajar en ellos con empeño para que algún día los alcances. Te dará la visión de lo que Dios ha puesto en ti y el porqué Él cree en ti. Sí, Dios cree en ti. Como tu diseñador te conoce completamente y sabe de lo que eres capaz. Lo que sucede es que en muchas ocasiones no reconocemos nuestro valor como hijos de Dios. Anda, haz la lista, comienza a creer en ti y comienza a describirte con las particularidades que Dios te otorgó, ¡que son únicas! Cada uno de nosotros es un diseño especial de Dios, y como tal nos cuida, nos protege y nos valora. Descríbete como Dios te ve.

Ve lejos

"Por lo tanto, no se angustien por el mañana, el cual tendrá
sus propios afanes. Cada día tiene ya sus problemas".
Mateo 6:34

Si vemos la historia, hay muchos ejemplos de personas que en sus comienzos no creyeron en ellos, por ejemplo: Thomas Edison (inventor del fonógrafo, la lámpara eléctrica y la cámara de película) sus profesores dijeron que no podría aprender. Steven Spielberg (director y productor de películas como ET, Jaws, Indiana Jones, y muchas más) fue rechazado muchas veces de la Escuela de Artes Cinematográficas de la Universidad del Sur de California. El Coronel Harland David Sanders (fundador de Kentucky Fried Chicken) fue despedido de numerosos trabajos antes de tener un restaurante de éxito y así podríamos seguir encontrando muchos ejemplos de personas que si se hubiesen dejado llevar por otras personas o por sus fracasos no hubiesen alcanzado el éxito que les esperaba.

Hoy te invito a ir lejos. Desconozco tu situación ahora mismo, desconozco cuántos fracasos has tenido hasta el momento, pero quiero decirte que ese no es tu final. Dios tiene planes de bien para ti (Jeremías 29:11). Hay que aprender a vivir el día a día reconociendo que cada uno de ellos tiene su propio afán. Por lo cual vive el hoy, trabaja lo que puedas y no te cargues con lo que podría pasar mañana. Enfócate en lo que tienes en tus manos ahora mismo y haz lo que está a tu alcance. Pero sobre todo ten confianza en Dios. Ve lejos, Dios te guiará.

Día 215

Atrévete

"Oye, SEÑOR, mi voz cuando a ti clamo; compadécete de mí y respóndeme". Salmo 27:7

Vivir es cosa de atrevidos. Y me refiero a vivir adecuadamente. Este mundo siempre tiene cosas que llaman nuestra atención que no son para nuestro bien, también existen circunstancias que nos quieren sacar nuestra estabilidad, de nuestra paz. Para vivir hay que ser atrevido, tener disciplina, creatividad, persistencia, pero sobre todo tener a Dios. Él es la fuente de nuestra fuerza, energía, de vida, nuestro origen.

2 Timoteo 1:7 dice: *"Pues Dios no nos ha dado un espíritu de timidez, sino de poder, de amor y de dominio propio"*. Gracias a Él no cabe la timidez en nosotros. Gracias a Él tenemos el poder de amor, claro porque esa es su esencia. Gracias a Él podemos tener el poder de dominio propio. Está en nosotros el estar en contacto con Él diariamente y ejercer todos estos poderes que nos ha otorgado.

Atrévete a vivir tu vida. Atrévete a enfrentar este mundo. Atrévete a enfrentar la situación que puedas estar viviendo: dolor, tristeza, depresión, enfermedad…pero hazlo con la conciencia de que Dios está a tu lado y es tu fuente de poder para pelear tu batalla y llegar a la victoria. Solo recuerda mirar las cosas desde Su perspectiva, que es tan diferente a la nuestra. Si se lo permites, Él estará en el control de tu vida y la transformará para tu bien. Recuerda que Él ve el fin desde el principio. Isaías 46:10 dice: *"Yo anuncio el fin desde el principio; desde los tiempos antiguos, lo que está por venir. Yo digo: Mi propósito se cumplirá, y haré todo lo que deseo"*. Atrévete, sé valiente y agresivo. Hoy mi invitación es que no mires lo grande o lo fuerte que pueda ser tu situación, sino que, a lo que te ocurre, lo que te esté molestando o inquietando tú le demuestres lo grande y poderoso que es tu Dios. ¡Atrévete!

Florece

"... y tú serás llamada «Ciudad anhelada», «Ciudad nunca abandonada»". Isaías 62:12

¿Recuerdas el momento en que alguien te rompió el corazón? ¿Qué difícil verdad? Recuerdo una ocasión en que pensé que había llegado la persona adecuada. Llegó a mi vida de repente. Los pocos días que compartimos me trató de forma hermosa, como nadie lo había hecho hasta ese momento. Me hizo sentir amada, protegida, querida, cuidada, me llenó de atenciones y de momento desapareció. No lo podía creer, porque todo marchaba bien, desde mi perspectiva, pero no era así. Lloré y le preguntaba a Dios "¿por qué?" Cuando estudié el libro Una Vida con Propósito de Rick Warren aprendí que en las circunstancias de la vida siempre debemos preguntar "¿para qué?" Pero esa noche no lo apliqué. Más adelante le di gracias a Dios porque, aún en mi dolor, entendía que Dios estaba conmigo y me cuidaba. Si no se dio es porque no me convenía, aunque me doliera. Al otro día me desperté de madrugada, tuve mi tiempo con Dios y Él me decía que planificara mi día, mi semana y un poco más. Comencé planificando ese día. Después me fui a mi sala y allí tuve un devocional, busqué la lectura del día y me topé con el versículo que leíste al principio. Y en la lectura me dijo que era hermosa para Él, que no estaba sola, que Él estaba conmigo. Me decía que, como su hija, Él me iba a cuidar y que iba a florecer de nuevo. Fue tan reconfortante leer esa Palabra en ese momento tan difícil para mí. Dios es así. Siempre está presente. No sé qué puede estar ocurriendo en tu vida ahora mismo, pero sé que si te dejas cuidar por el Señor vas a florecer de nuevo. Date una nueva oportunidad. No todo está perdido. Eres hijo(a) de un Rey. Él te dará el mejor cuidado que puedes recibir y florecerás. Su propósito se cumple en ti. Tendrás un nuevo color y aroma, único y exclusivo porque proviene de tu Creador. Mi invitación de hoy: florece.

Día 217

Sé fuerte

"Yo anuncio el fin desde el principio; desde los tiempos antiguos, lo que está por venir. Yo digo: Mi propósito se cumplirá, y haré todo lo que deseo". Isaías 46:10

Estás viviendo una temporada plácida, cómoda, satisfactoria y de momento ¡Pum! Llega algo inesperado que te zarandea tu espacio, tu entorno, tu mundo. Puede ser algo pasajero, también puede ser algo de larga temporada o permanente. La pregunta es "¿qué hago?" La actitud es determinante para momentos así. Puedes ver lo grande de la situación o puedes mostrarle a la situación la grandeza de Dios. Tengo el privilegio de conocer a una mujer muy especial, ella es intercesora. Desde que la conozco ese es su fuerte. De ser una mujer sana, está postrada en cama debido a una enfermedad. Cada cierto tiempo suelo visitarla a ella y a su esposo (otro guerrero más). Voy con el pensamiento de conversar con ellos, llevarles palabras de aliento, orar por ellos y la realidad es que siempre salgo ministrada. Desde su cama esa mujer ora por mí y siempre trae una palabra refrescante para mi alma de parte de Dios. Ella es fuerte. No en su físico, pero sí en su espíritu. Hoy te invito a que fortalezcas tu espíritu con la Palabra de Dios, conversando con Él. Esto te ayudará a caminar por el proceso que puedas estar pasando en esta hora. Dios renueva tus fuerzas y levanta tus alas como las águilas (Isaías 40:31). Recuerda: sé fuerte.

Que no te detengan

"Y el SEÑOR le contestó: —¡Levántate! ¿Qué haces allí postrado?" Josué 7:10

Algo que he aprendido con los años es que cuando uno desea realizar algo, mientras a menos personas le cuentes mejor. Siempre es bueno buscar consejos en personas adecuadas. Proverbios 11:14 dice: *"Sin dirección, la nación fracasa; el éxito depende de los muchos consejeros"*. Hay que tener consejos, pero no se refiere a contarle a la mitad de la ciudad tus planes. Cuando escribí mi primer libro pocas personas conocían el proyecto. Estas personas fueron claves en el proceso por diferentes razones. A otras no les conté, no porque no confiara en ellas, sino porque quería darle la sorpresa. Y Dios fue ordenando poco a poco todo lo que necesitaba para que pudiera dar a luz mi bebé: mi libro. Lo que ha sucedido con él ha sido hermoso. ¡La gloria para Dios! Pero he aprendido esto, de no contarle a todos mis proyectos, porque muchas veces a través de las personas pueden llegar visitantes que no son bienvenidos. ¿Quiénes son? Pues te cuento: miedo, duda y preocupación. Todos estos visitantes lo que quieren es frustrar tu idea, tu sueño. El miedo te angustia por algo imaginario. Te impulsa a cometer un error. La duda te deja suspendido entre juicios o decisiones, por lo cual te hace perder tiempo y te podría estancar. La preocupación te lleva a ocuparte anticipadamente. Te da intranquilidad y te infunde miedo. Así que ninguno de ellos te hace bien. Así que hoy te invito a contar tus cosas a Dios y a personas que sabes que te aman realmente, por lo cual te darían consejos para tu bien. Te invito a cerrarle la puerta a esos invitados no deseados llamados: miedo, duda y preocupación. Y, por último, te invito a no dejar que te detengan. Si estás seguro de que tu sueño o idea proviene de Dios, que será de bien para otros e inclusive para ti mismo, que no te detengan. Bendigo tu proyecto en el nombre de Jesús. ¡Amén! ¡Amén! ¡Amén!

¿Aceptas la piedra?

"Cristo es la piedra viva, rechazada por los seres humanos, pero escogida y preciosa ante Dios. Al acercarse a él, también ustedes son como piedras vivas, con las cuales se está edificando una casa espiritual. De este modo llegan a ser un sacerdocio santo, para ofrecer sacrificios espirituales que Dios acepta por medio de Jesucristo". 1 Pedro 2:4-5

No soy de ver mucha televisión, por no decir que no la veo. Al mudarme a mi casa estuve dos años sin tener un televisor y el que tengo…pues tiene su historia. Algún día la compartiré con ustedes. Lo que sí veo son series y películas en YouTube. Me gusta, ahí veo programación de otros países, especialmente de Alemania. Y algo que veía mucho, ya no tanto, es lo que denominan doramas. Son novelas orientales. Me llamaban la atención las novelas coreanas. Eso fue en una época de mi vida. Pero hace poco comencé a ver una, no sé de qué país era, pero la escena me pareció bien curiosa: un hombre pidiéndole a una joven que se casara con él en repetidas ocasiones y ella lo rechazaba. Pero la escena que captó mi atención fue donde él le pedía nuevamente matrimonio, pero vestido de pingüino y le entregaba una piedra. De primera intención no entendí. Luego él le cuenta a la chica que así se emparejaban los pingüinos emperador. Ahí perdí el interés en el dorama y me fui al mundo de los animales. Quería estar segura de que esa información fuera correcta. ¿Saben qué? Era cierto. Cuando un pingüino emperador se enamora busca la piedra "perfecta" en la playa, la lleva a su amada, se inclina y coloca la piedra delante, si ella la acepta significa que acepta la propuesta.

Por cierto, los pingüinos tienen una sola pareja para toda su vida. Cuando leí esto me pareció hermoso y ahí Dios habló a mi corazón y me dijo: "así he hecho con ustedes". Dios buscó la mejor piedra que pudo encontrar, nuestra piedra angular, Jesús. La ha colocado delante de nosotros y espera nuestra respuesta. Yo la acepté hace muchos años, ¿Y tú? Si la aceptas estarás unido a Dios para el resto de tu vida. Mi aceptación me ha permitido no tener la vida que soñaba, sino una aún mejor. Mi invitación hoy es que si ya has aceptado la piedra que Dios colocó delante de ti sigas fortaleciendo tu espíritu y sigas disfrutando lo que conlleva estar unido a Dios por la eternidad. Si aún no lo has hecho, te invito a aceptarla. Dios buscó la mejor piedra que tenía, su amado Hijo. Nuestra Piedra angular. Todo lo que construyas o hagas sobre esta piedra será de bendición para tu vida. Y te lleva a una unión que será por la eternidad. ¿Aceptas la piedra?

Día 220

Actitud mental

"El SEÑOR está conmigo, y no tengo miedo; ¿qué me puede
hacer un simple mortal?" Salmo 118:6

La mente es tan poderosa. Imagínese que es la potencia
intelectual del alma. Ahí se forman los pensamientos, los
propósitos y la voluntad. Ahí ocurren muchas actividades
conscientes e inconscientes, especialmente de carácter cogni-
tivo o sea relacionado al conocimiento. Cuando entregamos a
Dios nuestra vida, en ese momento, ocurre un cambio en
nuestro espíritu porque el Espíritu Santo comienza a morar en
nosotros, pero no sucede igual con el alma, con la mente. Eso
conlleva un proceso que durará toda nuestra existencia hasta
que Jesús venga a buscar Su Iglesia. Filipenses 1:6 dice: *"Estoy*
convencido de esto: el que comenzó tan buena obra en ustedes
la irá perfeccionando hasta el día de Cristo Jesús". Esto es día
a día. Algo que he aprendido es que Dios hace algo en nuestras
vidas, pero siempre hay algo que nos corresponde hacer a
nosotros. Fíjese que el versículo dice que Dios nos
perfeccionará, pero en Romanos 12:2 nos dice lo siguiente:
"No se amolden al mundo actual, sino sean transformados
mediante la renovación de su mente. Así podrán comprobar
cuál es la voluntad de Dios, buena, agradable y perfecta".

Dios nos perfecciona, pero nos corresponde a nosotros renovar
nuestra mente. Cuando hablamos de renovar estamos diciendo
que hay que hacer de nuevo algo, restablecer, reemplazar,
sustituir una cosa vieja por otra nueva, dar nueva energía,
transformarlo. Eso nos dice Dios que debemos hacer. ¿Cómo
lo hacemos? A través de nuestros sentidos: ver y escuchar.
Analiza un momento de tu día. Piensa. ¿Qué ves y que
escuchas durante el día? ¿Cómo alimentas tu ser? Sin darnos
cuenta dedicamos mucho tiempo a ver y a escuchar cosas que
realmente no nos ayudan a renovar nuestra mente y esto afecta,

detiene nuestro crecimiento espiritual el cual es necesario para poder enfrentar este mundo y poder alcanzar nuestra meta que es vivir la eternidad con Dios. Hoy te invito a hacer modificaciones en tu diario vivir para que integres cosas que te ayuden a renovar tu mente para que Dios continúe perfeccionándote día a día. Te invito a renovar tu actitud mental por el bien tuyo e incluso de aquellos que te rodean y que te aman. Ve a la mejor fuente que puede existir para esto que es Dios, Su Palabra, conversar con Él, adorarlo, alabarlo y agradecerle. Vamos, renueva tu actitud mental.

Día 221

Vuela

"Aun si voy por valles tenebrosos, no temo peligro alguno porque tú estás a mi lado; tu vara de pastor me reconforta".
Salmo 23:4

De niña fui fanática de Menudo. ¿Te gustaba? Gracias a mi familia (mis padres y unos tíos) pude disfrutar esa etapa de mi vida. Me llevaron a conciertos junto a mi prima que también era fanática, me compraban su música, revistas, accesorios y más. Fue una época (adolescencia) que disfruté mucho y pienso que fue un buen catalizador para poder vivir esa etapa tan difícil para cualquier persona, ya que es un tiempo de muchos cambios tanto físicos, psicológicos, emocionales y sociales porque lleva al ser humano de la niñez a la juventud. Es una etapa acelerada. Es un tiempo donde el adolescente se enfrenta a muchas presiones y tuve la bendición de vivirla disfrutando algo que me gusta mucho: la música. Mis talentos no son en esa área, pero disfruto escuchar música y realizar diferentes labores al ritmo de la misma. Incluso a veces me siento a escribir con música.

Pues en mi época de "menuditis" yo vivía al son de su música desde *A volar* hasta *Los últimos héroes*. Fue un tiempo hermoso. La canción *A volar*, dice en su coro: *"Ven, ven a volar vamos a volar. Cuando vuelas cualquier cosa puede ocurrir a tu alrededor. A volar, vamos a volar. La aventura ha comenzado no se sabe que va a pasar"*. Sabes eso es lo que ocurre cuando aceptamos vivir una nueva aventura junto con Dios. Con Él cualquier cosa puede ocurrir, pero lo excelente es que sabemos que será para nuestro bien. En mi adolescencia no hubiese imaginado que publicaría un libro y que en estos momentos estaría escribiendo el segundo. No hubiese imaginado que estaría dando clases a adultos con el mejor tema que se puede tener: Jesús. No hubiese imaginado que conocería tantas personas en mi vida que en su momento aportaron para mi crecimiento y madurez espiritual y no solo me refiero a las que me han hecho bien, hablo de todas, porque la vida se compone de vivencias buenas y otras dolorosas, pero todas aportan algo a la vida. Una vez conversé con una mujer la cual me hablaba de todo lo vivido con su exesposo. Su enfoque era en todo malo (por lo que me contó no hubo ningún tipo de abuso en la relación, eso sería algo diferente) y de momento le digo: "te dio algo bueno que no lo hubieses tenido sin él" y claro me preguntó: "¿Qué?" Yo respondí: "tu hija". Ella no esperaba eso. Le dije: "vives orgullosa de tu hija y ella no sería lo que es si él no hubiese sido su padre". De ahí en adelante su conversación cambió y comenzó a resaltar puntos positivos de esa persona. Sí, los tenía. Por tal razón cada persona que conocemos tiene una aportación a nuestra vida. Hoy te invito a volar. Pero no como Menudo, sino de la mano de Dios. Te garantizo que para ese vuelo tienes el mejor personal atendiéndote: Dios es tu piloto, Jesús el copiloto y como asistente de vuelo al Espíritu Santo. ¿Quieres abordar el avión? Hazlo. ¡Vuela!

Día 222

Entierra el NO PUEDO

"Temer a los hombres resulta una trampa, pero el que confía en el SEÑOR sale bien librado". Proverbios 29:25

Hace muchos años, al comienzo de mi carrera como maestra, a través de un libro aprendí una dinámica que aún realizo con mis niños en los primeros días de clases. Les entrego un papel en blanco, luego les pido que escriban en el medio del papel la frase: **NO PUEDO**. Luego les digo que formen una pelota con ese papel. Muchos me miran sorprendidos y hasta me preguntan si estoy segura, ja, ja, ja y mi contestación es sí. Luego les digo que vamos a botar ese papel en el zafacón. La dinámica real es enterrarlo, pero al estar en el salón, lo botamos. Esa parte la disfruto mucho por las caras de los nenes. Están perplejos, se miran entre sí, me miran y me preguntan: ¿Maestra, estás bien? Ese es el momento donde explico el porqué de la acción que van a llevar a cabo. Les digo que de ese día en adelante vamos a dejar fuera de nuestro vocabulario la frase: **NO PUEDO**. Les explico que desde ese día van a dar lo mejor de ellos, que se esforzarán por hacer sus tareas, que lo intentarán, que si no les sale lo intentarán nuevamente y que en ese proceso yo estaré con ellos ayudándolos. Hoy Dios te hace la invitación de que saques de tus pensamientos y de tu vocabulario la frase: **NO PUEDO**. Te invita a que te arriesgues y que vivas las aventuras y experiencias que Él tiene para ti, para que se cumpla Su propósito en ti. Y lo más importante, te dice que Él está a tu lado en todo momento, en todo tiempo, que no te deja ni te desampara, que Él cree en ti porque te conoce mejor que tú mismo, porque Él es tu Creador. Anda, acepta Su invitación y entierra el **NO PUEDO**.

Autoconfianza

"El SEÑOR mismo marchará al frente de ti y estará contigo; nunca te dejará ni te abandonará. No temas ni te desanimes". Deuteronomio 31:8

La autoconfianza es tener confianza en sí mismo. Esto ocurre cuando estamos seguros de ciertos atributos. Por ejemplo, habilidades para enfrentar la vida, ser bueno en el área de toma de decisiones, poder de algún tipo o nivel y otros. Tener autoconfianza depende de muchos factores. Uno bien importante para mí es el entorno familiar cuando somos niños. En mi hogar, gracias a Dios, recibí mucho amor y apoyo de parte de mis padres. Esto fue marcando mi carácter, aunque también me retaban diariamente. A pesar de ser la única hija del matrimonio de mis padres, se me exigía. No me daban nada por ser la "nena linda" de la casa. Pero en mi caminar sentí el apoyo, el cuidado de ambos (aún cuando se divorciaron), protección, cariño y más. Esto me ayudó a ser quien soy. No soy perfecta, pero he logrado alcanzar metas que soñaba y otras que no imaginaba, que fueron voluntad de mi amado Dios. No conozco tu niñez, no sé cómo son o fueron tus padres, pero puedo decirte que Dios no es como ellos. Dios es perfecto, soberano. Y quiere apoyarte, cuidarte, protegerte, mimarte, darte cariño y mucho más. Permítete desarrollar una nueva autoconfianza, pero cimentada en Jesús, la piedra angular. Como nueva criatura permite a Dios crearte una nueva autoconfianza agarrada de Su Palabra y Su verdad. ¡Atrévete!

Día 224

Obstáculos

"Sean fuertes y valientes. No teman ni se asusten ante esas naciones, pues el SEÑOR su Dios siempre los acompañará; nunca los dejará ni los abandonará". Deuteronomio 31:6

Los obstáculos son cosas que se convierten en impedimento, dificultad o inconveniente para llegar o alcanzar una meta. Pueden ser físicos, emocionales o mentales. Muy parecido a las carreras con obstáculos. Cuando el participante la lleva a cabo a ciertos tramos debe brincar unos obstáculos. La vida es una carrera con una meta. Y tiene muchos obstáculos. Si te pregunto cuáles son posiblemente mencionarás varias cosas y puede ser que algunos de ellos coincidan con los obstáculos que me he encontrado en mi carrera, en mi vida. Pablo en 1 Corintios 9:24 nos dice: *"¿No saben que en una carrera todos los corredores compiten, pero solo uno obtiene el premio? Corran, pues, de tal modo que lo obtengan"*. Nos urge que corramos para ganar. Debemos correr para ganar nuestra vida eterna, pero tenemos que brincar los obstáculos que nos aparecen a nuestro paso: pérdidas, enfermedades, heridas, tiempo, actitudes…y más. En el transcurso de la carrera nos fatigamos, nos cansamos, nos agotamos, pero hoy te invito a continuar. Recobra tus energías, tus fuerzas, acudiendo a la única fuente que tenemos, que nos suple en todo momento, Dios. No permitas que los obstáculos impidan que llegues a la meta. Pídele a Dios sabiduría y Él te la dará. Muéstrale a esos obstáculos lo grande y poderoso que es Dios.

Me acomodó

*"Así que mi Dios les proveerá de todo lo que necesiten,
conforme a las gloriosas riquezas que tiene en Cristo Jesús".
Filipenses 4:19*

Al leer este versículo… ¿Qué idea viene a tu mente?
Por mucho tiempo lo visualicé como que me sentara a pedir y
Dios me lo iba a otorgar. Según yo, mis peticiones eran mis
necesidades. Con el tiempo entendí que Dios iba a proveer para
mis necesidades reales, aún antes de que me percatara que era
necesario para mí. Unos meses antes de que llegara la
pandemia del COVID 19 yo vivía sin internet en mi hogar, solo
tenía la conexión del celular y mi computadora se había
dañado. Pues esas Navidades mi mamá me dijo: "Cuando
puedas busca la computadora que quieras, ese será tu regalo de
Navidad". Me quedé impactada y le dije: "Ese será mi regalo
de Cumpleaños, Navidad y Reyes (celebro todo en época
navideña)". Fui obediente, la busqué y ella me la regaló. Un
tiempo después una amiga me dijo de una oferta de internet
que le ofrecían a ella, pero que a su vez ella podía decirle a otra
persona y si la aceptaba también le daban la oferta. Era
justamente lo que necesitaba según mis finanzas y acepté.
Luego llegó el COVID 19, tuve que trabajar desde mi hogar
utilizando mi computadora y el internet. De momento no lo
visualicé, pero luego entendí que Dios me había acomodado.
Él me proveyó para mi necesidad. No era una necesidad en el
momento de la provisión, pero lo sería luego. Dios conoce tu
necesidad. Escúchalo, obedécelo y permite que te provea, que
te acomode como me acomodó a mí. Dios conoce el fin desde
el principio. Déjate guiar, Sus planes siempre son de bien para
ti. Confía, descansa, espera en la provisión para tus necesidades, las cuales Dios realmente conoce…permite que Él te
acomode.

Día 226

Estrella de la Mañana

"Esto ha venido a confirmarnos la palabra de los profetas, a la cual ustedes hacen bien en prestar atención, como a una lámpara que brilla en un lugar oscuro, hasta que despunte el día y salga el lucero de la mañana en sus corazones".
2 Pedro 1:19

La estrella más cercana a la Tierra es el Sol. Una estrella es un astro o cuerpo celeste que brilla con luz propia en el cielo. Para la Tierra el Sol es vital porque sin él aquí no hubiese vida. El Sol brinda muchos beneficios al ser humano: vitamina D, ayuda a controlar la presión arterial, ayuda con la hemoglobina, ayuda contra la depresión…y mucho más. Así como tenemos al Sol que es tan necesario, nosotros necesitamos a la Estrella de la Mañana en nuestra vida. ¿Qué o quién es? Cristo. Él es esa estrella que necesitamos en nuestro existir para poder vivir. Lo maravilloso es que no está a años luz como las que vemos en el cielo, no. Cristo está al alcance de una decisión. Siempre está cerca de nosotros. Solo quiere que nos demos cuenta de esa necesidad y lo hagamos partícipe de nuestra vida. Le permitamos que entre, tome el mando y transforme nuestra realidad. Él nos llenará de amor, Dios es amor, por lo cual eso es lo que va abundar en nuestros días. Su amor es activo, por lo cual se verá reflejado en nuestras actitudes, decisiones y acciones. Mi invitación hoy es que, si ya tienes a Cristo, sigas brillando con Su luz. Si aún no has dado tu paso de fe, hazlo. Permite que la Estrella de la Mañana brille alrededor de ti, en ti y a través de ti. Disfruta de luz, Su calor, Su quietud y Su paz. ¡Amén! ¡Amén! ¡Amén!

Gloriosa

"Los cielos cuentan la gloria de Dios, el firmamento proclama la obra de sus manos". Salmo 19:1

En estos días he intentado retomar mi rutina de hacer ejercicios. La verdad es que me falta firmeza y persistencia en esa área de mi vida, ja, ja, ja. Cada cierto tiempo lo dejo a un lado y doy mil excusas que la verdad a quien único convencen es a mí. Y luego vuelvo a retomarlo porque soy consciente de la importancia del ejercicio. No solo por el aspecto físico, realmente por la salud. Comencé a caminar en un área cerca de mi casa y gracias a mi pastor y a una amiga he aprendido a observar y a deleitarme con la naturaleza. Observo las plantas, los pájaros, el cielo…todo lo que me rodea. Hace poco, mientras caminaba, Dios me dio la bendición de ver unos pajaritos, no sé qué tipo de aves eran, pero eran hermosas, habían 5 en total y allí estaban cada vez que pasaba por esa área. Luego cuando seguía más adelante me encontraba con unas mariposas amarillas, eran 3. Cada vez que daba una vuelta volvía a disfrutar de estos seres creados por Dios, puestos allí para mi deleite. Mi invitación hoy es que disfrutes la naturaleza que tengas a tu alrededor, así sea poca, en ella se ve la gloria de Dios. Dios la ha colocado ahí para recordarte en todo momento Su existencia y Su poder. Te la ha obsequiado para que puedas contemplarla y relajarte de las tensiones del día a día. Su creación es gloriosa y nos recuerda que nuestro Dios es único, soberano y verdadero. Su esencia es gloriosa. Deléitate en Su creación.

Día 228

Dios te ve

"Como el SEÑOR le había hablado, Agar le puso por nombre «El Dios que me ve», pues se decía: «Ahora he visto al que me ve»". Génesis 16:13

¡Cuán cierto es! Dios me ve. Me observa en mis mejores y peores momentos. Me vio en su diseño y en el vientre de mi madre. Conoce cada parte de mí: arrugas, verrugas, lunares, pecas, canas… también ve mi interior. Conoce mis pensamientos, sentimientos… me ve. Y esa verdad a veces se me olvida, ¿te ha ocurrido? En ocasiones he hecho cosas y se me ha olvidado que Dios me ve. Luego me percato, debo pedir perdón y arrepentirme (cambiar). Dios está presente en nuestra vida en todo momento. No hay forma de esconderse de Él. ¿Recuerdas a Adán y Eva? Cuando pecaron se escondieron. Se dieron cuenta de su desnudez y quisieron esconderse de Dios, pero eso era imposible. Lo sigue siendo hoy en día. Dios nos ve. No nos podemos ocultar de Él.

¡Qué bueno que Su misericordia es nueva cada día! ¡Qué alegría saber que Cristo pagó por nuestros pecados! Dios nos ve. Es una verdad irrefutable. Dios está atento a cada uno de nuestros detalles. Él nos examina y nos protege. Somos Su creación. Somos Sus obras maravillosas. Él examina nuestro corazón. Dios diseñó nuestros días. Hoy te invito a que tengas presente en tu día, en tu vida, que no hay forma de ocultarte del Señor, por lo cual permite que Él ilumine tu andar y cumpla en ti Sus planes de bien. Recuerda que Dios te ve.

Agua

"Si supieras lo que Dios puede dar, y conocieras al que te está pidiendo agua—contestó Jesús—, tú le habrías pedido a él, y él te habría dado agua que da vida". Juan 4:10

¡Qué rica es el agua! Hace un tiempo fui a caminar al Parque Lineal de Bayamón. Había ido de niña, pero no de adulta. Junto a mi acompañante caminamos 10 millas. Al comenzar tenía mucho ánimo, mucha energía, pero cuando ya llevaba 7 millas la historia no era igual. Me sentía agotada y tenía mucha sed. Teníamos una botella de agua, pero estaba congelada, así que era muy poco lo que podíamos beber. Los que me conocen saben que bebo mucha agua, así que no era un momento fácil para ambos.

En esa situación estuve mucho tiempo de mi vida cuando no le servía a Dios. Tenía mucha sed y aunque la trataba de mitigar con muchas cosas, mi sed era constante. Fue así hasta el día que fui a la única fuente de agua que podía saciar mi sed: Jesús. Él dio a mi existencia el agua de vida y mitigó mi sed. Cuando esto sucedió en mi vida, fue como cuando al fin llegué al carro el día de la caminata y pude agarrar una botella de agua no congelada y dejarla correr por mi boca y mi garganta. Fue tan exquisito sentir su recorrer por mi sistema. Pues mayor placer fue sentir que el Espíritu Santo entraba en mi vida. Sentir que mi vacío era llenado. Sentir que mi sed era mitigada por el agua de vida que proviene de Dios. Hoy te invito a mitigar tu sed en la única fuente que lo puede lograr: Jesús. Corre a Él y bebe de Su agua, la cual es refrescante, única y viva.

Día 230

A donde iré sin ti

"¿A dónde podría alejarme de tu Espíritu? ¿A dónde podría
huir de tu presencia?" Salmo 139:7

¿Alguna vez has querido agarrar tus cosas y desaparecer? A mí me ha ocurrido. Se viven situaciones en donde la tensión es tanta que nos abruma, de tal manera que solo queremos escapar. David el hombre con corazón conforme al de Dios le ocurrió. Jonás literalmente se escapó para otro lugar, solo que Dios lo devolvió a la ruta que debía seguir. Elías también huyó y se escondió en una cueva y Dios le preguntó qué hacía allí. Adán y Eva intentaron esconderse de la presencia de Dios, cosa imposible de hacer. Como seres humanos vivimos circunstancias que de momento nos hacen querer correr y dejar todo perdido. Dios en Su Palabra es muy claro y nos dice en 2 Timoteo 1:7 *"Pues Dios no nos ha dado un espíritu de timidez, sino de poder, de amor y de dominio propio"*. Esta versión utiliza la palabra timidez, pero en otras versiones usa la palabra cobardía. El mensaje es claro, debemos enfrentar lo que se nos coloque en el camino. Huir no es una decisión acertada. Hay que enfrentar, con la convicción de que no estamos solos, Dios va delante de nosotros, no nos deja, ni nos abandona. Con plena confianza en Él, recurriendo a Su poder, Su fuerza, podemos vivir y salir victoriosos. Sin Él no podemos hacer nada y lo más importante no podemos huir de Su presencia. Él está presente en nuestra vida. Hoy te invito a que cuando quieras volver huir, lo hagas a tu aposento, cierra la puerta y dobla rodillas delante de Dios. Esa será la decisión mejor tomada. Derrama allí todo tu sentir, sé sincero. Pasa tiempo ante Su presencia. Allí serás confrontado, consolado y aconsejado. Cuando te levantes, te aseguro que lo harás con nuevas fuerzas, nuevas ideas, nuevas soluciones y una seguridad que antes no tenías. Sin Dios no puedes ir a ningún lado. ¡Amén! ¡Amén! ¡Amén!

Lluvia

"El SEÑOR abrirá los cielos, su generoso tesoro, para derramar a su debido tiempo la lluvia sobre la tierra, y para bendecir todo el trabajo de tus manos. Tú les prestarás a muchas naciones, pero no tomarás prestado de nadie".
Deuteronomio 28:12

Mientras escribo está lloviendo. Si no tengo que salir de mi hogar, me gustan los días así. Se siente fresco, a mí hasta me huele a limpio. La lluvia tiene muchos beneficios, entre los cuales están: lleva agua a distintas regiones de la Tierra, mantiene la vida vegetal, alimenta ríos, lagos, lagunas…, ayuda al balance de las temperaturas del ambiente y más. Sabemos también que la lluvia en exceso puede causar inundaciones o daños a las infraestructuras. Hoy me quiero concentrar en los beneficios de la lluvia, porque me hace recordar los beneficios de tener mi vida cimentada en Jesús. Al caminar en Él me son abiertos los cielos y cae sobre mi hogar, sobre mi vida, lluvia de bendiciones. Y a la vez puedo compartir con otros Sus bendiciones porque estoy llamada a ayudar y amar a mi prójimo. Quiero invitarte a caminar en Jesús. Él es el camino, la verdad y la vida. Si lo aceptas, verás como los cielos son abiertos sobre tu vida. Claro, no podemos olvidar que no serán abiertos según nuestros deseos, sino según nuestra necesidad, reconociendo que Dios conoce lo que nos hará bien. Él conoce el fin desde el principio. Vive con Jesús, camina en Él, camina con Él y recibe tu lluvia de salvación, amor, paz, esperanza, regocijo, prosperidad de tu alma, alegría, consuelo, fuerza, fe…Recibe con los brazos abiertos la lluvia de parte de tu Padre. ¡Amén! ¡Amén! ¡Amén!

Día 232

La misericordia de Dios

"Den gracias al SEÑOR, *porque él es bueno; su gran amor perdura para siempre". Salmo 136:1*

Hay un ejercicio que consiste en leer el Salmo 136 y luego escribir una narración de la intervención de Dios en nuestra vida. Dios interviene en nuestra vida por Su gran misericordia, porque Su amor es inagotable. Mi narración sería más o menos así: Por Su misericordia vivo, ya que mis padres no lograban concebir hasta que fui pedida en oración en una campaña evangelística. Por Su misericordia tengo una buena relación con mis padres, aun cuando ellos se divorciaron, pero entendieron que no se divorciaron de mí. Por Su misericordia pude estudiar y prepararme como profesional, me concedió becas y otras ayudas económicas para que lo pudiera lograr. Por Su misericordia desde que terminé mis estudios he tenido empleo. Por Su misericordia tengo mi casa, mi hogar. Por Su misericordia he sido intervenida quirúrgicamente en cuatro ocasiones y Él ha sido mi médico. Por Su misericordia soy salva. Por Su misericordia tengo vida eterna, tengo el don de enseñanza y he podido ejercerlo secularmente y como ministerio. Por Su misericordia he podido escribir un libro. Por Su misericordia pude colocar las lecturas del libro en una aplicación que es mundialmente conocida (YouVersion). Si fuera a continuar mi escrito no tendría fin porque todo cuanto soy es por Su misericordia, por el amor que me tiene por ser Su hija. Te invito hoy a leer el Salmo 136 y hacer tu propio escrito. Tal vez lo puedes compartir con tu familia, amistades y quien sabe si hasta con desconocidos. Lo que Dios ha hecho contigo es la mejor carta de presentación que puedes tener para dar a conocer a Jesús a otros. Anímate y comparte con otros la misericordia de Dios.

Elección adecuada

"Hoy les doy a elegir entre la bendición y la maldición".
Deuteronomio 11:26

Estuve leyendo y aprendí que a lo largo de un día una persona toma alrededor de 35,000 decisiones y de todas ellas la persona es consciente de una minúscula parte. El cerebro toma el 99.74 % de las decisiones de forma automática, por lo tanto, el ser humano es consciente de menos de 1% de las 35,000 decisiones. Al leer toda esta información me asombré porque no sé si a ti te pasa como a mí, y piensas que gobiernas tu vida y resulta que casi todas tus decisiones las toma tu cerebro por sí solo. Entonces si esto es así, solo controlas menos de 1% de tus decisiones y también las tomas de forma inadecuada ¿qué puede suceder? Pierdes el control de ti mismo.

Dios nos invita a leer Su Palabra para así ayudarnos a manejar de manera efectiva ese menos de 1% de nuestras decisiones. La vida depende de nuestras decisiones. Si ponemos como base para esas decisiones la Palabra de Dios nos irá bien en nuestra vida. Seremos sabios, inteligentes, tendremos conocimiento para decidir efectivamente. Al tener a Dios en nuestras vidas y dejarnos dirigir por Él decidiremos asertivamente. 1 Corintios 2:16 dice que tenemos la mente de Cristo. Te invito a que te acerques más a Cristo. Consultarlo en cada paso que das. Seguir Sus instrucciones y consejos. Dios habla en todo momento, solo hay que estar atento para escucharlo y entenderlo. Con Jesús como guía de tu vida puedes estar seguro de que cada día tomarás la elección adecuada. ¡Amén! ¡Amén! ¡Amén!

Día 234

Al encuentro con Dios

"¿A dónde podría alejarme de tu Espíritu?   ¿A dónde podría huir de tu presencia?" Salmo 139:7

Hay días en que quisiéramos salir corriendo y desaparecer. Debemos ser sinceros, alguna vez esta idea ha pasado por nuestras mentes. Quisiéramos comenzar de nuevo en otro lugar, donde nadie nos conoce, donde podamos comenzar de nuevo y nadie nos conozca. La realidad es que si se pudiera hacer siempre habrá alguien que nos conozca: Dios. Esta verdad la entendía el rey David. Reconocía que Dios es omnisciente y omnipresente. No podemos huir de Su presencia. Él conoce todo de cada uno de nosotros. Te invito a que, en vez de querer escapar de tu entorno, de tu situación, vayas al encuentro de quien te conoce realmente, tu Diseñador, tu Creador, tu Padre: Dios. Él te va a escuchar, te va a comprender, te va a aconsejar. Si lo escuchas, Dios te dirá qué hacer y cómo proceder. Dios está presente en tu vida si tú se lo permites. Su Espíritu te dirigirá siempre y no permitirá que lo que te rodee te ahogue. Al permitirle que obre en tu vida podrás agarrarte de Su paz que sobrepasa todo entendimiento. No puedes escapar, pero sí puedes encontrar paz, vida y sabiduría en Su presencia. Cuando vuelvas a preguntarte ¿A dónde iré? Ya sabes la contestación. ¡Amén! ¡Amén! ¡Amén!

Progresa, cambia y crece

"El que madruga para el bien, halla buena voluntad…"
Proverbios 11:27

Postergamos cosas para más tarde, esto se llama procrastinación y no es conveniente. *"Nunca dejen de ser diligentes; antes bien, sirvan al Señor con el fervor que da el Espíritu"* Romanos 12:11. Hay que aprender a trabajar poco a poco, paso a paso, para ir desarrollando nuestro progreso, nuestro cambio, nuestro crecimiento. Si al hacer esto, primero le dedicas tiempo a tu relación con Dios, tendrás sabiduría, inteligencia, conocimiento y resplandecerás. *"¿Quién como el sabio? ¿Quién conoce las respuestas? La sabiduría del hombre hace que resplandezca su rostro y se ablanden sus facciones"* Eclesiastés 8:1. Hay que dedicar tiempo a lo esencial y eso es Dios.

Coloca tu confianza en Dios. Reconócelo en todo lo que haces y Él te abrirá puertas, caminos correctos y te conducirá a cosas que nunca has podido imaginar. *"Confía en el SEÑOR de todo corazón, y no en tu propia inteligencia. Reconócelo en todos tus caminos, y él allanará tus sendas"* Proverbios 3:5-6. Verás sucesos maravillosos, milagrosos en tu vida que entenderás que eso solo puede ser posible a causa de tener a Dios en tu vida. *"Oh SEÑOR, ¡cuán imponentes son tus obras, y cuán profundos tus pensamientos!"* Salmo 92:5. *"El que atiende a la palabra prospera. ¡Dichoso el que confía en el SEÑOR!"* Proverbios 16:20. Progresa, cambia y crece.

Día 236

Esta es mi oportunidad

"Busquen al SEÑOR mientras se deje encontrar, llámenlo mientras esté cercano". Isaías 55:6

En nuestra vida siempre estamos atentos a las oportunidades que puedan aparecer y que podamos aprovechar. Por ejemplo, una muy real son los especiales de las tiendas. Cuando queremos obtener algo buscamos los especiales para poder adquirir ese artículo y pagar menos. Si pudiéramos ir a la universidad, buscamos la oportunidad de obtener una beca o hasta un trabajo para poder pagar los estudios. Así, siempre buscamos la oportunidad para algo. Hoy quiero que aceptes una oportunidad que lo único que traerá a tu vida será bienestar y vida eterna. Es la oportunidad de seguir a Cristo. Si ya lo tienes en tu vida, entonces continúa tu relación con Él diariamente para que crezcas y madures. Si aún no lo has hecho esta es tu oportunidad de tener en tu vida un cambio que te llevará al progreso en toda área de tu vida y te hará crecer espiritualmente. *Pero Dios es mi socorro; el Señor es quien me sostiene"* Salmo 54:4. Te invito a que ahora mismo digas en voz alta: Esta es mi oportunidad, la aprovecharé, no perderé el tiempo, haré un giro de 180° y comenzaré a caminar en Cristo, con Dios en mi vida. No seré igual y no me arrepentiré. ¡Amén! ¡Amén! ¡Amén!

Sí, puedes

"Pero mi justo vivirá por la fe…" Hebreos 10:38

Hace un tiempo tuve un día de trabajo bastante agotador, me sentía súper cansada. Me recosté por un momento y le dije a Dios: ¿qué voy a cocinar? Hablo con Dios constantemente. No hago más que hacerle esa pregunta y escuché la voz de mi vecina llamándome. Cuando me asomé era para darme comida. ¡Gloria a Dios! Él está atento a cada uno de nosotros, en todos nuestros detalles, por eso cuando sentimos que no podemos más, Dios nos provee para decirnos: Sí puedes. Con Su ayuda puedes seguir hacia adelante y llegar a tu objetivo, tu meta, tu victoria. Isaías 50:7 dice: *"Por cuanto el SEÑOR omnipotente me ayuda, no seré humillado. Por eso endurecí mi rostro como el pedernal, y sé que no seré avergonzado"*. Dios va delante de ti, así que cuando vayas a realizar alguna cosa, cuando vayas a algún lugar, Dios ya está allí antes que tú. Consúltalo en todo momento y con su Espíritu Santo te dirigirá siempre. Hoy te invito a que te mires en el espejo y te digas así: _____ (tu nombre), con Dios en tu vida ¡Sí, puedes! ¡Aleluya!

Día 238

Alma espera

"A ti, SEÑOR, elevo mi alma". Salmo 25:1

Cuando amamos a Dios, queremos buscarlo en espíritu y en verdad, pero hay una parte de nuestro ser que es muy inquieta, el alma. Allí se encuentran nuestros pensamientos, emociones. Estos nos hacen en muchas ocasiones actuar precipitadamente y luego debemos sufrir consecuencias. ¿Cómo podemos evitar que esto ocurra? Descansando en Dios. Salmo 62:1 dice: *"Solo en Dios halla descanso mi alma; de él viene mi salvación"*. Cuando realmente descansamos en Dios, Él se adueña de nuestros pensamientos, emociones, decisiones y podemos actuar de manera correcta, viviendo en paz. Mateo 22:37 dice: *"Ama al Señor tu Dios con todo tu corazón, con todo tu ser y con toda tu mente"—le respondió Jesús"*. Esto es un mandato. Amarlo con todo nuestro ser. Si dejamos una de esas partes fuera de la cobertura de Dios, las cosas no irán bien. Debemos estar completamente entregados a Dios. Un punto clave, importante se encuentra en 3 Juan 1:2 *"Querido hermano, oro para que te vaya bien en todos tus asuntos y goces de buena salud, así como prosperas espiritualmente"*. En la versión Reina Valera encontrarás que dice: *"...así como prospera tu alma"*. Nos irá bien, según prospere nuestra alma. Esa prosperidad solo puede estar con Dios, con Su Palabra, hablando constantemente con Él. Hoy te invito a que invites a tu alma a alabar a Dios. Salmo 103:1 dice: *"Alaba, alma mía, al SEÑOR; alabe todo mi ser su santo nombre"*. Ahí donde estás comienza a alabar a Dios. Al comenzar tus días hazlo alabando a Dios, comunicándote con Él para que tu parte almática se doblegue, se coloque en Sus manos, así tendrá reposo y esperanza (Salmo 62:5). Cuando quiera reaccionar, actuar según la naturaleza humana dile: Alma...espera...espera en Dios.

Él te sustentará

*"Así que mi Dios les proveerá de todo lo que necesiten,
conforme a las gloriosas riquezas que tiene en Cristo Jesús".*
Filipenses 4:19

Algo que he aprendido a través de mi vida es que definitivamente Dios es quien me sustenta. Su misericordia ha sido tan grande que aun cuando me encontraba apartada Él tuvo cuidado de mí. Recuerdo una época que fue muy difícil para mi madre y para mí. De la noche a la mañana mi madre perdió su empleo, ya que cerró la fábrica donde ella trabajaba. Era una fábrica de costura y al cerrar dejó a sus empleados sin ningún tipo de beneficios. Esto afectó mucho a mi madre, le afectó sus nervios y entró en depresión. Yo me encontraba terminando la universidad y para completar pasó un huracán que afectó nuestra residencia. Hubo días que si comí un emparedado en la tarde fue una bendición. Pero en todo ese proceso Dios proveyó. De diferentes formas, a través de distintas personas la provisión de Dios llegó. Él nos sustentó. Mi mamá se levantó de la depresión y continuó hacia adelante. Dios tuvo misericordia de nosotras. Años después yo regresé a los brazos de mi Padre y pude reconocer Su amor e infinita misericordia para nosotras a través de nuestros tiempos difíciles. Desconozco lo que vives hoy, pero te invito a confiar en Dios y ten por seguro que Él te sustentará.

Día 240

Zapatos rotos

"Estoy convencido de esto: el que comenzó tan buena obra en ustedes la irá perfeccionando hasta el día de Cristo Jesús". Filipenses 1:6

¿Alguna vez has estado en algún lugar y se te han roto los zapatos? A mí me ha ocurrido en tres ocasiones. La primera fue en el trabajo. Para esa época trabajaba en tacones, zapatos altos o como tú le llames. Iba caminando y de momento ¡zas! Se me rompió el zapato. Tuve que colocarle cinta adhesiva alrededor del área afectada y trabajar así durante todo el día. La segunda vez me ocurrió en la boda de mi amiga y comadre. Me acompañaba otra amiga ese día. Llegamos temprano a la iglesia. Ya cuando estaba sentada me percaté de que había dejado la cámara en mi vehículo, así que salí a buscarla y ¡zas! Se me rompió el zapato. Llamé a mi amiga, la que me acompañaba, le dije lo que me pasó y nos fuimos en busca de una tienda de zapatos. Lo más cercano era un centro comercial que sus tiendas son un poco más costosas y mi pensamiento fue "¿cuánto me saldrá un par de zapatos en este lugar?" Entramos a la primera tienda que encontramos, ¿cuál fue nuestra sorpresa? Encontré los zapatos que combinaban a la perfección con mi ropa y tenían un porciento de descuento y me salieron bien económicos. Incluso mi amiga aprovechó el especial también ja, ja, ja… y llegué a tiempo a la boda.

La tercera vez fue ayer, era domingo, día de ir a la iglesia. Me tocaba la parte de dar los anuncios. Así que me arreglé con esmero porque el servicio lo muestran por Facebook live, por lo cual debía estar presentable. Cuando llegué una de las hermanas de la iglesia me dijo que me veía hermosa y yo muy agradecida de sus palabras. Entré y cuando fui a mi asiento ¡zas! Se me rompió el zapato. Tuve que dejar instrucciones para que alguien más diera los anuncios e irme hacia mi casa. Vi el servicio por Facebook.

Eso nos puede ocurrir en nuestro caminar como cristianos. Caminamos muy seguros de nuestras vidas en el Señor y ¡zas! Llega algo o alguien que te quiebra esa seguridad que tenías. Te rompe tu zapato. ¡Qué bueno que tenemos a Dios! Nuestro zapatero por excelencia. Pero Él no nos arregla el zapato, Él nos hace uno nuevo. Hoy te invito a que no te quedes con ese zapato roto para buscar cómo arreglarlo o remendarlo. Bota ese zapato y ve a la presencia de Dios para que te haga uno nuevo, a la medida y de una calidad que no tiene comparación aquí en la Tierra. Deshazte de tu zapato roto. ¡Aleluya!

Día 241

Café sin conectar

"Yo soy la vid y ustedes son las ramas. El que permanece en mí, como yo en él, dará mucho fruto; separados de mí no pueden ustedes hacer nada". Juan 15:5

Soy una persona bastante despistada, creo que lo he mencionado en otras ocasiones. Hace poco caminaba por una calle y no me di cuenta de que un hombre vestido de Batman pasó por mi lado. Mi acompañante fue quien me hizo verlo (y no era día de Halloween), así que era algo que se supone que llamara mi atención, pero no fue así. Ya tienes una idea del grado de mi despiste. En varias ocasiones me ha ocurrido que he puesto a hacer café en la mañana y cuando ya voy dispuesta a saborearlo me percato que no he conectado la cafetera, entonces, ¿cómo se va a hacer el café? Lo mismo ocurre con nosotros. Queremos hacer muchas cosas en nuestras vidas, lo cual conlleva tomar decisiones, las cuales deben ser sabias para tener buenos resultados, pero consultamos a todo el mundo, menos al que debería ser primero, Dios. ¿Cómo vamos a tomar decisiones sabias si no vamos a la fuente de sabiduría? ¿Cómo haremos que algo funcione si no nos conectamos a la toma de corriente correcta? Dios debe ser nuestra primera opción, no la última. Te invito a que, desde hoy, te conectes al receptáculo correcto que te llenará de la energía necesaria para realizar todas tus labores y poder llegar a la meta que persigues. Acuérdate de conectarte a Dios para poder producir ideas correctas y sabias que te llevarán a cumplir con el propósito que Dios ha diseñado para ti. Dios es la toma de corriente correcta para ti. Que no te ocurra como a mi café, el cual no se puede hacer si la cafetera está desconectada. Conéctate a Dios y da tu mejor producción. ¡Amén! ¡Amén! ¡Amén!

Paga el mal con el bien

"No paguen a nadie mal por mal. Procuren hacer lo bueno delante de todos". Romanos 12:17

Estuve tomando un taller sobre cómo hablar en público. Fui con una pareja de amigos, a quienes amo mucho. El taller fue muy interesante. Aprendí bastante. Ahora tengo que comenzar a aplicar lo aprendido. Y eso ocurre con lo que aprendemos en la Palabra. Pero, ¿y qué cuando esa aplicación no es nada fácil para uno como ser humano? Cuando salimos del taller mis amigos y yo fuimos a comer una sabrosa pizza. Mientras esperábamos por ella, mi amigo me dice que me quiere contar algo que vivió el día anterior, y yo le di toda mi atención. En el pasado mi amigo sufrió una gran traición. Esto influyó mucho en su carácter y emociones. Sé que Dios ha trabajado en él y aún lo está haciendo, pero cuando vivió su proceso, muy doloroso, por cierto, se afectó mucho. Me contó que Dios hizo que se encontrara con esas personas nuevamente. Cuando mi amigo supo que vería a las personas que tanto daño le habían hecho, oró. Pero aparte de orar estuvo dispuesto de corazón a hacer lo que había aprendido en su relación con Dios, hacer el bien. Al final del incómodo encuentro mi amigo salió en victoria y demostró ser un hijo de Dios. Cuando me contó los detalles yo solo pude felicitarlo. Leer la Palabra, meditar en ella, guardarla es bastante fácil. Pero en muchas ocasiones llevarla a cabo no. Pero la Palabra dice que cuando haces conforme lo que dice: *"...entonces harás prosperar tu camino, y todo te saldrá bien".* (Josué 1:8) Y sé que así ha ocurrido en la vida de mi amigo y seguirá sucediendo por el resto de su vida. La clave en este caso fue pagar el mal con bien. Aplicar la Palabra de Dios en su vida.

Día 243

Caída

"Ellos son vencidos y caen, pero nosotros nos erguimos y de pie permanecemos". Salmo 20:8

Hace unos días salí a caminar por una ruta a la cual no estoy acostumbrada. Mi acompañante sí domina el área. Llegamos a un punto donde pensé que se había terminado la ruta y él me dijo: "Ven, es por aquí" y se abrió paso entre la hierba y las ramas; vi que es un área que tiene escaleras. Cuando comencé a descender me dijo: "Aquí ya no hay escaleras, debes agarrar esta cuerda y comenzar a bajar". A mí siempre me han gustado las aventuras como esas, así que me encantó la situación, pero cuando comencé a bajar me di cuenta de que mis tenis tenían poco agarre. Le dije: "Mejor muévete, porque creo que me voy a caer". Mi acompañante me dijo: "baja". ¿Y qué hice? Bajé, pero no como se esperaba. Bajé deslizándome de glúteos y sin control hasta choqué con mi acompañante. Ambos comenzamos a reír. Yo abochornada por lo ocurrido, me puse de pie, él me preguntó si estaba bien a lo que contesté que sí. Comenzamos a caminar y ahí le dije: "Creo que me raspé". Me dice: "¿Te duele?" A lo que contesté: "Me arde". Me dijo: "Déjame ver". Cuando miró, resultó que mi pantalón estaba roto, me había raspado y por eso me ardía. En nuestro caminar con Dios nos ocurre lo mismo, nos caemos en nuestro andar, nos laceramos y podríamos seguir cayendo, pero por la misericordia de Dios chocamos con Él y nos ayuda a ponernos de pie. Nos examina y nos cura nuestras heridas y nos ayuda a seguir caminando. Si has caído de alguna manera, hoy te invito a alzar tus ojos al cielo, clamar a Dios. Con Su ayuda levántate y prosigue. No importa cuál ha sido tu error, no importa cuán vergonzosa pienses que puede ser tu situación, Dios te ama. Él te levanta, te sana, te libera, te restaura, te restituye, te hace nueva criatura…pero sobre todo te perdona.

Cactus

"Escrito está: "No solo de pan vive el hombre, sino de toda palabra que sale de la boca de Dios". Mateo 4:4

Mi madre es muy buena en jardinería. Y no heredé eso de ella. Me gustan las plantas, aunque no tenga buena mano con ellas. Por eso en mi jardín procuro tener plantas que no necesiten mucha agua para poder vivir. Hace unos años un estudiante me regaló un pequeño cactus. Literalmente pequeño. Medía como dos pulgadas de alto. Me lo trajo en un tiesto color amarillo. Me emocioné por el regalo (y te he dicho que me emociono no por el regalo, sino por el detalle que tuvo la persona de pensar en mí y querer obsequiarme algo) y en mi mente dije: "Oh Dios, se me va a morir".

Me lo llevé a mi hogar y determiné en mi corazón que iba a cuidar de él y que viviría. El cactus creció y hasta lo tuve que trasplantar, yo estaba feliz con él. Pero un día me levanté y cuando lo observé estaba inclinado ¡Oh, Dios! Rápidamente busqué otro tiesto, lo trasplanté y lo coloqué en un lugar donde le diera más sol. Pasaron los días y el cactus seguía doblado. Llegó el punto en el cual me dio mucha tristeza, porque pensé que el cactus moriría y decidí no mirarlo más para no sufrir. Pasaron muchos días y yo no miraba hacia donde estaba el cactus. Cual no fue mi sorpresa un día que me dio con mirar y vi mi cactus erguido, bien orgulloso. Yo me puse feliz. Le hablé a mi cactus y le agradecí a Dios por la vida de él.

Ahora piensa lo siguiente: tú eres el cactus, Dios es el dueño. Cuando comienzas a realizar cosas que no son agradables a Dios comienzas a doblarte. Dios te agarra, te trasplanta de lugar (de trabajo, de amistades, de relaciones…), buscando que vuelvas a vivir. Si sigues haciendo lo que no es correcto seguirás doblado y muriendo. Dios te verá morir, consumirte poco a poco y Él estará lleno de dolor al ver a su hijo(a) morir poco a poco. Sin embargo, si al ser trasplantado comienzas a nutrirte de todo lo que sea correcto para ti: buenas amistades, escuchar conversaciones correctas, buscar la presencia de Dios cada día, leer Su palabra y alimentarte de ella...comenzarás a levantarte, a enderezarte como el cactus y quedarás erguido muy orgulloso de la persona en la que has sido transformado a causa del poder del Espíritu Santo en tu vida. ¿Cuál cactus quieres ser? ¿El moribundo o el lleno de vida? Creo conocer tu contestación. Te invito a comenzar a trabajar en ti junto a Dios para que seas ese cactus lleno de vida en el jardín de Dios. ¡Amén! ¡Amén! ¡Amén!

Su abundancia

"Sin embargo, les daré salud y los curaré; los sanaré y haré que disfruten de abundante paz y seguridad". Jeremías 33:6

Hace unos años tuve la oportunidad de pasear en kayak. Ese tiempo lo compartía con mi amiga y comadre. A ambas nos gustaba. Primero corríamos bicicleta y luego subíamos al kayak. La parte que más me emocionaba era el recorrido que comenzaba en la corriente de un río y luego entrábamos al mar. Ese momento, al entrar al mar, era maravilloso para mí. Poder ser testigo de esa inmensidad, de esa belleza era un momento que valoraba mucho. Sentía que era libre, que me llenaba de vida. Eso ocurre cuando aceptamos a Jesús como nuestro Salvador. Mientras no lo tenemos, caminamos en estrechura, cuando lo aceptamos entramos a lo ancho de Su abundancia. En Él tenemos vida, salvación, inteligencia, conocimiento, sabiduría, paz, amor, dominio propio, bondad, cobertura, protección… y podría seguir mencionando todo lo que tenemos en Él. Dios nos ama. Busca en todo momento Su abundancia, Su presencia, Su esencia. Él siempre nos lo quiere dar, pero no nos obliga a aceptar. Es nuestra decisión querer disfrutar de sus bendiciones o querer seguir viviendo en estrechez espiritual, emocional. Dios es real. Dios es bueno. Dios es nuestro Padre. Hoy te invito a disfrutar de Su abundancia. Él quiere entregártela. No la rechaces. Acéptala y te gozarás en Su abundancia.

Día 246

Golpes

Pelea la buena batalla de la fe; haz tuya la vida eterna, a la
que fuiste llamado y por la cual hiciste aquella admirable
declaración de fe delante de muchos testigos.
1 Timoteo 6:12

Me imagino que alguna vez te has dado un golpe. Tal vez varios y con diferentes grados de intensidad. Hace poco compartí con un perro muy juguetón, pero de contextura muy fuerte. Cuando me vio se emocionó tanto que se abalanzó sobre mí y, al darme su cariño, me golpeó un brazo. Me dejó por varios días unas marcas y dolor. Ese fue el producto de su cariño. Me hizo pensar en lo golpeada que estuve por mucho tiempo en mi vida pasada. Golpeada en mis emociones y en mi área espiritual. Por uno de esos golpes en mis emociones tuve que reconocer que no podía seguir alejada de mi Señor, de mi Padre. Reconocí que necesitaba el cuidado de mi Pastor. Necesitaba que curara mis heridas, mis golpes. Ahí me humillé y vine delante de Dios. Él no me rechazó. Él me abrazó y comenzó mi proceso de curación. No sané al instante. Mi proceso duró días, meses, años.

Miro a mi pasado y le doy gracias a Dios porque ya no tengo esos golpes que me dolieron tanto. Ya no están. Desaparecieron. Y aunque en mi caminar, el mundo ha querido golpearme, me he aferrado a mi Dios y he sido sanada mucho más rápido, porque tengo intimidad con Él y procuro estar en Su presencia día a día. Hoy te invito a que le permitas a Dios sanar tus golpes. No tienes porqué seguir viviendo con ellos y su dolor. Jesús es la respuesta para tu sanación. Con bálsamo de amor eterno Él sanará tus golpes. Recibe alivio y sanación en el nombre de Jesús. ¡Amén! ¡Amén! ¡Amén!

Esto es vida

"Durante todos los días de tu vida, nadie será capaz de enfrentarse a ti. Así como estuve con Moisés, también estaré contigo; no te dejaré ni te abandonaré". Josué 1:5

Nuevamente salí en moto. Era un día hermoso, soleado y fresco a la vez. El cielo estaba azul con unas nubes blancas espectaculares. Yo disfrutaba sentir el viento en mi rostro. Conversaba de vez en cuando con mi acompañante, el conductor de la moto. En un momento dado le dije: "Ahora entiendo porqué te gusta tanto la moto". Y le añadó: "Esto es vida". No hago más que pronunciar esas palabras y ¡pam! Se explotó la goma delantera. Rápidamente nos detuvimos. Mi acompañante de momento y lógicamente se molestó por lo ocurrido. La causa fue un hueco en la carretera. Pedimos ayuda y esperamos. Mientras llegaba la ayuda le dije: "Sabes, cuando me ocurren cosas así, siempre pienso que Dios me está cuidando de algo". A lo que Él me respondió: "Es cierto lo que dices". Tiempo después añadió: "Por lo menos sucedió de día y no de noche".

La vida es así, tiene momentos hermosos, buenos, de aventuras y otros no tan hermosos, ni buenos ni llenos de aventuras. Lo importante es que cuando nos enfrentemos a ellos tratemos de desarrollar el hábito, la costumbre, de fijarnos en lo bueno, lo positivo que puede haber dentro de la situación. Nosotros lo pudimos hacer. Llegó la ayuda y dejamos la moto en un lugar seguro. Agarramos el auto y comenzamos la aventura de ese día nuevamente, de manera distinta, pero pudimos disfrutar el día y sostener que esto es vida. Declara hoy que lo que estás viviendo es vida y busca todo lo positivo que puedes encontrar en ella y disfrútala. ¡Amén! ¡Amén! ¡Amén!

Día 248

De tal palo tal astilla

"y dijo: «Hagamos al ser humano a nuestra imagen y semejanza". Génesis 1:26

¿Has escuchado alguna vez este refrán? Por lo general lo utilizamos para decir que algo es parecido a otra cosa. O sea que algo pequeño se parece a algo más grande. ¿Te pareces a tu madre o a tu padre? ¿En qué te pareces?

Esto nos dice que guardamos parecido con nuestro origen. ¿Cuál es nuestro origen? Dios. Por lo cual tenemos parecido a Él. Nos parecemos a Dios. Tenemos algo de su esencia. Tenemos del Padre, del Hijo y del Espíritu Santo. ¿Estamos de acuerdo en eso? Ahora mi pregunta es la siguiente ¿Por qué si sabemos eso en muchas ocasiones nos despreciamos? ¿Por qué nos desvalorizamos? Somos creación de Dios. Fuimos pensados, diseñados, creados por Él. Para Dios somos de gran valor y por eso nos otorga vida cada día. Dios creó el cielo, la Tierra, todo cuanto hay en ella, incluyéndote a ti. Cada parte de tu cuerpo Él la pensó y la creó. Por lo general nos paramos frente al espejo y comenzamos a mirar nuestras imperfecciones. Pero cada, peca, cada arruga, cada marca, cada cabello fue creado por Él.

Génesis 1: 31 dice: *"Dios miró todo lo que había hecho, y consideró que era muy bueno".* Miró todo, tanto en ese momento como en el futuro y vio que era bueno. Te vio a ti, me vio a mí y dijo que era bueno. ¿Entonces por qué pensar lo contrario? Nosotros somos valiosos para Dios. Nos llama por nuestro nombre y nosotros conocemos Su voz, la de nuestro Padre, nuestro Árbol, del cual somos Su astilla. No permitas que nadie te diga lo contrario. Eres hijo de Dios y valioso. Solo debes encargarte de edificar tu relación con Dios. Esta relación no es solo asistir a la iglesia los días de servicio y trabajar en algún ministerio, no. Esto hay que trabajarlo día a día en tu hogar, en tu intimidad, adorándolo, orando, leyendo y estudiando Su Palabra para que lo puedas conocer cada día más, conociendo Su verdad la cual te libera de toda la mentira de este mundo, sus presiones y conceptos. La Palabra te lleva a conocer tu realidad, de lo que estás hecho, lo que vales y lo que puedes hacer para dar a conocer a Jesús a otros que es nuestra gran comisión aquí en la Tierra. Todo lo que necesitas es tener a Dios en tu vida. A veces malgastamos nuestro tiempo tratando de alcanzar los bienes que ofrece este mundo y se nos olvida que Dios es suficiente. José Luis Navajo, uno de mis autores preferidos, escribió lo siguiente en su libro *Lunes con mi viejo pastor*: "Solo Dios es, solo Dios sabe, solo Dios puede, solo Dios es el verdadero sabio".

Solo Dios es tu origen, solo Dios sabe los planes que tiene para ti y que sabemos que son de bien, solo Dios puede determinar tu valor, nadie más, solo Dios en Su sabiduría nos dio el único camino para llegar a Él, Jesús. Solo Dios es la clave de nuestra vida, de nuestro tiempo. Nada es difícil para Él. Nada es imposible para Él. Confía en Él. Eres astilla de Dios, ¡que se te note!

La llave

"Dará a luz un hijo, y le pondrás por nombre Jesús, porque él salvará a su pueblo de sus pecados". Mateo 1:21

Hace unos días iba a llevar mi auto al mecánico. La idea era llevarlo, dejarlo y, cuando estuviera listo, recogerlo. Por lo cual mi novio me iba acompañar para poder dejarla. Íbamos a ir bien temprano. Mi novio llegó a la hora indicada, estacionó detrás de mi guagua y apagó su automóvil. En ese momento se dio cuenta de que había dejado en su casa el beeper del carro. ¡Oh, no! Sin el beeper no podía encender su automóvil. Yo no lo podía llevar porque había estacionado detrás de mi auto. Así que tuvimos que esperar que fuera un poco más tarde para que él llamara a un amigo, este lo recogiera para buscar su beeper y traerlo de nuevo a mi casa. Al final se hizo tarde para llevar el carro al mecánico.

Ahora te pregunto: ¿tienes la llave de tu salvación? ¿Sabes cuál es la llave de tu salvación? La llave es aceptar a Jesús como tu Salvador. Caminar en obediencia para así preservar tu salvación. Si ya la tienes, ¡Gloria a Dios! Si aún no la tienes, hoy te invito a tomarla y colocarla en la cerradura correcta, la cerradura de tu corazón. Permite que Jesús entre en tu vida y te otorgue Su salvación. Luego que la tengas en tu corazón, no la quites, no la dejes en ningún lugar. Esta llave acciona tu motor espiritual y te lleva al mejor viaje de tu vida, al camino correcto de tu existencia, a la mejor aventura que podrás vivir mientras estés en la Tierra. Si así lo quieres hacer, di en voz alta: *Señor Jesús, te acepto como mi salvador. Entra a mi corazón, entra a mi vida y transfórmame. Escribe mi nombre en el libro de la vida. De hoy en adelante quiero vivir obedeciendo tu Palabra y lleno de tu Espíritu Santo. Declaro que es así desde hoy en el nombre de Jesús, ¡Amén! ¡Amén! ¡Amén!* ¡Gloria a Dios! Hay fiesta en el cielo y te felicito por aceptar la llave correcta en tu vida: Jesús.

Somos cartas de Dios

"Ustedes mismos son nuestra carta, escrita en nuestro corazón, conocida y leída por todos. Es evidente que ustedes son una carta de Cristo, expedida por nosotros, escrita no con tinta, sino con el Espíritu del Dios viviente; no en tablas de piedra, sino en tablas de carne, en los corazones. Esta es la confianza que delante de Dios tenemos por medio de Cristo". Corintios 3: 2-4

Soy la única hija del matrimonio de mis padres, pero tengo un hermano por parte de padre. No hemos tenido una relación normal de hermanos. Pero recuerdo que, en una ocasión, cuando estaba en la universidad, mi mamá pasó a recogerme y me entregó una carta. Al ver el nombre pensé que era una carta de mi papá. Mi mamá al ver que no hubo una reacción de mi parte me dijo: "¿Te fijaste de quién es?" A lo que le contesté: "de papi". Y me dice mira de nuevo, al hacerlo me fijé que la letra no era la de mi papá, sino la de mi hermano (se llama igual que mi papá). Fue una gran sorpresa para mí, me dio alegría el ver que quisiera comunicarse conmigo. Fue un suceso que quedó grabado en mi vida para siempre. Cada uno de nosotros somos cartas abiertas.

Carta abierta: *que contiene represión o advertencia reservada de un tribunal superior a un cuerpo o persona pública.*

Somos las voces para transmitir las buenas nuevas a todo aquel que aún no conoce a Dios o por alguna razón se ha alejado de Él. Dios quiere usarnos para que vuelvan a acercarse a Él. Nuestra función no es solo vivir nuestras vidas, sino que incluye ese propósito que tenemos todos: llevar las buenas nuevas dondequiera que vayamos. En cierta medida llevamos un mensaje de advertencia porque damos a conocer a nuestro Dios porque no queremos que nadie se pierda, sino que tengan vida eterna. Por lo cual nuestra función es llevar ese mensaje de que Dios es amor, cuyo amor es infinito e incondicional. Llevar el mensaje de que Jesús es nuestro Salvador y es el camino al Padre. Llevar el mensaje de que Jesús es el camino para seguir y que es vida eterna. Llevar el mensaje de que los planes de Dios para cada uno de sus hijos son de bien. Llevar el mensaje de que para los que amamos a Dios TODO obra para bien. Disfruta ser una carta abierta de parte de Dios. ¡Aleluya!

Su atención

"Cuando el SEÑOR vio que Moisés se acercaba a mirar, lo llamó desde la zarza: —¡Moisés, Moisés! —Aquí me tienes — respondió. —No te acerques más —le dijo Dios—. Quítate las sandalias, porque estás pisando tierra santa".
Éxodo 3: 4-5

Si has llegado a este punto del libro, pues ya sabes que soy despistada. Hace poco hablaba por teléfono con una amiga y a la vez buscaba afanosamente algo: mis sandalias. Buscaba y buscaba… de pronto cuando me fijo, resulta que las tenía puestas. ¿Mi reacción? Reírme de mí y mis despistes. En este caso necesitaba tener mis sandalias puestas, pero en una ocasión Dios le dijo a Moisés que se quitara sus sandalias porque el lugar que pisaba era santo a causa de Su presencia allí. Al ir a la presencia de Dios debemos despojarnos de todo aquello que pueda interferir en nuestra intimidad: enojos, mentiras, contiendas… Por eso, cuando Jesús nos enseñó a orar en Su Palabra dice: "perdona nuestros pecados, así como perdonamos a nuestros deudores". Debemos quitar toda piedra de tropiezo para ir al trono de la gracia. Al acercarnos debemos hacerlo con un corazón sincero y dispuesto a escucharlo. Dios quiere escucharnos y quiere hablarnos. Valora, agradece que contamos con un Padre que nos presta toda Su atención. Es un Padre presente, no ausente. Es un Padre amoroso, cariñoso, misericordioso. Es un Padre lleno de atenciones para con sus hijos. Ámalo. Él te ama a ti. ¡Aleluya!

Día 252

Conociendo el taller

"Dios el SEÑOR plantó un jardín al oriente del Edén, y allí puso al hombre que había formado". Génesis 2:8

Hoy mi novio me llevó a su trabajo y me mostró las facilidades del lugar. Además, me explicó qué se hacía en cada área del lugar. Me contó anécdotas de su trabajo y sus responsabilidades. Conocer su área de trabajo, fue conocerlo más a él. Son muchos años los que lleva trabajando allí. Es una parte de él. Para mí fue emocionante, agradable, reconfortante e importante vivir ese recorrido con él. Con ese acto, él recalca el hacerme parte de su entorno, de su vida. Así mismo, Dios quiere hacer con cada uno de nosotros. Hay una alabanza de Alex Campos llamada: *Al taller del Maestro*, la cual habla de cómo Dios nos cura, nos moldea, nos hace una nueva criatura cuando aceptamos a Jesús como nuestro Salvador. Para vivir esa transformación debemos conocer Su taller, el cual está compuesto de: amor, gozo, paz, paciencia, benignidad, bondad, fe, mansedumbre, templanza (Gálatas 5:22-23).

Hoy te invito a entrar a Su taller, caminar en él, recorrer cada pasillo, haz las paradas correspondientes para aprender, entender y desarrollar cada uno de estos aspectos. Llegar al taller de Dios es garantía de ayuda, modificación, transformación y sobre todo salvación. Vive conociendo el taller del cual saliste. ¡Amén! ¡Amén!¡Amén!

Zona de comodidad

"Mi ayuda proviene del SEÑOR, creador del cielo y de la tierra". Salmo 121:2

Por una temporada muy larga tuve que mudarme a trabajar a mi casa. Soy maestra y daba clases de forma virtual. Por lo cual pasaba 5 días de la semana encerrada entre cuatro paredes, sin ver personalmente a nadie. Pasaba todas las horas de mi trabajo prácticamente sentada: dando clases, corrigiendo trabajos, enviando o recibiendo mensajes de padres, tomando talleres o conferencias de forma virtual. Estaba encerrada y pegada a un dispositivo. Esta situación era difícil de tolerar y más si eres una persona como yo, que no me gustan muchos los dispositivos tecnológicos, aunque reconozco que es la orden del día. Mi pasión es poder estar con los estudiantes, facilitarles la enseñanza y reírme de sus travesuras. Esta situación fue sacarme totalmente de mi zona de comodidad. Fue un reto "adaptarme" a este nuevo sistema de enseñanza. ¿Dónde busqué refugio, ayuda para lograr salir hacia adelante? En Dios. Él estuvo conmigo en cada momento, en cada minuto tenso, en cada día lleno de presión. Así me lo dejó escrito en Su Palabra. El sacarme de mi zona de comodidad fue todo un reto, pero al mismo tiempo aprendí mucho en el trayecto. Si ahora mismo sientes que te han sacado de tu zona de comodidad, no te asustes, no te desesperes, no tengas miedo, recuerda que quien está contigo, es mayor que el que está en el mundo (1 Juan 4:4). Párate firme como lo hizo en una ocasión David delante de aquel gigante. Hubiese sido una situación para hacer una retirada y no acercarse más a aquel lugar, pero David sabía quién estaba con él. Dios también está contigo. Camina, enfrenta, aprende, crece, expande tu territorio y en todos los procesos recuerda que el Gran Yo Soy está a tu lado. Acepta el reto y sal de tu zona de comodidad. ¡Amén! ¡Amén! ¡Amén!

Momento insospechado

"Deléitate en el SEÑOR, y él te concederá los deseos de tu corazón". Salmo 37:4

A través del grupo al que pertenezco de Bible Journaling he tenido la grata sorpresa de conocer mujeres de otros países como, por ejemplo: México, Ecuador y España. Esto se ha logrado porque nos reunimos a través de una plataforma digital. Cada sábado, en dichas reuniones, vivimos experiencias hermosas a través del estudio de la Palabra y el arte inspirado en ella. A causa de esta hermosa práctica hace poco fui invitada a compartir una reflexión con un grupo de mujeres que viven en Ecuador. Es mi segunda oportunidad dada por Dios de llevarle la Palabra a mujeres de otros países. La primera fue en el estado de Georgia en la iglesia donde asiste mi comadre y en la cual hay mujeres de distintas nacionalidades. Esa vez fue algo inesperado y ahora también. Dios me sorprendió con este momento insospechado con el cual me sentí honrada. Doy gracias a Dios por oportunidades como esta, donde puedo hacer lo que me apasiona: hablar a otros sobre Él y sus grandezas. ¿Te gustaría recibir momentos insospechados así de agradables, según lo que te apasiona? Pídele a Dios. Él concederá el anhelo de tu corazón, de acuerdo con Su voluntad. Recibirlos es hermoso. Alegra tu corazón, te llena de gozo, de emoción, sientes Su amor y te sientes satisfecho de hacer lo que es la voluntad de Dios. Espero que si alguna vez coincido contigo me puedas contar algún momento insospechado otorgado por Dios a tu vida. Siempre hacia adelante.

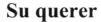

Su querer

"Por la fe Abraham, a pesar de su avanzada edad y de que Sara misma era estéril, recibió fuerza para tener hijos, porque consideró fiel al que le había hecho la promesa".
Hebreos 11:11

Caminar en este mundo no es cosa fácil. Cada día tiene su propio afán. Nos encontramos con situaciones, circunstancias que nos ponen a prueba, las cuales debemos solucionar de una manera u otra. Cosas tan simples como sacar una mancha de nuestra camisa favorita hasta cómo poder llegar a fin de mes con lo que queda en la cuenta de banco. La buena noticia es que en cada una de ellas: simple o complicada, Dios está con nosotros. Tengo una amiga que en una temporada pude ser testigo como en una situación económica bien estrecha, Dios le abría una puerta de provisión. Fue una temporada fuerte, pero a la vez hermosa. Cada vez que me llamaba o nos veíamos, me contaba lo que había ocurrido en esa semana y yo me quedaba sin palabras por la grandeza y provisión de Dios sobre sus circunstancias. Realmente era algo asombroso. Para vivir necesitamos fe como la de Abraham y Sara. Ellos aún observando sus circunstancias creyeron en las promesas de Dios para sus vidas. Su Palabra está llena de promesas para ti y para mí. Te daré algunos ejemplos:

Cada día es para que te goces en él. Salmo 118:24
Si sembraste con lágrimas, cosecharás con regocijo. Salmo 126:5
Te da Su paz. 2 Tesalonicenses 3:16
Nos da Su gracia. 2 Corintios 12:9
Todo es posible para el que cree. Marcos 9:23

La Palabra de Dios está llena de promesas que llenan tu espíritu, tu alma y alimentan tu fe. Te invito a leer la Biblia. Permite que Dios hable a tu corazón. Permite que te conteste toda interrogante que puedas tener. Permite que alimente tu fe con Su pan de vida. Permítele que te dé Su querer. ¡Amén! ¡Amén ¡Amén!

Día 256

Detalles inesperados

"Hiciste portentos inesperados cuando descendiste; ante tu presencia temblaron las montañas". Isaías 64:3

Sé que Dios está presente en mi vida siempre. Me lo demuestra a través de Su favor y Su gracia. Al abrir mis ojos cada mañana le agradezco por el milagro de la vida. Agradezco por todo lo que tengo y soy, porque sé que se lo debo a Él. Hay días que me concede detalles, a los cuales yo le llamo mimos. Y me emociono tanto de ver cómo es Dios conmigo. Hace poco, una tarde, una amiga me llamó. Nos saludamos, hablamos un rato y luego me dijo: "El motivo de mi llamada es porque Dios me ha bendecido con la llegada de un dinero. Me puse en oración y le pedí que me dijera con quién debo compartirlo y te puso a ti en mi corazón. Quiero que vayamos al supermercado para que compres todo lo que te haga falta". Yo me quedé en una pieza, no sabía qué decir. En un principio le dije que no era necesario, que para mí era más que suficiente con su amistad. A lo que ella me respondió: "Dios me dijo que te bendijera a ti". Algo que he aprendido en mi iglesia es que, si alguien te quiere bendecir, no debes rechazar esa bendición; porque al aceptarla traerá bendición a la persona que la otorga. Así que nos pusimos de acuerdo el día para ir juntas al supermercado. Fue una experiencia extraña para mí. He recibido detalles inesperados en mi vida, pero este me asombró mucho. ¿Qué quiero decirte con esto? Dios tiene muchas bendiciones para ti. No hablo solo en lo material, sino también en lo emocional y espiritual. Sigue a Jesús de todo corazón. Él ve lo que tienes allí. Y si lo haces sinceramente, te sorprenderás de todo lo que Dios hará en tu vida. Sus planes son de bien (Jeremías 29:11). Sus pensamientos no son como los nuestros (Isaías 55:8-9). Él te amó primero (1 Juan 4:10) ... así podría seguir diciéndote todas esas verdades y promesas que se encuentran en la Biblia y son para nosotros. Sigue a Jesús cada día y te aseguro que verás Sus detalles inesperados en tu vida, más de lo que te puedas imaginar. ¡Aleluya!

Posibilidades como el café

"Lleven ahora a feliz término la obra, para que, según sus posibilidades, cumplan con lo que de buena gana propusieron". 2 Corintios 8:11

¿Cuántas tazas de café tomas al día? Por lo regular, yo tomo 2, en algunas excepciones 3 ¿Cómo te gusta: negro, con leche, oscuro, clarito...? ¿Le añades algún sabor? Hay tantas posibilidades para beber un buen café. Así mismo hay muchas posibilidades para estudiar la Palabra de Dios. Por lo general me encuentro muchas personas que me dicen que no leen la Biblia, porque no les gusta leer. Recuerdo que en una ocasión invité a una amiga a leer el libro de Vida con Propósito junto conmigo. Su primera excusa fue que cuando leía le daba sueño. Le insistí un poco y expliqué que era una lectura corta por cada día. Aceptó. ¿Cuál fue la consecuencia? Comenzó a visitar la iglesia, aceptó al Señor como Su salvador, su esposo después también se reconcilió con el Señor y ahora están a punto de graduarse de un Instituto Bíblico. ¡Aleluya! Eso lo hace el Señor, que a través de Su Palabra tiene contacto con nuestras vidas. Así como tenemos gustos diferentes al tomar café lo tenemos en nuestra manera de tener contacto con la Palabra de Dios. Hoy te invito a que te evalúes y descubras cuál es la tuya. Hay biblias en distintas versiones. Yo uso varias a la hora de preparar algún mensaje o estudio. Hay biblias que vienen con imágenes, esto ayuda a recordar lo que se lee. Hay biblias en las que puedes hacer apuntes o dibujar, hay dirigidas a hombres, a mujeres, a jóvenes o a niños. Hay biblias de estudio. Hay biblias en audio. Hay biblias digitales. Hay tanta variedad que realmente no deberíamos tener excusas para no estar en contacto con la Palabra. Busca tu estilo, tu preferencia. Busca tu posibilidad con la Palabra. Luego te preparas un café a tu gusto y disfruta ese tiempo con la Palabra que te llenará de sabiduría, inteligencia y conocimiento. Recuerda que hay posibilidades como las hay con el café. ¡Qué disfrutes!

Día 258

Siembra

"Mientras la tierra exista, habrá siembra y cosecha, frío y calor, verano e invierno, y días y noches". Génesis 8:22

Ya les he mencionado que pertenezco al grupo Bible Journaling Coffee. Pertenezco al equipo de trabajo de este grupo y las otras integrantes de este equipo son mis amigas (las quiero chicas). Cada mes nos reunimos y compartimos un tiempo muy agradable. Nos ponemos al día con nuestras vidas, siempre realizamos alguna manualidad juntas, comemos, bebemos café y sobre todo nos reímos a carcajadas. Es un tiempo que yo espero con muchas ansias. Doy gracias a Dios por cada una de ellas, son muy especiales para mí. En una de nuestras reuniones una de las chicas nos regaló: un tiesto, semillas y tierra para sembrar. Si has llegado a esta lectura pues ya sabes que mi relación con las plantas es muy particular. Ja, ja, ja, ja… Nuestra amiga nos hizo este regalo para que mientras la sembráramos y la cuidábamos, recordáramos las peticiones que tenemos en nuestro corazón delante del Señor. ¡Fue un detalle tan hermoso! A todas nos encantó.

Ese día pintamos el tiesto, sembramos y nos los llevamos para nuestros hogares. A los pocos días, las semillas ya estaban germinando, menos la mía. Unos días después, la mía comenzó a dar señales de vida y yo feliz. Así es nuestra vida. Cada día sembramos en los que nos rodean. ¿Cómo es tu siembra? Evalúate. Te invito a que hoy ores y le pidas a Dios que de hoy en adelante te ayude a sembrar buenas semillas en los demás para que luego puedas ver el fruto de esa cosecha. También quiero invitarte a conseguir un tiesto, semillas de alguna planta, tierra… y la siembres. Siembra recordando y presentándole al Señor tus peticiones. Ora por ellas. Y cada vez que vayas a regar tu planta tráele a memoria a Dios tus sueños, tus anhelos, tus peticiones. Sé incesante en este proceso y deléitate delante de Dios junto a tu siembra. ¡Amén! ¡Amén! ¡Amén!

Sal y Luz

"Ustedes son la sal de la tierra…Ustedes son la luz del mundo". Mateo 5:13-14

Hace muchos años atrás, cuando no existía el refrigerador, en los hogares se preparaba un cuarto en el cual se conservaban los alimentos utilizando la sal. Esta no es solamente para sazonar, sino también para preservar. En el tiempo de Jesús la sal era muy valiosa y se utilizaba para preservar alimentos. Para los judíos era una señal de alianza con Dios. El Señor nos dice en Su Palabra que somos la sal de esta tierra. ¿Qué nos quiere decir? Estamos aquí en este mundo para preservar Su Palabra. El ser humano que no conoce a Dios y vive según sus ideas hace cosas que están en contra de Dios. Quiere establecer reglas, modos de vida contrarios a la verdad de nuestro Señor y nosotros estamos aquí para preservar esta verdad y darla a conocer al mundo para que cada persona en la Tierra tenga la oportunidad de conocer a Jesús, conocer el camino hacia el Padre. Al hacer esta función, estamos siendo luz al mundo. Esa luz no procede de nosotros, sino del Espíritu Santo que vive en nosotros y debemos compartirla con todo aquel que esté a nuestro alrededor. ¿Cómo compartimos esa luz que proviene de preservar la Palabra? Hablando a otros, con una sonrisa, llevando el mensaje de salvación en cada ocasión, amando a nuestro prójimo y ayudando a todo aquel que esté a nuestro alcance, según nuestros límites. Al tener a Dios en nuestras vidas, tenemos amor, porque Dios es amor y este va a producir en nosotros el querer como el hacer. Nuestra vida puede tener un efecto positivo o negativo, así que demos gloria a Dios con ella. Nuestra influencia es buena, positiva, saludable para esta sociedad, en la medida en que interactuemos en ella. Te invito a ser sal y luz en esta tierra. ¡Amén! ¡Amén! ¡Amén!

Día 260

Silencio

"En cambio, el SEÑOR está en su santo templo; ¡guarde toda la tierra silencio en su presencia". Habacuc 2:20

Mi padre fue militar en mis primeros años de vida, por lo cual pasaba mucho tiempo fuera, así que mi desarrollo transcurrió bajo el cuidado amoroso de mi mamá. Ella tenía que hacer las tareas del hogar y yo aún no asistía a la escuela, así que formé mi mundo íntimo en silencio. Aprendí a vivir con él. Aprendí a pasar mi tiempo siempre ocupada en distintas tareas para mi edad: jugar con muñecas (mis preferidas las Barbies), dibujar, pintar, colorear… cuando aprendí a leer y a escribir, esto se sumó a mis tareas preferidas. En ocasiones he encontrado personas que me han dicho que no les gusta estar solas, están acostumbradas a estar rodeadas de personas. Yo disfruto ambos estados: sola y acompañada. Y en la soledad en el silencio disfruto la compañía de Dios. Hablo con Él, leo Su Palabra, lo adoro, lo alabo, me deleito en ese tiempo con Él. Si eres de esas personas que no les gusta estar solas ni en silencio, te invito a que veas esos momentos desde otra perspectiva. Hazlo con la visión de que es un tiempo maravilloso para pasarlo con el Señor. Un tiempo de intimidad que no puedes tener cuando estás rodeado de personas. Un tiempo para estar en silencio ante el Señor y escuchar Su voz. Tiempo en el cual, si le das la oportunidad, Él susurrará muchas cosas a tu espíritu, a tu corazón. Deléitate en esas ocasiones, no lo veas como algo negativo. Al estar en silencio en Su presencia surgen cosas hermosas: ideas, sueños, enseñanzas para tu vida, crecimiento espiritual, gozo, alegría, crece tu fe, bienestar, fortaleza, se refresca tu alma, te llenas de nuevas fuerzas, te llenas de Su poder para proseguir tu caminar aquí en la Tierra…todo lo que saldrá de ese silencio enfocado de Dios será para tu bien, te lo puedo asegurar. ¡Aleluya!

Risas

"Pondrá de nuevo risas en tu boca, y gritos de alegría en tus labios". Job 8:21

¿Has vivido la ocasión de estar reunido con tu familia o amistades y en un momento dado "morir de la risa" junto con ellos? Cuando eso ocurre, al terminar de reír uno se siente súper bien. Uno se siente descansado. Los estudios dicen que la risa: relaja el organismo, favorece al corazón, al sistema circulatorio, mejora el sistema respiratorio, aumenta la oxigenación, favorece el sistema inmunológico y sirve como analgésico, debido a la liberación de endorfinas. Existe un médico llamado Patch Adams que es conocido como el médico de la risoterapia. Cada año reúne un grupo de voluntarios que viajan a distintos países, vestidos de payasos para llevar humor a huérfanos y personas enfermas. Si quieres saber más de su vida puedes ver la película Patch Adams del 1998, cuyo protagonista fue el actor Robin Williams. Te gustará conocer más de él. Este doctor reconoce que la risa puede ser un método alternativo de sanación para muchas personas. ¿Cómo puede ser esto posible? Porque el humor desenfoca a la persona de su problema.

Patch Adams dijo en una ocasión: "…si te enfocas en el problema no puedes ver la solución". Nuestros pensamientos son poderosos y si nos enfocamos en nuestras situaciones esto nos hace más mal que bien. Eso Dios lo sabe y David lo expresó muy bien cuando dijo: "Mientras callé, envejecieron mis huesos…" Salmo 32:3 (RV). Hoy quiero invitarte a que te desenfoques de lo que puedas estar viviendo y busques alternativas para distraerte, y sobre todo reírte. Sal a un parque de diversiones, siéntate en algún parque y observa a niños jugar (siempre nos hacen reír), ve videos de comedia sana (como los hace mi amigo Gaby Alicea), ve una película que sea de comedia buena, reúnete con amistades que sabes que te harán reír por su forma de ser…busca la alternativa que se ajusta a ti.

Desenfócate de tu situación, te hará mucho bien. Sobre todo, busca estar un rato en la presencia de Dios. Él te llenará de su gozo, el cual no está relacionado a lo que puedas estar viviendo. Su gozo es real, es medicina para tu cuerpo, y a su vez te lleva a estar lleno de Su paz. Anda, aléjate un rato de tu realidad y ríete de las cosas graciosas que puede haber a tu alrededor. Te sentirás lleno de vida y renovarás tus fuerzas para continuar. Siempre adelante. Llena tu vida de risas.

Vejez alineada con Dios

"Oídme, oh casa de Jacob, y todo el resto de la casa de Israel, los que sois traídos por mí desde el vientre, los que sois llevados desde la matriz. Y hasta la vejez yo mismo, y hasta las canas os soportaré yo; yo hice, yo llevaré, yo soportaré y guardaré". Isaías 46:3-4

Un domingo en la iglesia estaba junto a una de mis amigas y a su lado estaba su segundo hijo, el cual yo cargué en mis brazos cuando era un bebé. Cuando lo miré bien me percaté de lo alto que está y me paré a su lado. ¡Oh Dios! Está más alto que yo. Nos reímos, pero en lo único que yo pensaba era que ya estaba vieja. La tercera edad es desde los 60 a los 79 años y la cuarta edad de los 80 años en adelante. Claro, eso depende de quién esté mirando a quién. Si un joven me mira dirá que ya soy mayor y a este momento en que escribo todavía estoy en mis cuarenta y pico. Desde niña mis padres me inculcaron lo importante que era estudiar, prepararme, tener una casa, saber administrarme para cuando fuera mayor. Ahora, todo lo que acabo de mencionar son cosas materiales, pero la realidad es que también debemos prepararnos en el área emocional y espiritual para cuando llegue ese momento. Tenemos que cuidar nuestra salud para vivir lo mejor posible y sobre todas las cosas cuidar nuestra relación con Dios para cuando llegue el momento de partir de esta tierra. No soy perfecta, pero cada día intento mejorar e intensificar mi relación con Dios. Hoy te invito a que inviertas, cuides, tomes decisiones sobre tu vida espiritual para cuando llegue el momento de tu partida tengas un fin hermoso viviendo en la eternidad con Dios. Al hacer esto tu vida se transformará y podrás vivir una vejez llena del gozo de Dios. Si te has arrepentido de todo corazón, Dios ya lo olvidó. Disfruta los años venideros de la mano de Dios. Vive tu futura vejez o la presente alineada con Dios. ¡Amén! ¡Amén! ¡Amén!

Día 263

Pasos de fe

"...mas el justo por su fe vivirá". Habacuc 2:4

Hace poco reflexioné en el tema: Pasos de fe. Ilustré en mi Biblia las siguientes historias que demuestran un paso de fe: Hija de Jairo, Cruzar el Mar Rojo, Jacob lucha con Dios, Abraham sale de su tierra, El ladrón arrepentido, David enfrenta a Goliat y El rescate del horno de fuego. En cada una de estas historias sus protagonistas dieron un paso de fe en Dios. ¿Y tú? ¿Has dado pasos de fe en tu historia? Tu vida es tu historia. No te conozco, pero estoy segura de que, si pudieras contarme, tendrías historias asombrosas que has vivido a causa de tu fe en Dios. La fe en Dios es nuestra ancla en esta vida para no naufragar en las marejadas que vienen y van en nuestro diario vivir. La fe nos hace entender que cruzamos el mar en tierra seca y llegamos hasta el otro lado donde nos espera nuestro Salvador. La fe nos impulsa a seguir hacia adelante. Nos impulsa a enfrentarnos como lo hizo David con Goliat, con una certeza de que Dios nos respalda en cada paso que damos confiando en Él. La fe es la que hace que seamos persistentes en aquello que queremos alcanzar y aun cuando a veces llega la tentación de dejarlo todo y no continuar. La fe nos hace ver ese camino que Dios ha creado para nosotros y los nuestros. La fe en Jesús nos hace creer y estar seguros de que algún día estaremos cara a cara con nuestro Padre Celestial.

La fe no nos permite darnos por vencidos sin llegar a la tierra prometida. La fe nos hace pedir y esperar la bendición que Dios nos quiere otorgar. La fe nos hace creer que a través de Jesús nosotros hemos muerto al viejo hombre y hemos resucitado siendo un nuevo hombre. La fe nos hace creer que aun en el último momento tenemos una oportunidad para la vida eterna. La fe nos hace creer que, aunque estemos rodeados de llamas (circunstancias) que nos quieren consumir, no estamos solos porque Dios está con nosotros. La fe es esa semilla que Dios nos depositó cuando nos creó y se activó cuando reconocimos a Jesús como nuestro Salvador y que crece al escuchar o leer Su Palabra. De esa fe deben estar llenos cada uno de nuestros pasos; con la confianza de que Dios está en control porque somos sus hijos y como tales nos ama. Hoy te invito a caminar así, a dar pasos de fe en Dios, en lo que hizo Su Hijo por cada uno de nosotros y en Su poder que nada ni nadie lo puede superar. Levanta tu rostro hoy, mira hacia tu futuro y da pasos con fe inquebrantable con el Gran Yo Soy. ¡Aleluya!

Día 264

¿Abriste tu regalo de hoy?

"Y al entrar en la casa, vieron al niño con su madre María, y
postrándose, lo adoraron; y abriendo sus tesoros, le
ofrecieron presentes: oro, incienso y mirra". Mateo 2:11

Tal vez cuando viste el título de este escrito dijiste: ¿Mi regalo de hoy? Pero, si hoy no celebro nada. Por lo general recibimos regalos, obsequios o presentes por algún motivo de festejo: cumpleaños, aniversarios, graduaciones, Día del padre. Día de las madres... y así. Y si vives en P.R. sabes que aquí se celebra todo, así que por casi todo recibimos un regalo. Ja, ja, ja... Y estamos tan ofuscados con las cosas de nuestro diario vivir que olvidamos esos regalos que Dios nos da día a día. ¿Cuáles? Hoy, por ejemplo, si estás leyendo esto significa que Dios te regaló: vida, respiración, vista, la destreza de poder leer (hay personas que no saben o no pueden por alguna razón), tiempo, un lugar o espacio para hacer la lectura... y así podría seguir nombrándote los regalos que te ha dado solo hoy, solo en este momento. CADA DÍA DIOS TE OTORGA REGALOS. Sé intencional cada día y fíjate en ellos y agradécele a Él por cada uno de ellos. Precisamente hoy, en una de las redes sociales, leí lo siguiente: "Un corazón agradecido es un imán para los milagros". Ahora, te invito a abrir e identificar cada uno de tus regalos. Agradecer a quien lo hace posible, que no es otro que nuestro Diseñador, Creador, Padre, Salvador, El GRAN YO SOY, nuestro Señor, nuestro Dios. ¿Abriste tu regalo de hoy?

Él nos cobija

*"Tú me cubres con el escudo de tu salvación, y con tu diestra
me sostienes; tu bondad me ha hecho prosperar".*
Salmo 18:35

Tuve un grupo de estudiantes en el cual una de las
niñas le tenía terror a los truenos. Fue impactante toparme con
esta situación. Ella tendría unos 6 o 7 años. Cuando ocurría mal
tiempo y comenzaba a tronar, ella se tapaba sus oídos y
comenzaba a gritar sin control. Cada vez que se repetía la
situación me acercaba a ella y le explicaba que el lugar donde
estábamos era seguro, que no nos iba a pasar nada; poco a poco
ella se calmaba. En varias ocasiones terminé dando clases con
ella agarrada de mi falda. Un día quedé impactada. Mientras
daba clase comenzó a llover muy fuerte, con relámpagos y
truenos, pero no tuve que hacer nada. Los niños rodearon a la
niña y comenzaron a hablarle, tal como yo lo había hecho
tantas veces y le dieron la seguridad que ella necesitaba en ese
momento. Ante mis ojos tenía una de las mejores escenas que
he visto como maestra. De pronto, el rostro de esa niña bañado
en lágrimas se iluminó con una sonrisa. En algún momento
nosotros somos como esa niña en medio de la lluvia, los
relámpagos y los truenos que nos atemorizan y nos llevan al
punto de llorar y hasta gritar porque no sabemos cómo detener
todo eso que nos afecta. Pero entonces Dios, que todo lo ve,
envía a sus ángeles a rodearnos y protegernos. Al sentir la
compañía de Dios y Su Espíritu Santo nos sentimos
fortalecidos, renovados y aún con lágrimas corriendo por
nuestro rostro podemos sonreír porque sabemos que Él nos
cobija y nada puede dañarnos ni lastimarnos. Te invito a
permitir que Dios te cobije, te guarde y te ayude a salir de tu
situación, de tu proceso. Él está ahí a tu lado y quiere amarte
hasta la eternidad. Anda, da ese paso de fe, acepta a Jesús como
tu Salvador y entra en Su reposo. Y si ya has hecho este acto
de fe, continúa ahí, no te apartes, sigue buscándole y sigue
permitiéndole que te cobije. ¡Aleluya!

Día 266

Yo decía...

"Pero me parece haber oído que decías". Job 33:8

¿Cuántas veces has querido darle instrucciones a Dios? Yo sé que he querido hacerlo en varias ocasiones en mi vida. Me hago la idea sobre un tema en particular, imagino cómo quisiera que sucedieran las cosas y espero que así suceda, por lo cual le estoy diciendo a Dios cómo quiero que Él actúe en mi vida. En mi juventud yo "decidí" dónde quería vivir y a qué edad me quería casar. Ninguna de esas cosas sucedió como yo las imaginé, por lo cual yo decía... pero no era lo que Dios decía de mí. También determiné cuántos países iba a viajar y mi realidad no es nada parecida a lo que imaginé, por lo cual yo decía...pero no estaba en la voluntad de Dios. Tuve que aprender a dejar de querer las cosas a mi manera y aceptar la manera de Dios.

¿Por qué aprendí? Porque si no viviría una vida llena de reproche hacia Dios porque las cosas no sucedieron como yo decía... Aprendí a sacar a Dios de mi caja preconcebida y entender que Él es Dios y hace como quiere, cuando quiere y con quien quiere. Aprendí a dejarme sorprender por Él y entender que sus planes son mejores y siempre son de bien. Hoy te invito a soltar tu "yo decía..." y aceptar lo que Dios dice para tu vida. No es que dejes de soñar, anhelar o desear cosas en esta vida, pero que lo hagas con la certeza de que Dios conoce el fin desde el principio y que por lo tanto la única Palabra que va a ocurrir y perdurar en tu vida es la suya y no la tuya. Depende de Él, confía en Él, gózate en Él y permite que la palabra que gobierne tu vida sea la suya y no la tuya. Te irá mucho mejor. ¡Amén! ¡Amén! ¡Amén!

Luto y luego alegría

"Este es el día en que el SEÑOR actuó; regocijémonos y alegrémonos en él". Salmos 118:24

Una de mis grandes amigas, mi "hermanita", como nos llamamos de cariño, es una mujer a la cual admiro mucho. Llevamos asistiendo a la misma iglesia muchos años, pero a pesar de eso, no nos habíamos conocido hasta hace casi 8 años atrás. Doy gracias a Dios por esa conexión. Ella fue de gran apoyo para mi primer libro y siempre le voy a estar agradecida. La primera vez que supe de ella fue por una razón muy triste, su esposo había fallecido. Como hermana en la fe, cuando dieron la noticia en la iglesia, estuve orando por ella y por sus dos hermosos hijos, los cuales he aprendido a amar mucho. Pasaron unos años y fuimos convocadas a trabajar con el ministerio de mujeres de la iglesia. Éramos 4 mujeres en total. Poco a poco, a través de este ministerio, nos fuimos conociendo y establecimos una amistad, que ahora es una hermandad que nos une. Ella es una mujer que supo que en su momento de dolor, tristeza, desesperación y soledad debía agarrarse con todas sus fuerzas al Señor. Sé que derramó muchas lágrimas a causa de su pérdida, pero no se quedó hundida en el dolor. Comenzó a caminar junto con el Señor y pude ver cómo poco a poco Dios la fue restaurando en su interior y lo fue mostrando en su exterior.

Con el paso de los años Dios trajo a su vida un hombre de buen corazón, que aprendió a amar a sus hijos y ellos a él… al punto que lo aman y lo respetan como a un padre. A ese hombre yo lo había conocido muchos años atrás, cuando ninguno de los dos le servíamos al Señor y desde un principio supe que era un buen hombre. Con los años, Dios lo unió a mi hermanita y ahora resulta que somos compadres (soy su madrina de bodas). Mi amiga pasó un momento que tal vez usted pueda estar pasando ahora, un momento de pérdida y mucho dolor. Quiero invitarte a que tomes la decisión que ella tomó, pon tu visión, tu confianza y tu fe en Jesucristo. Solo Él pudo estar con ella cada segundo después de un incidente tan trágico en su vida. Solo Él pudo restaurarla en su interior y devolverle la luz que por un instante perdió. Solo Él pudo darle sabiduría para seguir hacia adelante con sus hijos, llevándolos por el camino del bien. Solo Él pudo sanar su corazón a tal punto que pudo abrirlo para darse una nueva oportunidad con la persona que colocó en su vida. Un hombre tal como ella necesitaba en su vida y en la de sus hijos. Solo Jesús puede estar en medio de tu dolor (sea cual sea la razón), puede encender esa llama que se apagó y resplandecer nuevamente en tu corazón, si se lo permites a Él, a Jesús tu Salvador. Permite que Dios, con la forma única que tiene de hacer las cosas, borre el luto de tu ser y haga brillar la alegría nuevamente en tu vida. Date esa oportunidad. Dale esa oportunidad a Jesús de Nazaret. ¡Amén! ¡Amén! ¡Amén!

Aprovecha el tiempo

"oren sin cesar" 1 Tesalonicenses 5:17

No sé cómo sea tu agenda en un día regular, la mía suele ser bastante cargada. Algo que ha sido clave en mi vida son mis amistades. Por lo tanto, trato de tener mi espacio para comunicarme de alguna manera con ellas. Tengo una amiga que también busca su espacio para comunicarse conmigo. Lo curioso es el momento preferido de hacerlo: cuando está saliendo para algún lugar con su auto o cuando está fregando. Ja, ja, ja, ja… Con su agenda tan ocupada (mucho más que la mía) ella ha escogido esos momentos para comunicarse conmigo y así nos ponemos al día. Lo valioso de esto es que, aun haciendo cosas de su diario vivir, ella aprovecha el tiempo para hablar conmigo. Como leíste al principio nuestro versículo de hoy nos dice orar sin cesar. Orar es hablar con Dios. Por lo cual nos dice que hablemos con Él sin parar. No podemos pasarnos todo el día de rodillas orando, pero eso no impide que sí podamos pasar todo el día hablando con Él. Yo hablo constantemente con Dios durante el día. Cuando hago las tareas del hogar hablo con Él, lo alabo, lo adoro. Puedo estar haciendo cualquier cosa y llega a mi mente una persona o una situación y rápidamente hablo con Él sobre ese asunto. No espero a poder ir a arrodillarme para hablar con Él. Debo aprovechar mi tiempo. Te invito a que aproveches tu tiempo para conversar con Dios. Podemos estar esperando en la oficina de un doctor y hablar con Dios mientras esperamos nuestro turno. Pasamos tanto tiempo pegados a nuestros celulares cuando podríamos estar comunicándonos con nuestro Padre Celestial. Anda, aprovecha tu tiempo, habla con Él, sé sincero. Lo mejor de todo es que Él te escucha y te responde a Su tiempo perfecto. Esas conversaciones te fortalecen, te nutren, alimentan tu fe, te llenan de esperanza y te dan la convicción de que todo obra para bien. Anímate, aprovecha tu tiempo.

Día 269

Lo que Dios quiere

"Si obedeces al SEÑOR tu Dios, todas estas bendiciones
vendrán sobre ti y te acompañarán siempre".
Deuteronomio 28:2

¿Alguna vez le has preguntado al Señor qué quiere de ti, qué quiere contigo y qué quiere para ti? En algún momento de mi vida llegué a hacerle este tipo de preguntas a Dios, especialmente cuando me sentía ansiosa, presionada, desesperada por alguna razón. Con el pasar del tiempo he dejado de preguntar y he comenzado a confiar en el Señor. Leyendo Su palabra he podido aprender y descubrir lo que Dios quiere para mí, y también lo quiere para ti que me estás leyendo en este momento. Veamos algunas de esas cosas que Dios quiere para nosotros:

1. Ayudarnos (Romanos 8:28)
2. Dar seguridad (Efesios 3:11-12)
3. Planes de bien (Jeremías 29:11)
4. Cuidarnos (1 Pedro 5:6-7)
5. Restaurarnos (1 Pedro 5:10)
6. Vida eterna (Juan 3:16)
7. Esperanza (Salmo 42:11)

La lista de todo lo que Dios quiere para nosotros es larga. Te invito a buscar todas esas promesas que tiene Dios para cada uno de nosotros en Su Palabra. Alimenta tu alma, tu espíritu y tu fe con su verdad, la cual nos da vida. Descubre lo que Dios quiere para ti, de ti y disfruta tu vida con Él, para Él y permite que toque a otros a través de ti. Que los demás también puedan descubrir lo que Dios quiere para sus vidas. ¡Amén! ¡Amén! ¡Amén!

Descanso

"—Yo mismo iré contigo y te daré Descanso —respondió el SEÑOR". Éxodo 33:14

Hoy he tenido un día bastante ocupado. Cumplí con mis horas de trabajo, hice limpieza en la casa, cociné, eché ropa a lavar, lavé el carro (por dentro y por fuera), escribí para este libro (ya este es el tercer escrito de este día) y estoy esperando la visita de mi novio (mi parte favorita del día ja, ja, ja). He estado bastante entretenida en este día que me ha dado el Señor para que me alegre y me goce en él (Salmo 118:24). Este es un día bastante normal en mi vida. ¿Cómo es tu día? ¿Parecido al mío o con un poco más de movimiento? No importa cómo sean nuestros días, lo importante es saber que hay que sacar tiempo para descansar. Sabemos que Dios hizo la Creación en 6 días y en el séptimo descansó. Así que desde el Génesis Él nos hizo saber que el descanso era necesario, pero no solo el físico, sino también el espiritual y el emocional.

¿Tu espíritu y tu alma están en reposo? ¿O sientes inquietud por algo o por alguien? Dios nos dice que cada día tiene su propio afán (Mateo 6:34). Es necesario saber descansar en nuestro Señor Jesucristo. Él se sacrificó por cada uno de nosotros para que pudiéramos tener vida eterna y tener Su paz, Su tranquilidad, Su serenidad, Su descanso. Te invito a vivir en Su descanso que no es lo que te puede dar este mundo. Este descanso se encuentra en Su presencia. Conéctate con Él día a día para que puedas disfrutar de Su quietud. Hazlo a través de Su Palabra, de la oración, la adoración y la alabanza. Recarga cada día tu parte espiritual con Él, esto tendrá consecuencias positivas en tu parte almática y se reflejará en tu parte física. Te darás cuenta de que, aunque esté pasando un torbellino a tu alrededor, tú estarás tranquilo porque en tu interior lo que gobernará tu ser será Su serenidad, Su paz, Su tranquilidad y Su descanso. ¡Amén! ¡Amén! ¡Amén!

Día 271

Reposo y silencio

"porque el que entra en el reposo de Dios descansa también de sus obras, así como Dios descansó de las suyas".
Hebreos 4:10

Una amiga me contó que cuando era niña y en la iglesia tenía que leer una porción de la Palabra en voz alta y en la lectura se encontraba la palabra *selah,* ella la leía y las personas se reían por esto. Cuando la volvían a enviar a leer, su familia le advertía que no leyera esa palabra, pero ella volvía y lo hacía. Cuando me lo contó me pareció gracioso y me reí también. Un día haciendo uno de mis estudios de la palabra me fijé en ese concepto. Recordé la anécdota de mi amiga y quise conocer un poco más sobre esa palabra. Le adjudican varios significados: arrodillarse, postrarse, amén, aleluya, alzar, elevar…y entre ellos encontré unos que me llamaron la atención: silencio, reposo. Cuando leí silencio, recordé la historia de mi amiga; vino a mi mente y a mi corazón lo siguiente: "Dios quería que la gente hiciera silencio y prestaran atención a la Palabra que mi amiga había leído". Recuerdo que la llamé se lo conté y le dije: "La gente se reía, pero realmente Dios te usaba para llamar su atención hacia la Palabra".

Pasaron los años y llegó a mis manos un libro que caló muy fuerte en mí: *El Contador de Historias* de José Luis Navajo. Uno de sus protagonistas se llama **Selah** y es quien lleva al otro protagonista a un tiempo de quietud, silencio, reposo, meditación, el cual a su vez lo lleva a la transformación. Leyendo ese libro internalicé aún más el concepto **selah**-reposo. El silencio y el reposo es vital para todo ser humano. A mí se me hace relativamente fácil sacar tiempo de reposo y momentos de silencio. Conozco personas a las cuales se les hace difícil sacar ese tiempo y a personas que no les gusta. El silencio y el reposo te permite encontrarte contigo mismo. Te permite autoevaluarte, examinarte de adentro hacia fuera, enfrentarte a tus retos, a tus miedos, a tus ideas, meditar sobre tus cosas y tomar decisiones en calma. Te permite contemplar tu ambiente, el mundo que te rodea y buscar opciones para cambiar aquello que esté en tus manos. El silencio y el reposo son necesarios y permitidos. Le da a tu cuerpo un tiempo para descansar y recargar energías para poder seguir hacia adelante. Te permite apreciar lo que tienes y lo que realmente vale, que no es nada material que puedas tener. Hoy te invito a buscar un tiempo de reposo y silencio. Te invito a un **selah**. Te invito a meditar en Dios y en Su Palabra. Estoy segura de que el Señor hablará a tu vida maravillosamente. Agudiza tus ojos y oídos espirituales, reposa en Dios y disfruta del silencio con Él.

Día 272

Sirve con tu talento

"Sin demora, Pedro se fue con ellos, y cuando llegó lo llevaron al cuarto de arriba. Todas las viudas se presentaron, llorando y mostrándole las túnicas y otros vestidos que Dorcas había hecho cuando aún estaba con ellas".
Hechos 9:39

Con el pasar de los años y luego de realizar distintas funciones en la iglesia donde me congrego, Dios me hizo entender que mi propósito es enseñar Su Palabra. Amo hacerlo. Pero hay ocasiones en que Dios me saca de mi zona de comodidad. Hace un tiempo me llevó a hablarle a un grupo de juveniles. Era un grupo de 25 jóvenes de 10-16 años. Cuando me hicieron la invitación dije sí. Ya que con Dios he aprendido a que no debo decir no a las puertas que Él abre. Luego llegaron los nervios, la inseguridad, pero comencé a prepararme para el tema que me habían indicado. Busqué ayuda con personas que trabajan con juveniles. Oré, orar es clave. Llegó el gran día. Estaba a la expectativa por lo que Dios iba a hacer. Mi novio me acompañó. Llegamos temprano. Disfrutamos desde el comienzo de la actividad. Llegó mi participación. Dios me dio el privilegio de hablarle a aquellos chicos y a sus padres. La gloria para Dios. A los pocos días me llegó un mensaje de la persona que me había contactado que decía así: "En el día de ayer en la tarde compartí con varios de los jóvenes y padres, y les encantó la dinámica. Gracias por dejarte usar. Dios te continúe bendiciendo". ¿Qué piensas que le contesté? "La gloria para Dios. ¡Amén! ¡Amén! ¡Amén!" Hice lo que me correspondía. Serví a otros con lo que Dios me ha otorgado. ¿Y tú? ¿Estás sirviendo de alguna forma a otros? Te invito a autoevaluarte. Si ya estás sirviendo, te felicito. Busca ideas, estrategias para que continúes haciéndolo. Si aún no lo haces, entonces busca la dirección de Dios para comenzar. Verás la satisfacción y bienestar que sentirás al hacerlo. Anímate, sirve con tu talento.

¿Cómo debemos amar?

"Queridos hermanos, ya que Dios nos ha amado así, también nosotros debemos amarnos los unos a los otros". 1 Juan 4:11

Nuestro amor por otros debe ser reflejo del amor que Dios ha demostrado por cada uno de nosotros. Dios ama tanto al que le ama como a aquel que se ha levantado en contra de Él. Lo demostró al entregar Su Hijo por la humanidad en su totalidad. Lo demostró cuando Jesús en la cruz, en sus últimos momentos de vida, le pidió al Padre que los perdonara porque no sabían lo que hacían. La palabra perdonarás en hebreo es la palabra káfar y significa: cubrir, borrar, purgar. Dios a través de Su Hijo, borró nuestros pecados. Así de grande es el amor de Dios. En Romanos 12:9 nos dice que amemos sin fingimiento. Nuestro amor debe ser sincero, real. No debe estar determinado por lo que puedan ver o pensar otros. Debe ser genuino como es el amor del Padre. El amor es parte del Fruto del Espíritu (Gálatas 5: 22-23). El Espíritu Santo está en nosotros, por lo cual el amor verdadero debe vivir en nosotros para ser demostrado a otros. Ese amor es el que hace que en nosotros surja el querer hacer buenas obras, no porque pensemos que así seremos salvos, sino porque por la naturaleza de este amor tan hermoso que proviene de Dios nos impulsa a querer hacer el bien a otros. Te pregunto: ¿cómo debemos amar?

Día 274

Siempre hay esperanza

"Dios es nuestro amparo y nuestra fortaleza, nuestra ayuda segura en momentos de angustia". Salmos 46:1

¿Cómo te sientes hoy? Cansado, desanimado, angustiado, sin esperanza, abatido, fatigado, debilitado... Todo esto es natural en nuestra realidad como humanos. Somos carne y ocurren cosas, situaciones que pueden llevarnos a sentir todo lo antes mencionado y más. Pero ese malestar no tiene que ser el que domine nuestra vida. La Palabra nos indica que **no** nos amoldemos a este mundo. Y todo lo antes mencionado es lo que nos quiere hacer creer el mundo. Pero nuestra realidad **no** es este mundo, es el Reino de Dios, el cual fue establecido por Jesús. A esa realidad es en la cual debemos vivir. Una realidad donde existe el gozo a pesar de lo que se pueda vivir. Una realidad donde hay paz, sanidad, fortaleza, promesas, bendiciones...una realidad donde hay esperanza. Hoy te invito a cambiar tu forma de pensar, tu forma de ver las cosas y eso hará que cambie cómo te puedas sentir. En Jesús siempre hay esperanza.

Oración de corazón

"Sus labios se movían, pero, debido a que Ana oraba en voz baja, no se podía oír su voz. Elí pensó que estaba borracha".
1 Samuel 1:13

Hay diferentes formas para orar. Diferentes formas de hablar con Dios. Mi preferida es orar en silencio. Recuerdo que cuando comencé a visitar la iglesia donde hoy me congrego, hubo personas que me criticaron, ya que no era una iglesia como la que asistía cuando era niña. Dejé de asistir por algunos días, pero yo tenía necesidad de congregarme y buscar de Dios. Un domingo en mi cuarto me arrodillé y oré en silencio. Recuerdo que le dije a Dios: "Yo lo que quiero es servirte. Hoy voy a ir a esa iglesia, si no me quieres allí déjamelo saber". Esa mañana, mientras estaba el tiempo de ministrar a las vidas, una señora que estaba delante de mí, se viró y me dijo: "Así te dice el Señor, es aquí donde te quiero. Solo dame más de tu tiempo". Para mí fue impactante, sabía que era Dios, porque yo había orado en silencio, había orado en mi corazón y con el corazón. Fui sincera en mi petición a Él. Así imagino que fue la oración de Ana al pedir un hijo. Ella oró en su corazón y Dios le contestó. Haz como Ana, ora desde lo profundo de tu corazón, sé sincero(a). Él te escucha. Hazlo con fe y espera su respuesta. Él te responderá. Contestará tu oración de corazón. ¡Amén! ¡Amén! ¡Amén!

Día 276

Vida abundante

"El ladrón no viene más que a robar, matar y destruir; yo he venido para que tengan vida, y la tengan en abundancia".
Juan 10:10

    ¿Qué significa para ti vida abundante? Tal vez te viene a la mente el tener buena comida, ropa, dinero para cubrir tus necesidades y para darte algunos gustos. Tal vez pensaste en tener una buena casa, un buen carro, poder viajar por el mundo… Si fue así pensaste como un ser humano normal. Si te fijas, todas esas cosas pertenecen a este mundo, son materiales y debo recordarte que no perteneces a este mundo, sino al Reino de Dios. Tengo una amiga que le preguntó a su hijo de 11 años qué era vida abundante para él y su contestación fue así: "Eso es fácil, la Vida Eterna". Con razón la Palabra dice que debemos ser como niños para entrar al Reino de los Cielos (Mateo 18:3). Un niño dio la contestación correcta: Vida Eterna. Esa es la vida abundante que debemos desear, anhelar y buscar cada día aquí en la Tierra. Hoy te invito a buscarla. Busca cumplir el propósito de Dios para tu vida, el cual ha diseñado para ti, para que algún día puedas disfrutar la verdadera vida abundante en la eternidad.

¿Quieres ser cuchara?

"Cuando la tierra bebe la lluvia que con frecuencia cae sobre ella, y produce una buena cosecha para los que la cultivan, recibe bendición de Dios". Hebreos 6:7

Hace un tiempo tuve la oportunidad de participar del Rally de Mujeres del Salvation Army de P.R. Recibí la invitación para ir a vender mi primer libro: ¡Amén! ¡Amén! ¡Amén! La actividad tendría dos partes y en ambas partes compartirían la Palabra dos de mis amigas: Masiel Vicente, líder del grupo Bible Journaling Coffee y Amneris Meléndez, autora del libro De Reina a Princesa y mi editora también. Cuando escuché el mensaje de Amneris dijo algo que captó mi atención y quiero compartir contigo: somos cucharas. ¿Qué? Sí, así como lees. En lo que ya has leído en este libro te he dicho en múltiples ocasiones que en las manos de Dios somos instrumentos. Yo siempre me imaginaba como un tipo de herramienta: martillo o destornillador. Amneris contó que su imagen de instrumento era como uno musical: violín o flauta… Pero ese día Dios le dijo que era una cuchara. Cuando ella dijo eso vino a mi mente la siguiente imagen: una madre dando de comer a su niño. En P.R. cuando un niño no quiere comer, las madres comienzan a decirle que la cuchara es un avioncito para atraer la atención del niño y hacer que abran su boca para que el avioncito (la cuchara) pueda aterrizar. Me imaginé a Dios tratando de hacer algo así para llamar nuestra atención y alimentarnos con Su Palabra, pero no para que nos quedemos llenos, sino para que a su vez compartamos con otros ese alimento. Si lo hacemos esa es la lluvia que va a caer sobre la tierra (otras personas), estaremos cultivando y recibiremos bendición, como dice el versículo al principio de esta lectura. Así nos convertimos en cucharas para otros. Hace poco leí lo siguiente: " Dios quiere que seamos canal de bendición y no reserva de bendición". Debemos dar de lo que tenemos a otros y alimentarnos de la mano de nuestro Padre Celestial. ¿Qué te parece esta idea? ¿Quieres ser cuchara? Yo sí.

Día 278

Envidia

"El corazón tranquilo da vida al cuerpo, pero la envidia
corroe los huesos". Proverbios 14:30

¿Alguna vez has sentido envidia por algo o alguien? ¿Alguna vez te has dado cuenta de que alguien siente envidia de ti? No es una sensación cómoda. ¿Alguna vez te han dicho que te tienen envidia de la buena? Sentir envidia no es saludable. Como ya leímos en el versículo dice que corroe los huesos. Envidia significa: tristeza o pesar por el bien ajeno. Deseo de algo que no se posee. Corroer significa: Desgastar lentamente algo como rayéndolo. Destruir paulatinamente un cuerpo…alterando o no su forma. Es impresionante el daño que causa la envidia, no a otros, sino a la persona que le da cabida en su vida. Desgasta, destruye…eso ocurre en el interior, pero con el tiempo se ve en el exterior.

La envidia es obra de la carne, así lo especifica la Palabra en Gálatas 5:19-21. Por lo cual es algo que no debemos permitir que se desarrolle en nosotros. Va en contra del Fruto del Espíritu (Gálatas 5:22-23). Es en contra de Dios. Hoy te invito a usar el perdón de dos formas diferentes:

1) Pide perdón a Dios en el nombre de Jesús por alguna ocasión que hayas sentido envidia por algo o alguien (alguna vez nos ha pasado).

2) Perdona a todos aquellos, de los cuales te has percatado que por alguna razón han sentido envidia de ti. Pídele a Dios que Su Espíritu Santo habite en ti, para que a su vez habite Su Fruto en ti y no haya cabida para la obra de la carne en tu vida. Cada día aliméntate de Su Palabra, para que pienses, hables, actúes de acuerdo con Su Espíritu, y así seas perfeccionado para el día de la Segunda Venida de Jesús. ¡Esfuérzate! En esa perfección no hay cabida para la envidia. ¡Aleluya!

Enfermedad

"Alabado sea el Dios y Padre de nuestro Señor Jesucristo,
Padre misericordioso y Dios de toda consolación, quien nos
consuela en todas nuestras tribulaciones para que, con el
mismo consuelo que de Dios hemos recibido, también
nosotros podamos consolar a todos los que sufren".
2 Corintios 1:3-4

Hay momentos tan oscuros en nuestras vidas que si nos preguntaran diríamos que jamás quisiéramos vivir cosa igual. No podemos controlarlos ni evitar muchos de estos momentos de los cuales desconocemos su origen o el porqué ocurren. Pasar un periodo de enfermedad o ver a un ser querido enfermo es difícil de comprender y aceptar. Pero aún en esa situación, si tienes fe, Dios está contigo. Él es el único al que te puedes agarrar para llenarte de fortaleza, nuevas fuerzas. Él te las multiplica (Isaías 40:29-31). Dios es el único que camina contigo cuando parece que pasas por aguas profundas, por momentos tan desesperantes como si el fuego te quemara, solo Él está contigo (Isaías 43:2-3). Dios en Su Palabra te dice que eches tus cargas sobre Él y que te sustentará y no te dejará (Salmo 55:22). Él es la fuente de consuelo que nunca se agota, bebe de ella en TODO tiempo. Dios es tu Torre Fuerte. Si corres a Él, serás levantado en medio de tu dificultad, de tu proceso, tu dolor, tu sufrimiento, tus circunstancias (Proverbios 18:10). Dios es tu Padre y está a tu lado dándote Su consuelo y Su paz. Él es único y no tiene comparación. Abrázate a Él y Él te abrazará a ti.

Día 280

El lente perfecto

"Entonces Eliseo oró: «SEÑOR, ábrele a Guiezi los ojos para que vea». El SEÑOR así lo hizo, y el criado vio que la colina estaba llena de caballos y de carros de fuego alrededor de Eliseo". 2 Reyes 6:17

En tiempo de vacaciones de verano me inscribí en un curso de fotografía práctica. Recuerdo que cuando era adolescente me gustaba tomar fotos, no de personas, sino de exteriores. Por medio de mi novio supe de este curso. Él realmente me lo envió en forma de broma porque siempre me está diciendo que debo mejorar las fotos que tomo, pero resulta que me llamó la atención, hice los pasos pertinentes y me matriculé. El mundo de la fotografía es muy interesante. Aprendí que las fotografías tienen ruido. Así como leyó, ruido. Se refiere a los puntos o granos que se pueden observar en una foto. Son muchos conceptos, detalles y reglas de los que hay que estar atentos para lograr una buena foto. Y dentro de todo este proceso están los lentes: fijos y de zoom. Dependiendo de la foto que quieras realizar, será el lente que usarás. Puedes usar un lente fijo de 50mm, o un lente de 17-35mm y así sucesivamente. Ese lente es clave para el éxito de la foto que quieras tomar. ¿Qué lente debemos usar para sacar la foto de nuestra vida? Ese lente debe estar calibrado por la Palabra de Dios. Ahí encontramos las especificaciones necesarias para vivir cada escena, estampa de vida. Nos indica los pro y contra de cada reto, situación, circunstancia a las que nos enfrentamos. Podemos usar otros lentes: lo que el mundo indica, lo que otras personas opinan, lo que las emociones nos indiquen, lo que nuestra prudencia nos pueda aconsejar, pero con todos esos lentes no obtendremos la foto perfecta. Si utilizamos el lente dado por Dios, obtendremos la foto perfecta para nuestra vida y el propósito de Dios. Hoy te invito a usar ese lente perfecto para que tengas un buen enfoque, buena iluminación (la mejor) y obtendrás la mejor fotografía de tu vida: victoria y vida eterna.

Irrevocable

"Poco después el hijo menor juntó todo lo que tenía y se fue a un país lejano; allí vivió desenfrenadamente y derrochó su herencia". Lucas 15:13

El sentir el llamado de Dios es algo poderoso y hermoso. Estar dispuesto a seguirlo y ejercerlo es muy reconfortante y trae plenitud a nuestra vida. Se siente así porque estamos cumpliendo el propósito de Dios, ese que colocó en cada uno de nosotros cuando nos pensó, nos diseñó, nos creó, nos dio vida. El mundo es tan llamativo que en muchas ocasiones logra captar nuestra atención, atraparnos y cambiar nuestra dirección. Al ocurrir esto nos alejamos de nuestro llamado, de nuestro propósito. ¿Sabes qué? Ese llamado es irrevocable: no se puede dejar sin efecto, no se puede retroceder, no se puede apartar, no se puede anular. Todo dependerá de nosotros. Dependerá de lo que decidamos: seguir eso tan llamativo que nos ofrece el mundo o dar una vuelta de 180 grados y volver a mirar a Jesús, nuestro Salvador y continuar con su llamado para nuestras vidas. Hoy te invito a analizar donde te encuentras hoy y que pienses bien lo que estás haciendo o vas a hacer. Si te alejaste de tu llamado quiero que sepas que no fue el fin de este y que si estás dispuesto a continuarlo lo puedes hacer porque es irrevocable. El amor de Dios por ti es infinito e incondicional y te recibirá con sus brazos abiertos si quieres regresar. ¡Amén! ¡Amén! ¡Amén!

Día 282

Manejo de actitudes

"Por lo tanto, como escogidos de Dios, santos y amados, revístanse de afecto entrañable y de bondad, humildad, amabilidad y paciencia, de modo que se toleren unos a otros y se perdonen si alguno tiene queja contra otro. Así como el Señor los perdonó, perdonen también ustedes".
Colosenses 3:12-13

Estaba en el negocio de unos amigos desayunando. De momento llegó una chica que los conoce y cuando mi amiga le pregunto cómo estaba, ella aprovechó la ocasión para contar una experiencia que tuvo en su trabajo, donde un cliente, que no quería seguir unas instrucciones la insultó verbalmente. Al ella contar su anécdota, que debe haber sido bien desagradable, me trajo a la memoria un video que vi hace poco, este trataba sobre cómo las personas se sienten cuando son tratadas de mala manera por otros. En ese video la persona que recibía el maltrato sacaba una bola negra de cuerpo, su rostro cambiaba y terminaba maltratando a otra persona y así cada persona seguía sacando una bola negra de su cuerpo y repetía el ciclo de maltrato. Hasta que presentan a una chica que llega a su casa y tira su bola negra al piso donde hay muchas más. Se recuesta en la cama, de momento se levanta y decide pintar esas bolas de color amarillo (representando un buen trato), decide salir y repartirlas. Y este es el punto de este escrito. ¿Qué hacemos con esas actitudes? ¿Les permitimos que nos afecten o decidimos transformarlas? No podemos manejar a las personas, sus actos o palabras, pero sí podemos manejar el efecto que tendrán en nuestras vidas. Hoy te invito a pensar antes de reaccionar. Piensa si vale la pena amargarte, desanimarte y agobiarte por las actitudes de otros. Lo que necesitas es vestirte con afecto, bondad, humildad, amabilidad, paciencia y perdón. Así como leíste en Colosenses 3:12-13. Si lo procuras cada día te garantizo que tendrás un buen manejo de actitudes.

Dando vida

"Porque en ti está la fuente de la vida, y en tu luz podemos ver la luz". Salmo 36:9

Me hice unos laboratorios y algunos resultados llegaron a mi correo electrónico. Soy de las personas que no lee los resultados (creo que somos pocas), prefiero llevarlos a los médicos, quienes son los expertos en esa área. A diferencia de ocasiones anteriores, al recibir estos resultados tuve la inquietud de leerlos. Al hacerlo noté que mi hemoglobina salió más alta de lo normal. Automáticamente tomé la decisión de ir a donar sangre al otro día. Hace años que no lo hacía. Donar sangre es un regalo valioso que podemos darle a alguna persona, ya que se puede salvar una vida o varias, si la sangre es dividida en sus componentes: plasma, glóbulos rojos y plaquetas, que son usados individualmente para pacientes con ciertas enfermedades. Por lo cual, al donar sangre estás literalmente dando vida. Unas horas más tardes de tomar mi decisión recibí un mensaje de texto donde una persona que conozco me solicitaba que donara sangre para una vecina suya de tan solo 19 años. En ese momento comprendí porqué Dios me inquietó a leer mis resultados y conocer el estado de mi hemoglobina. Me dirigió a donar sangre por esa chica. Al otro día me levanté temprano fui al lugar indicado y doné sangre. Cuando estaba allí, durante el proceso pensé en la mayor donación de sangre que ha ocurrido en la historia (porque da vida a millones de personas) y fue la de Jesús en la cruz del Calvario. Su sangre fue derramada y hoy sigue dando vida a todo aquel lo acepte como su Salvador. Su sangre quita el pecado, nos redime (Efesios 1:7) por la eternidad. Siempre recordemos ese regalo con valor incalculable que nos ha dado Jesucristo, Su sangre para darnos vida. Seamos agradecidos por esa muestra de amor que nos dio y si tú tienes la oportunidad de donar sangre, hazlo, recuerda que estás dando vida. ¡Aleluya!

Día 284

Madres 4X4...Puro amor

"Aunque como apóstoles de Cristo hubiéramos podido ser exigentes con ustedes, los tratamos con delicadeza. Como una madre que amamanta y cuida a sus hijos"
1 Tesalonicenses 2:7

Estuve hablando con una amiga, la cual saldrá de vacaciones con su esposo y sus padres le van a cuidar a su hermosa niña. Ella me envió unas fotos y me alegró el día. Eran fotos de sus preparativos para dejar a su hija y a sus padres lo mejor preparados en su ausencia. Le escribí que era una mamá 4X4. Y así como ella conozco a muchas, comenzando con mi madre. Una mujer que en todo tiempo ha estado al pendiente de mí, aun cuando ya soy adulta. En mis momentos más difíciles ella es la que ha estado a mi lado. Le doy gracias a Dios por mi madre. Agradezco el conocer a tantas mujeres que Dios le ha dado la bendición de ser madres y son mujeres esforzadas y dedicadas, que aun teniendo una profesión se esfuerzan día a día por cubrir todas las necesidades de sus hijos, tanto materiales como emocionales. Muchas de estas mujeres tienen a sus esposos que son su apoyo constantemente, otras son madres solteras que se esfuerzan, en mi humilde opinión, aún más para cumplir con el cuidado y la crianza de sus hijos.

Este escrito es para ti mujer. Si eres madre te felicito de todo corazón y te bendigo en el nombre de Jesús. Si eres como yo, que no te tocó o no te ha tocado esa bendición, no te entristezcas, piensa en las mujeres que son como las que describo aquí y cuando tengas la oportunidad felicítalas por su hermosa y extenuante labor. Son madres 4X4...llenas de puro amor.

Perfeccionar

"Estoy convencido de esto: el que comenzó tan buena obra en ustedes la irá perfeccionando hasta el día de Cristo Jesús". Filipenses 1:6

Cuando llevo la Palabra de Dios a otras personas, me he dado cuenta que siempre en mi mensaje, sea del tema que sea, incluyo de alguna manera Filipenses 1:6. Me gusta hacerle entender a las personas que Dios nos prepara cada día para la segunda venida de Jesús. Hace poco escuchando a una hermana que predicaba en mi iglesia, escuché nuevamente Filipenses 1:6 y ahí sentí que debía buscar la definición de la palabra perfeccionar. La busqué en el Diccionario de la Real Academia Española y la segunda definición para el concepto me llegó muy profundo. Dice así: "Acabar enteramente una obra, dándole el mayor grado posible de bondad o excelencia". Cada día Dios nos está llenando de bondad, de esa cualidad para que hagamos el bien a los demás. Nos llena, si lo permitimos, de apacibilidad de genio. Nos hace mansos, dulces, agradables, de buen temple, nos da tranquilidad y al hacerlo nos lleva a la excelencia, a la perfección. Háblale hoy a Dios. Dile que te llene de todo lo antes mencionado en el nombre de Jesús.

Día 286

Vocación

"Yo, el SEÑOR, *te he llamado en justicia; te he tomado de la mano. Yo te formé, yo te constituí como pacto para el pueblo, como luz para las naciones" Isaías 42:6*

Desde que eras pequeño, ¿sabías a lo que te querías dedicar cuando fueras adulto? En mi caso no. Lo supe con el tiempo, aunque recuerdo que mi maestra de segundo grado declaró a mi vida que yo sería maestra. Y así sucedió. Siempre he relacionado el concepto vocación con el área laboral, hasta hace poco. Estaba escuchando a mi pastor predicar en la iglesia, cuando algo captó mi atención. Él dijo que ser padre era una vocación. Esto rápidamente lo asocié y apliqué también a ser madre. Nunca lo había visto así, pero es cierto. Cuando busco en el diccionario la definición de vocación, me encuentro con lo siguiente: Inspiración con que Dios llama a algún estado…llamamiento. En la gran mayoría de los casos de las personas que son padres, lo habían deseado, anhelado. Dios le puso esa vocación en su corazón. También sé que hay personas que no nacieron con esa vocación, por más que ha muchos les cueste creerlo y otros se convirtieron en padres en circunstancias que no esperaban. Sea cual sea tu situación, lo importante es que en tu interior tienes tu vocación, ese llamado de Dios a hacer, realizar o llevar a cabo algo. Hoy te invito a analizarte y ver si estás siguiendo esa vocación, si la completaste o si aún no la has comenzado. Te animo a sumergirte en tu vocación y cumplirla. Nunca es demasiado tarde. El tiempo de Dios es perfecto y te dice que hoy es el día de iniciar, retomar, desarrollar o completar tu vocación. No es idea o cosa tuya, es la inspiración, el llamamiento que hace Dios a tu corazón. ¿Sientes como late? Anda, atrévete, cumple con tu vocación. ¡Amén! ¡Amén! ¡Amén!

¿Reconoces quién está contigo?

"—¡Pues miren! —exclamó—. Allí en el fuego veo a cuatro hombres, sin ataduras y sin daño alguno, ¡y el cuarto tiene la apariencia de un dios!" Daniel 3:25

En el 2018 el estado de California sufrió uno de los desastres más grande que se puede experimentar: un incendio. A causa de esto muchas personas desaparecieron y perecieron. Este incendio comenzó el 8 de noviembre de 2018. Quemó más de 14,000 viviendas y cerca de 62,000 hectáreas de terreno. El incendio terminó el 25 de noviembre de 2018. En la prensa y en las redes sociales se podían observar imágenes que desgarraban el alma: casas, vegetación, animales…todo afectado por el incendio. Una actriz puertorriqueña se encontraba en la casa de su hijo en California. Las casas que estaban a su alrededor se quemaron y la de este hombre no. ¿Por qué? Resulta que la suegra de este hombre es cristiana y un tiempo antes había ido a visitarlos, y ungió la casa. Así que Dios protegió ese hogar, por la intercesión y la palabra declarada por esta mujer. Jesús estuvo allí. Así como estuvo en este hogar, de igual forma está contigo en este momento. Si estás pasando por un "incendio" Dios está contigo, como estuvo con aquellos tres jóvenes a los que echaron al horno de fuego por no ceder a la presión social y ser persistentes en sus creencias, su fe. Confía en Dios. Él está contigo y no te dejará.

Día 288

Seamos águilas

"él colma de bienes tu vida y te rejuvenece como a las Águilas". Salmos 103: 5

En el 2019 un hermano de la iglesia me prestó un pequeño libro llamado: El águila. Su autor es Kittim Silva. En la Biblia se menciona el águila y me pareció interesante el título. Fue un libro que captó mi atención desde la primera página, al punto que me tardé una semana en leerlo. Como el libro no era mío, no podía marcarlo ni hacerle anotaciones, así que me tuve que sentar con páginas en blanco para poder hacer mis apuntes. En todo tiempo el autor comparó al águila con el creyente. Recordé que las situaciones especiales que vivimos sirven para que desarrollemos madurez. Aprendí que debemos emular a las águilas en lo trabajadoras que son. Que debemos renovar cada cierto tiempo nuestro nido espiritual. Debemos esforzarnos en esa área cada día. Aprendí que debemos ser generosos, sin egoísmo en nuestro ser. Recordé que debo servir a los demás, eso nos lo dejó bien claro Jesús en la Palabra. Recordé que debo descansar y confiar en Dios. Recordé que no debo retroceder cuando vea una tormenta en el horizonte. Al contrario, debo ser valiente y volar sobre la tormenta con la fuerza y poder que me otorga Dios. Debo ser persistente para alcanzar metas. Hoy te invito a ser águila. A ser tan imponente como este animal. A imponerte con la ayuda de Dios a las dificultades, situaciones, vivencias que puedas experimentar a lo largo de tu vida. A imponerte a esas emociones que quieran socavar tu existencia. Imponerte a todas las opiniones que puedan tener otros sobre tu vida y fijarte solo en la opinión que tiene Dios sobre ti. Vuela alto, construye tu nido, renuévalo cada vez que sea necesario e imponte a la adversidad. Sé un águila de Jesús.

Nuestro Autor

"Mataron al autor de la vida, pero Dios lo levantó de entre los muertos, y de eso nosotros somos testigos". Hechos 3:15

Si de niña me hubiesen dicho que algún día escribiría un libro, no lo hubiese creído. Con el pasar del tiempo Dios me ha hecho recordar hechos de mi vida que al analizarlos eran indicios de que escribir era parte de mi vida. Me gusta cuando Dios me hace recordar y a la vez con cada recuerdo me enfatiza que Él es el autor de mi vida, así como de la tuya mi querido lector. Tal vez te preguntarás que, si Él es el autor, ¿por qué hay capítulos tristes, dolorosos, difíciles de superar? Él es el autor, pero los personajes están vivos y tienen libre albedrío. Además, muchos de esos capítulos eran necesarios para nuestro crecimiento espiritual, nuestra madurez y para recordarnos que dependemos de Él, aunque a veces queremos vivir a nuestra manera. Él escribe nuestra historia, pero nos permite escribir nuestro final. En mi historia quiero que su final sea vivir por la eternidad con Jesús. ¿Qué final quieres tú? Hoy te invito a revisar el capítulo que vives hoy, mira con detenimiento los factores que lo componen, piensa cuál de ellos pueden ser manejados por ti, busca dirección de Dios para hacer todo aquello que sea para tu bien. ¿Y el resto de los factores? Confía en que Dios se hará cargo. Recuerda Él es nuestro autor y quiere darnos un buen final, solo confía. ¡Amén! ¡Amén! ¡Amén!

Día 290

Déjate amar

"Pero yo, por tu gran amor puedo entrar en tu casa; puedo postrarme reverente hacia tu santo templo". Salmo 5:7

Desde pequeña he tenido la bendición de sentir amor a mi alrededor de parte de: Dios, mis padres, familia, amigos… A la vez estoy consciente de que no todas las personas han tenido esa bendición y han tenido que superar muchos obstáculos para poder levantarse en esta vida y continuar. Me duele conocer personas que, al no ser amados desde niños, se les hace difícil y en ocasiones imposible entender que Dios los ama. Incluso he hablado con personas que me han preguntado: Si Dios es amor, ¿por qué en el Antiguo Testamento parece lo contrario? He entendido que hay preguntas para las cuales no habrá contestaciones satisfactorias, pero también sé con todo mi corazón que Dios me ama y a ti también. Sé que a causa de ese gran amor envió a su Hijo a tomar nuestro lugar. Gracias a su amor hoy estoy viva, escribiendo y tú en este momento estás leyendo. Hoy te invito a dejarte amar por Dios. En vez de cuestionar, de dudar, dale una oportunidad. Él te espera con los brazos abiertos, quiere recibirte en el redil, porque eres su oveja y le perteneces. Permite que te muestre Su bondad, Su misericordia, Su favor y Su gracia, todo esto y más Él te quiere dar. Búscalo de corazón, déjate encontrar por Él y déjate amar.

Únicos, exclusivos... así somos

"Alaben al Señor, todas sus obras en todos los ámbitos de su dominio. ¡Alaba, alma mía, al Señor!" Salmo 103:22

El lema de una amiga es: soy única y exclusiva. Desde que la conozco (hace muchos años), esta ha sido su expresión. Mi respuesta en todo momento era hablarle de la humildad y ambas nos echábamos a reír. Con el pasar de los años le he tenido que dar la razón, aunque siempre le recuerde que hay que ser humildes, ja, ja, ja. Lo que ella declara es real. Todos somos únicos y exclusivos. No existe nadie igual a otro, ni siquiera los gemelos. Cada uno de nosotros tiene individualidad, estilo, forma de pensar y actuar, motivaciones, vocación, llamado, carácter...y que bueno que no somos iguales. Pienso que la vida hubiese sido monótona si fuéramos iguales. Por eso me gusta la idea de que venimos de un taller, donde un carpintero, un alfarero o como usted prefiera imaginárselo, se toma su tiempo para crearnos. Y al terminar nos coloca su sello, el cual indica la identidad del artista que hizo cada obra maestra. Somos obras en sus manos y les pertenecemos. Por esa razón no nos acomodamos a este mundo, no pertenecemos a este lugar, somos del Reino de Dios. Hoy te invito a amar, valorar y celebrar todo aquello que te hace único y exclusivo. Deja de enfocarte en tus "defectos" y sumérgete en todo aquello que te hace ser quién eres. Recuerda eres valioso, importante, único y exclusivo. ¡Celébrate!

Día 292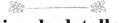

Dios de detalles

"y en el mes de bul del año undécimo, es decir, en el mes
octavo de ese año, se terminó de construir el templo
siguiendo al pie de la letra todos los detalles del diseño. Siete
años le llevó a Salomón la construcción del templo".
1 Reyes 6:38

Nunca dejo de maravillarme de cada una de las bendiciones que Dios me otorga. ¿Te ocurre lo mismo? Cada día me regala tantas cosas que jamás podré acabar de agradecerle, por tanto. A veces medito y me pregunté: ¿Cómo sería todo si Jesús hubiera llegado en otra época, incluyendo la nuestra? Una época tan diferente a la que Él se presentó en la Tierra. Pues hace poco leí un devocional que hablaba sobre esta idea y volví a pensar en esto. En la lectura Dios me dijo: "Soy de detalles". Esto lo sé por experiencia. Ya te he comentado en lecturas anteriores de ejemplos de esos detalles. Pero Su llegada a la Tierra fue la mayor demostración. Llegó a hablar de tú a tú con las personas, convivir con ellas, enseñar personalmente Su verdad, quiso que lo conocieran y, sobre todo, tuvo el detalle más grande al entregar Su propia vida por ti y por mí. Hoy te invito a que no permitas que el diario vivir y las responsabilidades te quiten de perspectiva lo maravilloso que es nuestro Dios. Observa tu día y comienza a contar, a nombrar todos los detalles que te otorga Dios en el transcurso de 24 horas. Te puedo asegurar que tu lista será muy larga. Recuerda, nuestro Dios es de detalles. Es el mismo Dios que les dio los detalles de Su templo a David, el cual construyó Salomón. Dios sigue siendo el mismo ¡Aleluya!

Primera opción…Dios

"El que habita al Abrigo del Altísimo se acoge a la sombra del Todopoderoso". Salmo 91:1

Después de trabajar 12 años en una escuela, llegó la noticia de que me iban a mover de escuela. Para sumarle al cambio, ya no iba a dar el mismo grado y por causa de la pandemia sería todo virtual. ¡Tremendo cambio! Fue impactante para mi vida. Tuve que conocer nuevos compañeros, nueva jefa, nueva comunidad y un medio de enseñanza que no domino. Pude tener varias opciones: llorar, frustrarme, enojarme, sumirme en la tristeza que puede causar un suceso como este, pero mi decisión fue ir a los brazos de mi Padre y orar. Elegí refugiarme en Él y en Su Palabra. ¿Cuál fue el resultado? No puedo negar que fue un año académico difícil, lleno de muchos retos, pero Dios me dio la capacidad para enfrentarlo y aprobarlo. Me reencontré con una buena compañera de trabajo y conocí a otros más. Tuve una jefa muy buena en su área, conocí unos niños muy especiales junto a sus padres y pude completar el año satisfactoriamente. Sé con todo mi corazón que fue así, porque mi primera opción en la situación fue Dios. Hoy te invito a que siempre que tengas que atravesar una circunstancia difícil recurras a tu primera opción que es Dios. Él estará contigo y no te dejará.

Día 294

Santa Cena

"También tomó pan y, después de dar gracias, lo partió, se lo dio a ellos y dijo: —Este pan es mi cuerpo, entregado por ustedes; hagan esto en memoria de mí". Lucas 22:19

Desde pequeña aprendí que el acto de la Santa Cena era muy importante. Yo observaba a mi mamá cuando realizaba el proceso, con sus ojos cerrados, orando, hablando con el Padre, era un acto muy solemne. Al llegar a casa le preguntaba cuándo podría hacer eso y me decía que cuando fuera adulta. Pasaron los años, ya era adulta, pero no me congregaba en ningún lado, así que no podía realizar este memorial. Recuerdo que cuando ya llevaba como seis meses visitando la iglesia a la que pertenezco, se llevó a cabo este acto. Pasaron lo ujieres para que las personas tomaran su pedazo de pan (sin levadura) y el jugo de uva (representando el vino) y yo no tomé nada. Recuerdo que el ujier me miró extrañada, pero continuó. Había aprendido que para llevar este acto debía estar bien con el Señor y yo aún no me había reconciliado. Entonces, mi pastor dijo que antes de hacer el memorial haría una oración para todas las personas que quisieran reconciliarse con el Señor o arrepentirse de algún pecado. Pidió que esas personas se pusieran de pie. Allí me paré yo con mi corazón desbordado por tantas emociones, le pedí a Dios que me perdonara por todos mis pecados y que quería ser parte del cuerpo de Cristo. Luego, por primera vez, pude realizar el memorial de la Santa Cena. Ese acto donde recordamos que Jesús entregó su cuerpo por cada uno de nosotros y lo hizo por amor. Si alguna vez has pensado que nadie te ama, te equivocas, Jesús te ama y dio su vida por ti. Y por eso nos pide que cada vez que podamos hagamos este memorial para que recordemos el mayor acto de amor registrado en la historia: Jesús dio Su vida a cambio de la nuestra, se colocó en el lugar que nos correspondía a nosotros y pagó por nuestros pecados.

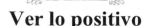

Ver lo positivo

"Este es el día en que el SEÑOR actuó; regocijémonos y alegrémonos en él". Salmo 118:24

Ser positivo es confiar en uno mismo, en los demás y creer que cosas buenas pueden pasar. Para tener este tipo de visión hay que aprender a reaprender a leer la vida. Sí, leer la vida con nuevos ojos. Buscar entre letras dentro de lo que parece una equivocación, un error o un fracaso ese fragmento que nos da una lección, un aprendizaje, una luz hacia un nuevo comienzo, conocimiento, impulso para continuar y no detenernos por lo que haya podido ocurrir. Hay frases que existen para ayudar a las personas a ver lo positivo, por ejemplo:

1) Si la vida te da limones, haz una limonada. (Dale Carnegie)

2) Donde una puerta se cierra, se abre otra. (Miguel de Cervantes)

3) Todo puede tener belleza, aun lo más horrible. (Frida Kahlo)

4) El triunfo del verdadero hombre surge de las cenizas del error. (Pablo Neruda)

5) Cada problema tiene en sus manos un regalo para ti. (Richard Bach).

Hay muchas más, pero hay un lugar donde puedes encontrar muchas frases más para ver lo positivo, la Biblia. Esa que es nuestra verdad, la cual nos hace libres. Mencionaré algunos versículos que te ayudaran a tener una visión positiva de tu vida:

1) *"Porque tú, SEÑOR, bendices a los justos; cual escudo los rodeas con tu buena voluntad". Salmo 5:12. 2*
2) *"Alégrense en aquel día y salten de gozo, pues miren que les espera una gran recompensa en el cielo…". Lucas 6:23*

3) "Y Dios puede hacer que toda gracia abunde para ustedes, de manera que siempre, en toda circunstancia, tengan todo lo necesario, y toda buena obra abunde en ustedes".
2 Corintios 9:8

4) "Les aseguro que, si tuvieran fe tan pequeña como un grano de mostaza, podrían decirle a esta montaña: "Trasládate de aquí para allá", y se trasladaría. Para ustedes nada sería imposible". Mateo 17:20

5) "así tú, Israel, espera al SEÑOR. Porque en él hay amor inagotable; en él hay plena redención". Salmo 130:7

Podría continuar dándote palabras de aliento para continuar tu vida y ver lo positivo a tu alrededor, pero hoy te invito a leer la Palabra de Dios y descubrirlas por ti mismo. Su Palabra te ayudará a que el mundo no maneje tu visión, sino que tengas la del Reino de Dios. Tú decides cómo quieres ver. Puedes ver el vaso medio vacío o medio lleno, ¿Qué decides hoy?

Sacrificio de alabanza

"Así que ofrezcamos continuamente a Dios, por medio de Jesucristo, un sacrificio de alabanza, es decir, el fruto de los labios que confiesan su nombre". Hebreos 13:15

"Bueno es alabarte Jehová y cantar Salmos a tu nombre. Bueno es alabarte Jehová y cantar Salmos a tu nombre. Anunciar por la mañana su misericordia y su fidelidad de noche…" De repente vino a mi mente esta alabanza. La escuché desde niña y su música es contagiosa, es alegre. Cuando todo nos va bien es tan fácil cantar y alabar a Dios con gozo, con júbilo, ya que vemos todo color de rosa, bueno tengo una amiga que lo vería con los colores del arcoíris ya que ella es locura con él. Yo lo vería con muchas mariposas, me encantan. Pero llegan unos días que no hay color rosa, ni arcoíris, ni mariposas, todo se ve oscuro, sin esperanzas. Es en ese preciso momento es que debemos levantar nuestra voz, nuestro corazón y hacer sacrificio de alabanza. Se le llama así porque alabamos reconociendo la grandeza de Dios, aun dentro de los tiempos difíciles que podamos estar enfrentando. En mi humilde opinión ese tipo de alabanza es una alabanza real, porque se tiene la capacidad de reconocer la grandeza de Dios en medio de lágrimas, dolor, tristeza, quebranto, angustia… aun en el valle tenebroso (Salmo 23) reconocemos que Él es real, que está con cada uno de nosotros y obtendremos la victoria. Cuando lleguen momentos difíciles, recuerda quién es Dios y haz sacrificio de alabanza, verás lo que provocas. ¡Amén! ¡Amén! ¡Amén!

Día 297

Levántate y anda

"—Levántate, recoge tu camilla y anda —le contestó Jesús".
Juan 5:8

Ser testigo de un milagro debe ser algo sorprendente. Y lo somos cada día que abrimos los ojos y podemos vivir un día más. En la Biblia se relatan milagros que para las personas que lo vieron, debío haber sido una experiencia maravillosa. Hay algunos de ellos donde Jesús y Pedro dijeron la expresión: "levántate y anda". Por ejemplo, Jesús le habló así al paralítico para el cual abrieron el techo y por ahí lo pudieron colocar delante de Él (Mateo 9:5, Marcos 2:9, Lucas 5:23), también al paralítico de Betesda (Juan 5:8). Pedro se las dijo a un cojo en el nombre de Jesús (Hechos 3:6). Ambas palabras son verbos (acción) y en estos ejemplos son una orden. Levantar en el diccionario tiene varios significados. Uno de ellos dice: poner derecha o en posición vertical la persona o cosa que esté inclinada, tendida. Andar también tiene varios significados: Ir de un lugar a otro dando pasos. Tomar parte, ocuparte, obrar, proceder. Lo que me lleva a pensar que al Jesús y Pedro declarar estas palabras no solo hicieron un milagro, sino que a su vez le dieron una instrucción de vida a estas personas. Por el poder del Espíritu Santo enderezaron lo que estaba torcido, dañado en ellos, les dieron un nuevo impulso, un nuevo comienzo a sus vidas. Sin embargo, le quisieron decir: ahora te tienes que ocupar del resto. Te toca a ti dar los pasos necesarios para escoger lo bueno en tu vida, lo que te llene de paz, de amor, de bondad, de dominio propio, de mansedumbre… te toca ocuparte para dirigir por el camino correcto el resto de tu vida, te toca obrar y si estás dirigido por Dios tus obras serán de bien, te toca proceder conforme a lo que está bien delante del Señor. Así nos dice Dios hoy: "Yo enderecé lo que estaba torcido en tu vida, te di una nueva oportunidad, un nuevo sueño, una nueva esperanza, pero te toca a ti andar, moverte de un lugar para otro, tú decides cómo lo harás. Levántate y anda".

Sus ojos están sobre ti

"Los ojos de Dios ven los caminos del hombre; él vigila cada uno de sus pasos". Job 34:21

A menos que vivas solo, desde que te levantas hay personas que te observan: esposo, hijos, padres... Luego durante el día hay más personas que te observan: familiares, amigos, compañeros de trabajos, extraños... Antes yo decía que cuando me retirara, me iba a dedicar a ir a un centro comercial a sentarme a una banca a observar a las personas, es un ejercicio interesante y relajante. Ves personas que ríen, comen, niños que gritan, lloran, brincan, parejas de personas mayores bebiendo café... comienzas a imaginar a qué se dedican o cómo son las vidas de estas personas... y así, ves diversos escenarios. Ahora pregunto, de todas las personas que observan tu vida, ¿cuál mirada es la más que te debe importar? La mirada de Dios. Sus ojos están sobre ti. Él te ve completamente, tanto tu exterior como tu interior. ¿Qué estará viendo ahora? ¿Le gustará, le agradará lo que ve en ti? Piensa, medita, toma acción. Que de hoy en adelante seas agradable ante Su presencia. Recuerda, Sus ojos están sobre ti.

Día 299

¿Cómo Dios alumbra tu vida?

"¿Qué camino lleva a la morada de la luz? ¿En qué lugar se encuentran las tinieblas?" Job 38:19

Cuando era pequeña no me gustaba dormir en la oscuridad. Recuerdo que en mi cuarto la bombilla era de pocos watts porque la dejaba encendida cuando iba a dormir. Claro, luego mi mamá o mi papá la apagaban. Ahora es distinto, prefiero dormir en completa oscuridad. Conozco personas adultas que duermen con una luz pequeña encendida toda la noche. ¿Eres tú uno de ellos?

Ahora te pregunto, ¿cómo Dios alumbra tu vida? Al vivir en este mundo corrompido por el pecado, las tinieblas quieren adueñarse de nuestras vidas, pero al ser hijos de Dios, eso no es permitido. ¿Cómo lo hace Dios? A través de Su Palabra. Salmo 119:105 dice: *"Tu palabra es una lámpara a mis pies; es una luz en mi sendero"*. Su Palabra alumbra nuestro camino; llena de luz, de Su verdad nuestro interior y a su vez proyectamos esa luz en todo tiempo, en todo lugar donde estemos. Lee, medita, guarda, haz como dice Su Palabra (Josué 1:8) y verás como Su luz inunda, llena, alumbra tu ser y te hace prosperar en cada área de tu vida. Refleja, proyecta la luz de Dios en tu vida y mantén en sus límites a las tinieblas. ¡Amén! ¡Amén! ¡Amén!

Manuscrito de Voynich

"El cielo y la tierra pasarán, pero mis palabras jamás pasarán." Mateo 24:35

Soy fanática de ver series de televisión policiacas. De esas donde cometen un crimen y hay que descubrir quién es el asesino. Me gustan más si hasta justo el final no logro descubrir quién era el que había llevado a cabo el crimen. Una serie que me gustó mucho por su estilo fue una alemana llamada *El Quinto Mandamiento* (2008). Además de ser sobre crímenes involucraba temas de religión. Por uno de sus capítulos supe de la existencia del Manuscrito Voynich. Es un libro con imágenes y con contenido, se desconoce quién es el autor. Tampoco se ha logrado descifrar en qué lenguaje fue escrito. Se encuentra en la Universidad de Yale. En el 2009 por medio de una prueba de carbono, se determinó que fue escrito entre 1404-1438. Es interesante ver sus imágenes. Una de las hipótesis sobre su contenido es que es un libro sobre plantas. Como lectora y escritora me llamó la atención la existencia de este libro. ¿Quién lo habrá escrito? ¿Cuál será su contenido? ¿Con qué propósito lo escribieron? Doy gracias a Dios, que Él siendo el Creador de toda lengua, decidió dejarnos Su Palabra muy clara para nuestras vidas. Compartió de Su conocimiento, Su inteligencia, Su sabiduría con nosotros. Quiso que lo conociéramos, quiso enseñarnos a vivir, nos reveló sus mandamientos, sus estatutos para que fuéramos parte de su familia. Nos hizo parte de Él desde que nos creó, haciéndonos a su imagen y semejanza, y dejándonos su legado para que camináramos por el camino correcto hacia la eternidad donde nos encontraremos con Él. Dejó un manuscrito comprensible y poderoso para nuestras vidas. Hay muchas cosas que no conocemos, pero algún día se las preguntaremos a Él cara a cara. Su Palabra no es Manuscrito de Voynich, es nuestra llave, nuestra verdad, la luz que nos conduce a nuestro camino correcto: Jesús, quien nos lleva al Padre y a la eternidad. ¡Aleluya!

Día 301

Vive tu sueño no el de otro

"porque las dádivas de Dios son irrevocables, como lo es también su llamamiento". Romanos 11:29

Cuando era niña soñaba con ser secretaria. Sí, así como lo lees. Cuando llegó el momento de entrar a la universidad y se los dije a mis padres, no les gustó la idea. Por un tiempo pensé no estudiar ese primer año de universidad (gracias a Dios que no fue así). Mi papá quería que estudiara algo relacionado a las ciencias como radiología, pero eso no era de mi gusto. Decidí estudiar educación. Ahora, después de tantos años, sé que era lo que Dios quería para mí. Tal vez para ti que me lees o alguien a quien tú conoces no ha sido así. Hay muchas personas que tienen el sueño de lo que quieren hacer en su vida y cuando lo comentan encuentran oposición, muchas opiniones de lo que deben o no deben hacer; muchas veces terminan haciendo lo que otra persona le dice, simplemente por darle gusto, y en la gran mayoría son personas frustradas con su vida porque viven el sueño o el deseo de alguien más. Hoy quiero que medites si ese es tu caso o el caso de alguien más. Quiero decirte que todavía hay tiempo para que realices tus sueños. No hay edad para aprender. Conozco casos de personas de la tercera edad que han logrado alcanzar el grado académico de sus sueños. Conozco a alguien a quien aprecio mucho que, siendo pastor y con familia, logró su bachillerato en administración y alcanzó su maestría. Siempre hay nuevas oportunidades en el área profesional o ministerial… ¿Cuál es tu sueño? Planifica, organízate y acciona. Si eres padre o madre, apoya a tus hijos en lo que quieren realizar, lo que ellos quieren lograr. Tal vez no entiendas su elección, pero ese es su sueño. Que sean libres de vivir lo que Dios ha puesto en su corazón, al igual que tú. Sean hijos o seas tú aprende a vivir tus sueños y no el de otro. ¡Amén! ¡Amén! ¡Amén!

Estás en desarrollo

"Así pues, todos los ancianos de Israel fueron a Hebrón para hablar con el rey David, y allí el rey hizo un pacto con ellos en presencia del SEÑOR. Después de eso, ungieron a David para que fuera rey sobre Israel". 2 Samuel 5:3

La vida se trata de un desarrollo constante. No se detiene. Se nace, crece, se reproduce y muere. Vivimos de etapa en etapa. Lo mismo ocurre cuando Dios habla a nuestras vidas así sea a través de un sueño, una profecía, esa voz dentro de cada uno de nosotros que de pronto nos da una idea, un deseo, un anhelo…Para llegar a alcanzar ese objetivo, esa meta, ese sueño hay que pasar por un tiempo de desarrollo. En la Biblia tenemos ejemplos de hombres llamados por Dios que para llegar a la Palabra que le fue dada tuvieron que pasar por un tiempo de desarrollo: Moisés, José, David e incluso el propio Jesús. Miremos un momento a David, el hombre conforme al corazón de Dios (1 Samuel 16:7). Era pastor de ovejas, fue ungido como rey, pero no llegó al trono al siguiente día. Después tuvo que enfrentar al gigante Goliat, luego tuvo que huir de Saúl y mucho después fue que se convirtió en rey. Veamos a Jesús: nació, a los 12 años se perdió y apareció en el templo hablando con los líderes religiosos, luego apareció a los 30 años para dar comienzo a su ministerio, a su llamado, a su propósito. Si Jesús tuvo que vivir un tiempo de desarrollo, imagínate nosotros. Desconozco qué quieres realizar, qué quieres alcanzar o qué quieres lograr y aún no se ha dado, te tengo noticias: estás en desarrollo. Presta atención a lo que Dios hablará a tu vida, Él te indicará cómo proseguir en tu desarrollo para alcanzar Su propósito en tu vida.

Día 303

¿Cuánto estás dispuesto a sacrificar?

"Cuando Jefté volvió a su hogar en Mizpa, salió a recibirlo su hija, bailando al son de las panderetas. Ella era hija única, pues Jefté no tenía otros hijos". Jueces 11:34

Damos gracias a Jesús por su sacrificio en la cruz, porque gracias a esto fuimos reconciliados con el Padre y tenemos vida eterna. En ese momento agradecemos por un sacrificio, pero y ¿cuándo nos toca a nosotros sacrificar? ¿cuánto estás dispuesto a sacrificar? Cuando comenzamos a seguir a Jesús se sacrifican varias cosas: el viejo hombre, el yo egocéntrico, viejas y malas costumbres… Mejor dicho, se supone que eso ocurra, pero a veces queremos dejar unas cosas, y otras no. Quiero decirte que con Dios es todo o nada. Eso sí, reconozco que con Él vivimos procesos. Algunas cosas se sacrifican, se dejan de inmediato, pero otras pueden tomar su tiempo. Lo importante es llegar al punto de dejar todo lo que sea necesario para ser agradables delante Dios, ser obedientes para así obtener bendición. Es importante hacer el sacrificio aun cuando nos pueda doler en lo profundo de nuestro ser. En un momento dado, Dios le pidió a Abraham que sacrificara a su hijo. Ese pedido debe haber sido impactante para él. Pero Abraham se preparó, llegó al lugar indicado, iba dispuesto a cumplir el mandato de Dios. El Señor al ver la disposición de su corazón por cumplir con su mandato, le envió un carnero para el sacrificio. Pero hay otra historia que no tiene un final tan bonito. En esta otra historia, el protagonista prometió el sacrificio a cambio de una victoria. Este fue el caso de Jefté. Jueces 11:30 dice lo siguiente: *"Y Jefté le hizo un juramento solemne al SEÑOR: «Si verdaderamente entregas a los amonitas en mis manos, quien salga primero de la puerta de mi casa a recibirme, cuando yo vuelva de haber vencido a los amonitas, será del SEÑOR y lo ofreceré en holocausto"*.

Desconozco qué lo llevó a hacer semejante promesa, no pudo ver venir lo que sucedería luego. Jueces 11:34 dice: *"Cuando*

Jefté volvió a su hogar en Mizpa, salió a recibirlo su hija, bailando al son de las panderetas. Ella era hija única, pues Jefté no tenía otros hijos ". Su única hija fue la que salió. Jefté con dolor en su alma cumplió su promesa, siendo fiel a su palabra y en retribución a la victoria otorgada por Dios. ¿Cuánto estás dispuesto(a) a sacrificar? Hoy en día no tenemos que hacer sacrificios como el de Jefté, gracias a Dios, gracias al sacrificio de Jesús, sacrificio perfecto, pero al aceptar a Jesús debemos hacer cambios radicales en nuestras vidas. Piensa qué te corresponde cambiar y cómo puedes comenzar tu transformación. Dios te llevará de su mano. Al final todo será para tu bien en esta vida y en la eternidad.

Día 304

Privilegio

"Por eso me regocijo en debilidades, insultos, privaciones, persecuciones y dificultades que sufro por Cristo; porque, cuando soy débil, entonces soy fuerte". 2 Corintios 12:10

Cuando era pequeña hacía travesuras. Unas más grandes que otras. Mi papá nunca fue de pegarme, sino de darme un "time out" en el cuarto. Mi mamá podía hacer eso, pero también recurría de vez en cuando a pegarme por las piernas con una correa. Podía ser amonestada por hablar en el servicio de la iglesia, como también en una ocasión, cuando cursaba tercer grado que salí de la escuela y en vez de obedecer a mi mamá e ir directo a mi casa me fui a casa de una amiguita, ¿te podrás imaginar el susto que pasaron? Claro, tengo que aclarar que eso sucedió por un engaño de mi amiguita, pero eso es otra historia. Lo que sí es que, en mi hogar, aunque me podían pegar de vez en cuando, recurrían frecuentemente a quitarme privilegios. Un privilegio es un derecho que se tiene, pero que otros carecen. Por un momento piensa, ¿qué privilegios tienes en tu vida cotidiana? En mi caso tengo un trabajo, un techo, salud, provisión (económica, alimentaria), puedo votar en las elecciones mi país, mis padres, amistades… Ahora piensa ,¿qué privilegios tienes como cristiano? Para mí el poder orar con toda libertad, leer la Palabra, congregarme en el lugar que prefiero son parte de mis privilegios como cristiana, pero soy consciente que no es igual para todos.

Leí en la página de Puertas Abiertas en el internet la lista de países donde los cristianos sufren persecución (2021). Algunos son: Corea del Norte, Afganistán, Somalia, Libia, Pakistán, Eritrea, Yemen, China, Vietnam, Nepal…fui sorprendida al encontrar a México, donde la persecución ocurre dentro de las comunidades indígenas y al sur del país. También me topé con Colombia, donde ocurre por grupos rebeldes y bandas de narcotraficantes. En todos estos países y muchos más se les ha quitado a las personas el privilegio de adorar libremente.

Hoy quiero invitarte a que busques esa página de internet y ores por esos países y por nuestros hermanos en la fe que se encuentran allí. Quiero que le agradezcas a Dios el privilegio de servirlo en libertad que sí te otorga. Quiero que desde hoy valores este privilegio y lo aproveches al máximo para continuar hablando de Dios a otros. Eres bendecido, que no se te olvide nunca. Vive y disfruta a plenitud tu privilegio. ¡Amén! ¡Amén! ¡Amén!

Día 305

Resiliencia

"Ya te lo he ordenado: ¡Sé fuerte y valiente! ¡No tengas miedo ni te desanimes! Porque el SEÑOR tu Dios te acompañará dondequiera que vayas". Josué 1:9

Estuve leyendo la historia del secuestro de una actriz mexicana llamada Irán del Castillo, ocurrido en el 2015. Gracias a Dios está viva, de nuevo en su hogar. Supe que su rescate fue pagado por la cantante Gloria Trevi, que no era amiga cercana de ella, solo que podía ayudar y lo hizo. No me imagino pasar por una experiencia así. No debe de ser fácil seguir con tu vida cotidiana, luego de un suceso como ese. Para lograrlo hace falta tener resiliencia. ¿Qué significa este concepto? Se define como la capacidad que permite a las personas recuperarse luego de atravesar por una situación crítica o desfavorable. En el mundo hay innumerables ejemplos de resiliencia. Quiero solo mencionar algunos que han captado la atención de todos.

Stephen Hawkins- físico teórico, astrofísico, cosmólogo, profesor, escritor... Antes de cumplir 21 años fue diagnosticado con esclerosis lateral amiotrófica lo que le significó parálisis total y le afectó su voz.

Anna Frank- niña alemana con ascendencia judía, mundialmente conocida por su diario en donde contó sobre su vida durante casi dos años y medio, mientras se escondía de los nazis.

Viktor Frankl – neurólogo psiquiatra, filósofo austriaco. Sobrevivió desde 1942-1945 en varios campos de concentración nazis (4 en total), incluyendo Aushwitz, conocido como el campo del exterminio.

Estos son ejemplos famosos, pero tal vez tú seas un ejemplo de resiliencia. Quizás creciste en un hogar disfuncional, fuiste maltratado por tus padres, fuiste abusado sexualmente, sufriste o sufres bullying por tu aspecto físico o por tu personalidad, eres viudo(a), eres divorciado(a) o estás en ese proceso ahora mismo, no fuiste correspondido por tu amor…ocurren tantas cosas que pueden dejarnos marcados y si no aprendemos a manejarlas pueden destruirnos. Pero si viviste algo de lo mencionado antes u otra cosa más que cambió tu vida de un día para otro, pero has podido seguir hacia adelante y realizarte en la vida, te felicito, eres resiliente. Tal vez no es tu caso, pero si el de alguien a quien conoces. Lo importante es que no nos dejemos aplastar por los sucesos de la vida. Siempre hay esperanza, luz en el camino si tenemos a Dios en nuestra vida. Nuestra fuente de resiliencia es Dios, Su poder y Su Palabra. Dios nos coloca bajo sus alas para confortarnos, pero a la vez nos da fuerza y sabiduría para impulsarnos a seguir. No te detengas, tu situación actual no es tu destino final. Ten fe, sé valiente, sé resiliente. Recuerda siempre que Dios te ama. Él es tu fuente de resiliencia inagotable.

Día 306

Recomenzar

"Sin embargo, en todo esto somos más que vencedores por medio de aquel que nos amó. Pues estoy convencido de que ni la muerte ni la vida, ni los ángeles ni los demonios, ni lo presente ni lo por venir, ni los poderes, ni lo alto ni lo profundo, ni cosa alguna en toda la creación podrá apartarnos del amor que Dios nos ha manifestado en Cristo Jesús nuestro Señor". Romanos 8:37-39

¿Has vivido alguna situación por la que has tenido que recomenzar en alguna área de tu vida? Existen múltiples razones, por ejemplo: nuevo empleo, matrimonio, el nacimiento de un bebé, un divorcio, muerte de un ser querido…y más. Recomenzar no es tarea fácil. Significa cambio, adaptación. Tú decides cómo será ese proceso, según tu actitud hacia el mismo. Cuando son sucesos alegres, como el nacimiento de bebé o un matrimonio, se viven con mucha expectación hacia un nuevo futuro lleno de esperanza. Cuando es la muerte de un ser querido o un divorcio es mucho más difícil recomenzar, porque se hace desde las cenizas, desde la destrucción. Por eso será muy importante la actitud con la que se asume ese nuevo comienzo, lo cual es una luz que se dirige hacia esa situación que se vive. Puede ser una luz muy brillante o una luz tenue, dependiendo de la actitud y la perspectiva que se tiene de la misma.

Tiago Brunet en su libro *Descubre tu destino* dice lo siguiente: "Recomenzar parece trágico, pero puede ser el comienzo de tus mejores días". En la Biblia podemos encontrar muchos ejemplos de personas que tuvieron que recomenzar: Noé, José, Abraham, Rut…todos tuvieron que recomenzar prácticamente de la nada, pero tenían algo muy importante: la dirección de Dios. Obedecían a Dios porque tenían fe en Él. Esa es la clave de recomenzar: fe en Dios. Todos nosotros tenemos un recomenzar común llamado: Jesús. Él fue y es el recomenzar de la humanidad. Cada día es una nueva oportunidad de recomenzar en nuestras vidas. Desconozco de dónde debes recomenzar, pero sí te puedo decir que la mejor manera de hacerlo es confiando en Dios y en su dirección. Hoy te invito a recurrir al Señor para que te dé dirección. Él es el mejor Consejero que puedes tener. Intenta que tu actitud y perspectiva sea la mejor posible dentro de tu proceso. Siempre ten en cuenta que si Dios está contigo todo obrará para bien, porque sus planes son de bien. Recomenzar será positivo para tu vida, créelo, pero sobre todo cree en Dios. ¡Amén!¡Amén!¡Amén!

Día 307

Sabiduría al tomar decisiones difíciles

"Si a alguno de ustedes le falta sabiduría, pídasela a Dios, y él se la dará, pues Dios da a todos generosamente sin menospreciar a nadie". Santiago 1:5

Tomamos muchas decisiones en un día. Unas más fáciles que otras. Se necesita sabiduría para hacerlas todas correctamente y aún más sabiduría cuando son decisiones difíciles, ya que a veces estas aparecen cuando menos lo esperas y tienes que decidir en el momento, sin mucho tiempo para pensar. En una ocasión, una de mis amigas de muchos años se encontraba embarazada de su segundo hijo. Fui a visitarla precisamente el día que había buscado el resultado de su sonograma y me pidió que lo leyera porque estaba en inglés y ella no lo entendía. No soy partidaria de leer resultados médicos porque no soy doctora. Prefiero que los profesionales de la salud sean los que los lean. Pero en esa ocasión, cedí. Leí el resultado silenciosamente y mi amiga me pregunta: ¿Qué dice? La miré y le dije que todo estaba muy bien, pero sabía que cuando me volviera a ver me iba a reclamar. ¿Por qué? Porque lo que leí era que el bebé venía con el cordón umbilical enrollado en el cuello, pero ¿cómo le iba a decir eso en su estado? Además, conociéndola, sabía que sería contradictorio para ella. Lo mejor era que se lo dijera el médico, quien a su vez le daría las alternativas para la situación. Mi amiga me reclamó por no decirle la verdad, pero le di mis razones y creo que me entendió. Además, mientras escribo esta reflexión ese bebé cumplió sus 17 años. Entiendo que el momento fue muy difícil y Dios me dirigió para hacer lo mejor dentro de la situación. Hoy te invito pedirle sabiduría a Dios cada día para que tomes las mejores decisiones en tu vida. Él no le niega sabiduría a nadie. ¡Aleluya!

Él escucha

"Esta es la confianza que tenemos al acercarnos a Dios: que, si pedimos conforme a su voluntad, él nos oye". 1 Juan 5:14

En una ocasión no me encontraba cómoda con una parte de mi vida. No dependía de mí. Dependía de otras personas el poder hacer cambios. Mi vista natural, lo que veía, era que no había salida y tenía que conformarme con lo que me ocurría. Hubo un día en que me sentía cansada de la situación y le dije a Dios necesito un cambio, no puedo seguir así. Un tiempo después, no muy largo, luego de esa oración que fue tan sincera, Dios me concedió ese cambio. Reconozco que no me lo concedió como yo lo esperaba, incluso de primera intención me sentí molesta por la forma que se dio. Definitivamente no recordaba aquella oración. Luego, al pasar de los días, según fueron transcurriendo los hechos me pude percatar de que Dios lo hizo para mi bien y me hizo recordar aquella oración. Me hizo recordar que Él me guarda y que todo lo que hace en mi vida obra para bien. Me hizo recordar que Él escucha. Hoy quiero compartir contigo ese recordatorio: Dios te escucha.

Día 309

La única palabra

*"—Dichosos más bien —contestó Jesús— los que oyen la
palabra de Dios y la obedecen". Lucas 11:28*

En una ocasión leí que una mujer puede hablar de 25,000 a 32,000 palabras al día y que un hombre puede hablar de 12,000 a 15,000 palabras en un día. Una diferencia bastante grande. ¿Las mujeres volveremos locas a los hombres? Me imagino que los hombres que lean esto me dirán que sí, Ja, ja, ja, ja…El asunto es que seas mujer u hombre realmente usamos muchas palabras en un día. Con ellas intercambiamos ideas, pensamientos, vivencias, opiniones, emociones. Y también según quién hable así será el grado de importancia que le daremos. Algunas palabras las desecharemos al instante otras se quedarán grabadas para siempre en nuestras vidas. Hoy quiero invitarte a que inviertas tiempo leyendo o escuchando la Palabra de Dios para que se impregne en tu vida, se quede para siempre en ti y transforme tu vida. Te invito a que hables la Palabra de Dios. Recuerda que la Palabra de Dios es la única, verdadera y es la que te hace libre. Llénate de ella y verás lo que producirá en ti. ¡Amén! ¡Amén!¡Amén!

A través de la adversidad

"y mientras navegaban, él se durmió. Entonces se desató una tormenta sobre el lago, de modo que la barca comenzó a inundarse y corrían gran peligro". Lucas 8:23

Nunca podré olvidar el Huracán María. Azotó a Puerto Rico el 20 de septiembre de 2017. Fue una experiencia devastadora para la Isla. Aún recuerdo los fuertes vientos, el sonido que producían, eran escalofriante. En un momento dado recuerdo que hubo como un silbido, pero era bien intenso, fue aterrador. Debo decir que, aunque esa era la realidad Dios me dio de Su paz en ese momento. Estos recuerdos me hacen pensar en el momento en que Jesús dormía en una barca y se desencadenó una tormenta. Imagino a todas aquellas personas escuchando los vientos, viendo las grandes olas, todos muy asustados y Jesús durmiendo. A veces nos sucede así, tal vez no estamos en una tormenta como la que estaban esas personas, pero sí las tenemos por conflictos que hay en nuestras vidas y a nuestro alrededor. Cuando estemos en medio de alguna adversidad recordemos que Jesús está con nosotros. Tal vez llegamos a pensar que Él está descansando y no se da cuenta de lo que nos está ocurriendo, pero esto no es cierto. Él solo quiere que entendamos que si Él está debemos conservar la calma y tener fe. Aquellas personas lo despertaron y Jesús les dijo: *"¿Dónde está la fe de ustedes?"* Hoy quiero invitarte a mantener la calma y la fe a través de la adversidad. Jesús está contigo, no te dejará ni te desamparará. ¡Créelo!

Día 311

En la cruz

"Jesús salió cargando su propia cruz hacia el lugar de la Calavera (que en arameo se llama Gólgota)". Juan 19:17

Cuando comencé a congregarme, recuerdo que en la iglesia había una señora que cuando tenía la oportunidad cantaba una alabanza de Julissa titulada: *El amor*. En aquel momento desconocía quien era Julissa, pero recuerdo que cuando escuché la alabanza me impactó, describió lo que vivió Jesús por la humanidad. Al tiempo apareció la película: *La pasión de Cristo*, esas imágenes, tan reales y crueles, también me impactaron. Mi mente trataba de lidiar con la realidad de lo que sufrió Jesús por amor. Si la película me estremeció no puedo imaginar cómo hubiese sido ser testigo real de lo que sucedió, lo que vivió Jesús para llegar a la cruz y entregar su vida por todos nosotros. Hoy solo quiero invitarte a reflexionar en lo que significó y significa el sacrificio de Jesús en la cruz. Aquel madero donde fue clavado, aquel madero que se llenó de su sangre derramada por amor para poder otorgarnos vida. Aquel madero que sostuvo su cuerpo vivo y luego muerto. Aquel madero que exhibió a nuestro Salvador de una forma humillante pero necesaria para que hoy puedas leer esto y puedas darle gracias en este momento por tu vida. Reflexiona, medita y agradece a Jesús por tomar aquel lugar en la cruz. Lo hizo por amor, el cual no tiene comparación.

Rodeados

"¿A dónde podría alejarme de tu Espíritu? ¿A dónde podría huir de tu presencia?" Salmos 139:7

En este momento en que lees, ¿qué te rodea? Mira por un momento. En mi caso, me rodean paredes y una puerta con ventana por la cual puedo mirar al exterior y apreciar el cielo que en estos momentos está nublado. Puedo escuchar el sonido del abanico y también el trino de aves. Este lugar es muy cómodo para sentarme a escribir, además tengo a mi alcance el material que me puede ayudar mientras desarrollo este libro. Pero hay algo que me rodea y que te rodea a ti también ahí donde estás leyendo y es la presencia de Dios. Puedo sentirlo aquí, guiándome mientras pulso el teclado de mi computadora y estoy segura de que lo puedes sentir ahí contigo en este momento. Ahora mismo estoy haciendo que seas consciente de esta gran verdad, pero quiero que siempre lo seas, a cada instante, dondequiera que puedas estar. Vives rodeado de Su presencia, Su amor, Su cuidado, Su fidelidad, Su respaldo, Su Palabra (la cual te susurra a cada instante), Su compañía, Su esencia. ¡Qué privilegiados somos! Y es gracias a que somos sus hijos.

Hoy, agradécele a Dios porque nunca se aparta, nunca te deja, nunca te abandona, está a tu alcance, te escucha y te responde. Estás rodeado por Él.

Día 313

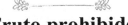

Fruto prohibido

"Pero, en cuanto al fruto del árbol que está en medio del jardín, Dios nos ha dicho: "No coman de ese árbol, ni lo toquen; de lo contrario, morirán". Génesis 3:3

En el Edén Dios colocó a Adán y Eva, los rodeó de maravillas. Y les dijo que sometieran todo aquello y se multiplicaran (Génesis1:28), pero luego les dijo que no comieran del árbol que estaba en medio del jardín. El resto de la historia la conoces, desobedecieron. Esto trajo como consecuencia que fueran echados de allí y la muerte para el ser humano. Eso nos ocurre constantemente. Ejemplo: Problemas con el azúcar, pero no resistes comer dulce (fruto prohibido), problemas de peso, pero te atrae todo tipo de comida rápida y a cualquier hora (fruto prohibido), problemas de comprador obsesivo, pero no evitas las tiendas (fruto prohibido), problemas con el alcohol, drogas, pornografía…y así podría seguir. Esto es una realidad, aun dentro de las iglesias. Recordemos que no somos perfectos. Solo tú conoces tu debilidad, con esa que batallas día a día. Si has podido dominar tu problema doy gracias a Dios por eso, pero si aún te encuentras lidiando con tu circunstancia quiero decirte que Dios te ama y tiene misericordia de ti. Quiero decirte que puedes ir a Su presencia y Él te ayudará, te dará el valor, la fortaleza, el dominio propio para salir de tu situación. Solo clama a Él con un corazón sincero y dile que ya no quieres comer del fruto prohibido. No digo que el proceso será fácil, pero con Cristo todo es posible, porque Él te fortalece. Toma el tiempo que sea necesario, lo puedes lograr. Hay esperanza para tu vida, la tienes en Jesús tu Salvador y es real. Dios es tu Torre Fuerte y te levantará para que el día que Jesús venga nos vayamos a reinar con Él. Filipenses 1:20 dice lo siguiente: *"Mi ardiente anhelo y esperanza es que en nada seré avergonzado, sino que, con toda libertad, ya sea que yo viva o muera, ahora como siempre, Cristo será exaltado en mi cuerpo".* ¡Amén! ¡Amén! ¡Amén!

Háblale a tu niño interior

"Jesús dijo: «Dejen que los niños vengan a mí, y no se lo impidan, porque el reino de los cielos es de quienes son como ellos". Mateo 19:14

Hace un tiempo, una amiga lanzó un reto a grupo de amistades para que nos escribiéramos a nosotras mismas, pero pensando en la niña que dejamos atrás. Me pareció bien interesante este ejercicio y quiero compartir contigo lo que escribí:

¿Qué le dirías a la Noemí niña? Noemí, creciste y te convertiste en toda una mujer. Estudiaste y eres maestra. Luego, Dios te colocó para que enseñaras Su Palabra, esa que amas y lees en las noches, acurrucada en tu cama. Compraste una casa, no un apartamento en San Juan como tanto has soñado. Aún no te has casado. Has aprendido que el camino del amor es hermoso como una rosa, pero tiene espinas las cuales son muy dolorosas. Tienes muchos amigos. Dios te ha rodeado de gente muy buena. En tu andar te has encontrado personas que con sus acciones te han hecho crecer y madurar. Te has topado con mucha gente buena y con otros que aún tienen oportunidad para cambiar. Pero te diré que aún con todo lo que has vivido (alegrías y tristezas) sigues conservando tu FE. Amas a Dios con todo tu corazón y sabes que Él tiene planes de bien para ti. Así que tranquila disfruta tu niñez, Dios está y continuará siempre contigo, porque Él es fiel.

Hoy te extiendo la misma invitación y redactes una carta al niño o niña que fuiste en el pasado. Tal vez sea un proceso fácil, tal vez no, depende de lo que has vivido, pero valdrá la pena realizar el ejercicio. ¡Amén! ¡Amén! ¡Amén!

Día 315

Conoces el final

"El corazón humano genera muchos proyectos, pero al final prevalecen los designios del SEÑOR". Proverbios 19:21

Uno de mis pasatiempos favoritos es ver películas. Veo de casi todo: romántico, acción, suspenso, miedo, musicales, infantiles…de casi todo. Y me sucede que hay algunas películas que me gustan tanto que las puedo repetir una y otra vez; lo curioso es que, si son películas con finales tristes, aunque sé lo que va a ocurrir vuelvo a llorar otra vez con igual o más sentimiento que antes. ¿Te ocurre algo parecido? Nuestra vida es como una película, lo único que no sabemos es cuál será la próxima escena. Planificamos y lo hacemos con fe de que eso sucederá, pero la realidad del caso es que no sabemos si al próximo momento estaremos vivos. Eso solo lo sabe Dios. Lo que sí podemos saber es cómo será ese final según nuestra decisión en esta vida. Si tenemos a Jesús en nuestro corazón y le servimos, sabemos que el final será en la eternidad con Él. Si aún no la has aceptado te invito a hacerlo hoy. Dile al Señor: *Dios hoy entrego mi corazón a ti. Quiero ser llenado de ti ahora y por toda la eternidad. Quiero abrazarme a ti y a tu verdad. Quiero ser llamado tu hijo en el nombre de Jesús, amén. Si lo hiciste y persistes en andar en el camino llamado Jesús, el cual es único y correcto, entonces conoces tu final en esta película llamada vida: estar con Él toda la eternidad.*

No detengas la oración

"No me dejas conciliar el sueño; tan turbado estoy que ni hablar puedo". Salmo 77:4

Ocurren tantas cosas en nuestras vidas, y a veces todas a la vez, que pueden provocar desánimo, aflicción, dolor, tristeza…y todo esto quiere llevarnos a que nos apartemos de nuestro Señor. Entonces, estas emociones comienzan a quitarnos los deseos de hablar con Él y descuidar nuestra relación, aún cuando sabemos que Él es nuestros Padre y lo amamos. Abandonamos nuestras costumbres y rutinas de sacar tiempo para hablar con Él. A veces llenamos vacíos con mucho trabajo restando tiempo con Él o simplemente nos abandonamos en la holgazanería y el descuido, cuando debemos hacer lo contrario.

En momentos difíciles debemos recurrir a Dios. Cuando lo hacemos se va toda aflicción y comienza a inundarnos Su paz, y podemos ver las cosas de forma clara. Pasar días sin hablar con Dios no es buena decisión. Das oportunidad a que ideas e imaginaciones se adueñen de tu mente y dirijan tus acciones, lo cual no te conduce a Dios, al contrario, te aleja de Sus planes de bien para tu vida. No lo permitas. No detengas la oración. Sé fuerte. fortalécete en el Señor. Él es tu amigo fiel. Cuando clamas a Él, te encontrarás con Él, porque acude a tu rescate, porque Él es tu Padre y te ama. ¡Amén! ¡Amén! ¡Amén!

Día 317

Se recuerda mejor lo que se lucha

"Ya te lo he ordenado: ¡Sé fuerte y valiente! ¡No tengas miedo ni te desanimes! Porque el SEÑOR tu Dios te acompañará dondequiera que vaya". Josué 1:8

Todo lo que tengas en este momento de tu vida ha requerido esfuerzo de tu parte. Por ejemplo, cuando eras un niño te tuviste que esforzar por aprender a caminar, hablar, comer solo, montar una bicicleta, aprender a escribir, leer…cada logro obtenido ha requerido esfuerzo. Según el diccionario la palabra esfuerzo significa: Empleo enérgico del vigor o actividad del ánimo para conseguir algo venciendo dificultades. Es tener esa determinación para alcanzar una meta, aunque por el camino puedas encontrar obstáculos. Para que tu esfuerzo logre lo que quieres debes tener firmeza y consistencia. ¡Qué bien se siente llegar a la meta! A veces se pueden presentar personas que quieren mostrarnos un atajo para llegar a ese objetivo o meta, pero que sabemos que no son para nuestro bien. Queda de nosotros ser honestos y tomar la decisión correcta para nuestra vida. Así mismo ocurre en nuestro andar hacia la vida eterna. Sabemos que nuestro camino es Jesús, pero Satanás, disfrazado como cordero, cuando en realidad es un lobo, se presentará en nuestra vida para querer presentar atajos, como le sucedió a la Caperucita Roja. Si conoces el cuento sabes que se metió en apuros por no seguir el camino indicado por su madre. ¿Deseas estar en apuros? Acepta atajos. ¿Quieres tranquilidad, vida, eternidad y vida en abundancia? Camina en Jesús. Tendrás que esforzarte mucho, eso te lo puedo asegurar. Lucharás día a día, escalarás peldaños, uno a uno, y cada vez que logres un nuevo nivel lo recordarás con orgullo y alegría porque te has esforzado y lo has hecho de la manera correcta. No te rindas, sigue hacia adelante, alcanza tus metas a corto y largo plazo, dirigido en todo momento por Dios. Y ten presente que se recuerda mejor lo que se lucha.

Dependencia

"para que por su modo de vivir se ganen el respeto de los que no son creyentes, y no tengan que depender de nadie".
1 Tesalonicenses 4:12

Nuestra dependencia es de Dios, es una realidad, pero hay ocasiones que lo olvidamos y comenzamos a depender de los que nos rodean, de nuestro trabajo, de nuestros compromisos, de nuestro ministerio… y dejamos de lado a Dios. Consciente o inconscientemente comenzamos a actuar en nuestra autosuficiencia. ¿Qué ocasiona esto? Vacío. Cuando el objeto de tu dependencia falla, desaparece, entonces aparece un hueco muy grande que trae soledad, tristeza, angustia y ansiedad.

¿Qué podemos hacer? Reenfocarnos. Darle Su lugar a Dios, el cual nunca se le debió quitar. Conectarse con Él nuevamente, pedir perdón por alejarse. Ser sincero de corazón, derramarlo delante de Su presencia y comenzar a depender de Él nuevamente. Hoy te invito a meditar en cómo está tu relación con Él. ¿Dependes de Dios o de otra cosa o persona? Recuerda que quien único es fiel, nunca falla y puede llenarte por completo es nuestro Rey, nuestro Dios. Dirige tu dependencia total a Él.

Día 319

Creciendo de nuevo

"Yo sembré, Apolos regó, pero Dios ha dado el crecimiento".
1 Corintios 3:6

Si tienes patio, sabes que una de las tareas para su cuidado es el cortar la grama. Me encanta el olor cuando está recién cortada y me causa una gran alegría cuando llego a mi hogar y veo que la han recortado. Esta tarea hay que hacerla de forma recurrente, porque crece de nuevo. Fíjate que la cortan, pero ella no se rinde, dice: "Ay déjame quedarme cortita y así no sufro más cuando me recortan". No, ella continúa creciendo. Esa actitud deberíamos tener los seres humanos. En nuestro andar en la vida nos vamos a encontrar con circunstancias y personas que querrán estar cortando nuestros sueños o ambiciones para que nos agotemos, dejemos de crecer, aprender y madurar. No lo permitas. Sigue adelante, sé fuerte, lucha por tus sueños, metas y propósitos en esta vida. Cada vez que te encuentres con uno de estos cortadores de la vida continúa creciendo de nuevo y no te rindas. ¡Adelante!

Desafíos

"Pues Dios no nos ha dado un espíritu de timidez, sino de poder, de amor y de dominio propio". 2 Timoteo 1:7

El existir, el vivir en este mundo significa estar en constante desafío. Lo que quiere decir que estamos en un constante reto, enfrentando provocaciones, las cuales nos podrían llevar a batallas. Estamos en una competencia constante, por lo cual necesitamos fuerza, agilidad, destrezas y sobre todo sabiduría. Debemos saber cómo afrontar enojos, enemistades, dificultades y oposición con nuestras decisiones. Esa es la clave, tomar decisiones con sabiduría. Como hijos de Dios, recurrimos al Señor, seremos llenado de sabiduría divina para tomar las decisiones correctas y enfrentar estos desafíos de la mejor forma posible, aún cuando se nos haga muy difícil actuar en obediencia a Dios, porque nuestra naturaleza nos indica que actuemos de otra manera. Para vivir en este mundo debemos desafiarnos a ser obedientes, a tener un buen ánimo, servir a otros, leer la Palabra, amar más, perdonar, abrazar más, alimentar y desarrollar nuestra fe, a enfocarnos en lo verdadero, en lo eterno, en el camino correcto. Si nos desafiamos a hacer todo esto y más, veremos victoria, bienestar, o sea, seremos doblemente felices. Por lo cual, usemos el poder de amor y de dominio propio otorgado por Dios y enfrentemos los desafíos en el nombre de Jesús, ¡Amén!¡Amén!¡Amén!

Día 321

Expectación

"Tus ojos vieron mi cuerpo en gestación: todo estaba ya escrito en tu libro; todos mis días se estaban diseñando, aunque no existía uno solo de ellos". Salmo 119:16

No sé tú, pero cuando espero una fecha muy especial, a medida que se acerca el día crece mi expectativa. Hoy, cuando escribo esto, es un día así para mí y para varias mujeres que conozco, porque mañana estaremos participando de una gran actividad, en la cual sabemos que Dios hablará a nuestra vida de una forma única y especial. Nos hablará de forma colectiva, pero también de manera individual. Así es Dios. Cada uno de nosotros fuimos colocados en el vientre de nuestra madre de una forma especial y fuimos formados allí de una forma tan hermosa que no tiene explicación ni comparación. En ese entonces nuestras madres, padres y familiares estaban a la expectativa de nuestro nacimiento. Y creo firmemente que nosotros siendo unos bebés hermosos (porque lo fuimos) de alguna manera también sentimos expectación de lo que encontraríamos fuera de ese saco cómodo y calientito en el que nos encontrábamos. En la Biblia, Jesús dice que debemos ser como niños (Mateo 18:3), por lo cual debemos estar llenos de emoción por lo próximo que viene a nuestra vida de parte de Dios. Hoy te invito a que tengas expectación, que estés a la espera con curiosidad, confianza, alegría y gozo por lo que Dios traerá a tu vida. Tu estado actual no es tu destino final, confía en Dios y lo verás. ¡Aleluya!

Reencuentro

"Todavía estaba lejos cuando su padre lo vio y se compadeció de él; salió corriendo a su encuentro, lo abrazó y lo besó". Lucas 15:20

Vi un video de reencuentros de padres militares con sus hijos. En el primero, cuando un niño vio a su padre corrió y comenzó a llorar. Escondió su rostro en el pecho de su padre y se escuchaba su sollozo. Su padre lo abrazó con tanta ternura y un sentido de protección intenso. El segundo caso era de una niña que estaba en una videollamada con su papá y de pronto se dio cuenta de que él se encontraba en la sala de su casa. Comenzó a gritar: "¡Papá! ¡Papá!" y corrió hacia donde él estaba y le decía: "¡Te extrañaba tanto!"

Me sentí reflejada por dos razones:

1) Mi papá fue militar y pasó varias temporadas lejos de casa. Cada vez que regresaba mi corazón se llenaba de emoción al verlo y saber que estaba bien. En aquella época la comunicación era por teléfono no videollamadas.

2) Me hizo recordar cuando regresé de nuevo a los brazos de mi Padre. Cuando tomé esa decisión me abracé a Él, no lo quería soltar y pude sentir Su protección.

Hoy quiero que recuerdes cómo fue ese momento en tu vida, cuando tuviste tu reencuentro con Dios. Sé que fue un momento muy especial y único para ti. Si aún no has dado tu paso de fe para tu reencuentro hazlo. Dios te espera con sus brazos abiertos para darte protección, seguridad y paz. Camina hoy hacia Él, tu Creador y Salvador para que recibas transformación.

Día 323

Rastro

"—Yo estaré contigo —le respondió Dios—. Y te voy a dar una señal de que soy yo quien te envía: Cuando hayas sacado de Egipto a mi pueblo, todos ustedes me rendirán culto en esta montaña". Éxodo 3:12

Cuando la policía quiere esclarecer un caso tiene que seguir pistas, rastros, para poder resolverlo. El rastro es el vestigio, señal, huella o indicio de un acontecimiento. Desde que nacemos nuestra vida se comienza a llenar de rastros. Personas, cosas y vivencias van dejando su señal en nuestro ser. Algunos dejan huellas buenas y otros no. Y todos esos rastros modifican, añaden, quitan, cambian o afectan nuestro ser. Está en nosotros determinar a qué grado nos puede afectar, especialmente aquellos que son negativos. Te pregunto: ¿qué rastro te puede estar afectando ahora mismo? ¿Qué puedes hacer para manejar la situación? Tal vez puedes resolverlo orando y dando lo mejor de ti. Tal vez podrías necesitar ayuda profesional: consejero, mediador, psicólogo, psiquiatra… tienes muchas alternativas, debes descubrir cuál es la mejor para ti. Hoy te invito a que junto con Dios tomes la alternativa adecuada para que enfrentes y trabajes con ese rastro que te puede estar perturbando en este día. Toma hoy la iniciativa de decidir dominar con la ayuda de Dios ese rastro de tu vida. No vas a estar solo en el proceso. Dios siempre está y estará contigo. Vamos esfuérzate, sé valiente, cambia el efecto de ese rastro en tu vida y darás gloria a Dios por la obra que haga en ti

Circulación

"Esto es mi sangre del pacto, que es derramada por muchos para el perdón de pecados". Mateo 26:28

En una temporada de mi vida trabajé por varios años con estudiantes de Segundo Grado. En aquellos años se le facilitaba el aprendizaje sobre distintos sistemas del cuerpo humano: respiratorio, digestivo y circulatorio. Estudiar cada sistema causaba interés en mis estudiantes. Tengo que aceptar que estos temas eran de mis preferidos al momento de dar la enseñanza. El sistema circulatorio está formado por el corazón, las arterias, las venas y los capilares. Este sistema moviliza la sangre: líquido rojo que circula por el cuerpo cuya función es distribuir el oxígeno, nutrientes y otras sustancias. Fíjate que dice que la sangre distribuye. Nosotros pertenecemos al Cuerpo de Cristo y tenemos diferentes funciones. Una de estas funciones es distribuir. Debemos llevar oxígeno, nutrientes a través de la Palabra a esas personas que se unen al Cuerpo de Cristo. Claro, esto es aparte de buscar aquellos que están fuera para que se integren al cuerpo. Cuando ya son parte debemos mantener esa circulación a un ritmo adecuado para tener un cuerpo sano. Cuando hablo de cuerpo no me refiero a mi congregación, me refiero a todas en general, porque somos un solo cuerpo.

¿Cómo se puede hacer? A través de nuestras palabras, ejemplo, enseñanzas, talleres, conferencias, consejos, unidad, compartir unos con otros…hay tantas maneras. Hoy te invito a pensar en cómo podrías aportar al sistema circulatorio de la iglesia de Cristo para que continúe funcionando de una forma correcta y agradable a Dios. Piensa de qué manera con tu aportación puedes colocar tu porción para una saludable, hermosa, maravillosa y gloriosa circulación.

Día 325

Rompecabezas

"He colocado mi arco iris en las nubes, el cual servirá como
señal de mi pacto con la tierra". Génesis 9:13

Cuando niña me gustaba jugar con rompecabezas. Recuerdo uno que tuve que era de la muñeca Rainbow Brite, ¿la recuerdas? Con el tiempo de jugar con ellos aprendí la estrategia de formar primero el marco y luego dedicarme a rellenar el interior. Esto me trajo la idea de que cuando Dios nos creó, hizo ese marco que nos define como ser humano, pero nosotros con el transcurso de la vida y de los años rellenamos el interior. Ese relleno estará hecho de cosas que podemos manejar como por otras que no podemos manejar. Quiero que nos enfoquemos en esa parte que sí podemos manejar. Esta dependerá de nuestras decisiones, reacciones, actitudes, comportamientos, hábitos… Hoy quiero invitarte a que desde este día te concentres más en como irás creando esa parte del relleno que está en tus manos. Un buen comienzo es colocando cada día de tu vida en las manos del Señor. Llenándote de Su Palabra, sabiduría, inteligencia y conocimiento. Escuchando cuando te susurra al oído lo que debes hacer en cada situación y obedeciéndole. Amándolo por sobre todas las cosas. Abrazándote a Él para que puedas transmitir amor a los demás. Dejándote influir, dirigir por Él. Así podrás ir armando el rompecabezas de tu vida con los colores que provengan de Dios y su amor. Rainbow Brite tiene los colores del arcoíris, ese que creó Dios como pacto con la humanidad. Él siempre cumple Su Palabra. Hoy te invito a que le permitas que te dé los colores especiales que ha escogido para ti y los tuyos para que al final puedas admirar el hermoso rompecabezas de tu vida, cuyo marco es creación de Dios y, a su vez, puede ser llenado de Su amor, color, luz, bendición y pasión por ti.

Sus promesas no caducan

"Al de carácter firme lo guardarás en perfecta paz, porque en ti confía". Isaías 26:3

Hace unos días participé en una actividad de mujeres, su tema era: Sus promesas no caducan. Fue un evento donde más de 50 mujeres nos unimos para escuchar, meditar y crear sobre la Palabra de Dios. Fue un tiempo hermoso y necesario. Sé que ninguna de las que estuvo allí, salió igual a como entró. Ahora bien, entre tanta alegría, algarabía y júbilo se reconoce que Dios no miente, no falla y que Él es fiel, pero ¿qué pasa cuando volvemos a nuestra realidad? Es ahí que realmente debemos tener la mente de Cristo para vivir confiados en que Dios cumple sus promesas. Muchas veces cuando salimos de ese tipo de actividades es difícil tener que enfrentar la realidad en nuestros hogares, con nuestra pareja, hijos o con la soledad, la enfermedad, el trabajo, con la lucha interior con tus pensamientos, emociones… Definitivamente la realidad en ocasiones es ruda, hostil, aunque en otras es sutil. Hoy te invito a que recurras a las promesas de Dios que se encuentran en Su palabra. Créeme, hay una adecuada para lo que puedas estar pasando en estos momentos de tu vida. El versículo que leíste al comienzo me lo dio Dios hoy y es justamente la Palabra que necesitaba escuchar y recordar. Confía en Dios, confía en Su esencia que es el amor y la verdad. Mantén en tu mente que sus promesas no caducan.

Día 327

Más allá del maquillaje

"El corazón alegre se refleja en el rostro…".
Proverbios 15:13

En mi iglesia hicieron una actividad para mujeres con el título de esta lectura. El recurso fue una chica muy hermosa por dentro y por fuera, maquillista profesional, ella enseñó cómo realizar un automaquillaje y en el proceso fue hilvanando cada etapa con una porción de la Palabra. Fue un mensaje hermoso donde el enfoque principal fue que somos valiosas y hermosas porque fuimos hechas a imagen y semejanza de Dios. También nos animó a que viéramos el proceso de maquillaje como uno divertido, no como una carga. En lo personal me gusta maquillarme. No lo hago muy a menudo por la prisa o porque tengo calor y no me animo, pero la realidad es que cuando lo hago, al ver mi rostro diferente mi estado de ánimo se transforma. También me ocurre cuando estreno ropa, zapatos, carteras…ja, ja, todo eso me ayuda. Ahora hablando en serio, hay algo que transforma nuestro interior, lo cual cambia nuestro exterior y posiblemente está al alcance de tu mano, ¿qué es? La Palabra de Dios. Todo lo mencionado antes son cosas creadas por el hombre, pero la Palabra viene directamente de Dios. La Biblia tiene el poder de cambiar la tristeza en alegría, dar alivio al dolor, sanar el corazón, dar libertad al cautivo, brindar esperanza, sueños, anhelos, dar vida donde hay muerte. Tiene el poder de transformar a todo aquel que la lea y crea en ella. ¿En el día de hoy te has dicho alguna palabra positiva a ti mismo? Hoy te invito a leer la Palabra y buscar una palabra de amor que Dios tenga para ti. Quiero que cuando la leas la memorices, y cada vez que la recuerdes te la declares a ti mismo, para que alegre tu corazón y así hermosee tu rostro. Tenemos mucho maquillaje de muchas marcas que son muy buenos, pero el perfecto para cada uno de nosotros porque se ajusta a cada una de nuestras necesidades es el de Dios. Nuestra belleza proviene mucho más allá del maquillaje exterior.

Di amén y lo que viene es oro

"Dios, Dios mío eres tú; de madrugada te buscaré; mi alma tiene sed de ti, mi carne te anhela, en tierra seca y árida donde no hay aguas". Salmo 63:1 RV

Estaba leyendo en las redes sociales noticias sobre las Olimpiadas Tokio 2021, cuando me topé con una que me llamó la atención y alegró el corazón. Un surfista brasileño que ganó oro en Tokio se levantaba a las 3 de la mañana todos los días a pedirle a Dios que le diera la victoria. ¿Resultado? Ganó oro. Aunque no es un representante de mi país mi corazón se llenó de alegría al leer que este atleta, además de su esfuerzo, persistencia, dedicación, lo primero que hacía era recurrir a Dios de madrugada. Me hizo recordar al rey David que buscaba a Dios de madrugada. Sabemos por su historia que Dios siempre estaba con Él y aun con sus oportunidades para mejorar, Dios lo defendía, lo cuidaba, le daba la victoria, hizo que su nombre fuera conocido en la historia del mundo, y lo llamó hombre conforme a Su corazón. Al atleta de la noticia le otorgó la medalla de oro. ¿Qué le estás pidiendo en estos momentos al Señor? Hoy te invito a buscar a Dios, saciar tu sed en la fuente de agua de vida que proviene de Él para que quite tu sequedad, puedas crecer y florecer dondequiera que estés. Búscalo, ora y di amén y lo que viene es oro, o sea, de gran valor para tu vida, en el nombre de Jesús. ¡Amén! ¡Amén! ¡Amén!

Relojes ajenos

"Entonces el profeta Isaías clamó a Jehová; e hizo volver la sombra por los grados que había descendido en el reloj de Acaz, diez grados atrás". 2 Reyes 20:11

¿Cuántos son fanáticos de los relojes? Yo sí. Con los años he adquirido unos cuantos y otros los he perdido. El reloj es un instrumento para medir el tiempo. Como pudiste leer en el versículo de hoy, existen desde hace muchos años. El tiempo es el que nos permite ordenar la secuencia de los sucesos, estableciendo un pasado, un presente y un futuro. Cada uno de nosotros tenemos la misma cantidad de horas en un día, sin embargo, cómo distribuimos ese tiempo es decisión nuestra, o debería serlo, porque existen presiones sociales, personas que quieren marcar nuestro tiempo y terminamos viviendo al ritmo de relojes ajenos. Este tipo de presión a veces es buena, a veces no. Por ejemplo, si no hubiese alguien marcándome el tiempo no entendería que ya es hora de que vaya terminando de escribir este libro para poder comenzar a hacer otros procesos necesarios para la publicación del mismo. Eso es un buen ejemplo de un reloj ajeno. Ahora, algo que ya he comentado en otras ocasiones es el hecho de que no tengo hijos ni puedo tenerlos. Si me hubiese dejado llevar por el reloj de la sociedad y pensara que solo eso me da valor como mujer a esta hora me sentiría como la peor mujer del mundo porque no pude cumplir con ese "requisito" indicado por el reloj ajeno del mundo. Ese sería un ejemplo negativo. Al punto que te quiero llevar con todo esto es que puedas entender que solo Dios es el dueño de tu tiempo. Solo Él conoce cuando y por qué ocurren o no las cosas. Al único que a la larga le daremos cuenta al final es al Señor. Bien lo dice Eclesiastés 3:1 *"Todo tiene su tiempo, y todo lo que se quiere debajo del cielo tiene su hora"*. Vive al ritmo que te indique Dios. No compares tu vida con la de otros, cada vida es diferente, única y exclusiva. Disfruta tu tiempo y la etapa en que te encuentras. Enfócate en lo que sí tienes y agradécelo. Vive según tu reloj y no por relojes ajenos.

Calidad para representarlo

"Sed imitadores de mí, así como yo de Cristo".
1 Corintios 11:1

En las Olimpiadas de Tokio 2021, un atleta de judo le dedicó su medalla de bronce a dos marcas deportivas. Tal vez tú pensarás que lo hizo por su apoyo o auspicio para que él pudiera llegar ese lugar. Pues no, es todo lo contrario, lo hizo porque esas marcas le dijeron que no tenía calidad para representarlos…Imagino que escuchar esas palabras debe haber sido muy duro para él. Lo que me agrada es que tuvo la fortaleza mental y emocional de creer en él, luchar y recorrer su camino para alcanzar la meta que se había trazado. Obtuvo medalla de bronce en las Olimpiadas. Y les demostró a los que no creyeron en él, que sí los hubiese podido representar. Hoy Dios te dice que tú puedes representarlo aquí en la Tierra. Desconozco tu situación ahora que estás leyendo, pero Dios puede hacerte una nueva criatura, moldearte, cultivar tu carácter y hacerte un digno representante de su Hijo amado Jesús. Puedes ser su reflejo. Hoy te invito a que lo aceptes en tu corazón y si ya le sirves permite que te transforme de una forma tan maravillosa, que cuando las personas te vean quieran conocer qué consumes para verte y estar así. Que puedan conocer que eso que tienes proviene de la fuente inagotable llamada Jesús y el poder del Espíritu Santo que mora en ti. Anda, llénate de Dios, de Su Palabra y sé su digno representante en este mundo que tanto lo necesita. ¡Amén! ¡Amén! ¡Amén!

Día 331

Envuélveme en ti

"Por tanto, renueven las fuerzas de sus manos cansadas y de sus rodillas debilitadas". Hebreos 12:12

Cuando damos nuestro primer respiro fuera del vientre de nuestra madre, luego de cortarnos el cordón umbilical nos envuelven en una sábana y nos entregan en los brazos de mamá. Hacen esto para evitar que sintamos frío. Para evitar el frío corporal utilizamos ropa, abrigos, sábanas, colchas… ¿Qué podemos hacer para evitar el frío espiritual? Sí, podemos padecerlo. Sucede cuando por circunstancias, experiencias y vivencias nos alejamos del Señor. Esto no es bueno para ninguno de nosotros. Cuando veas señales y comiences a sentir frío espiritual, actúa. ¿Qué puedes hacer? Ora, lee la Palabra, adora y alaba a Dios, congrégate…Así podrás vencer el frío espiritual, porque al hacer estas cosas estarás en la presencia de Dios y te envolverá en Sus brazos tiernos y cálidos. Hoy te invito a mirar al cielo y decirle a Dios: "Padre, envuélveme en ti".

Lo inesperado

"Cuando te vengan buenos tiempos, disfrútalos; pero, cuando te lleguen los malos, piensa que unos y otros son obra de Dios, y que el hombre nunca sabe con qué habrá de encontrarse después". Eclesiastés 7:14

Hace unos días fui con mi novio a correr motora junto con un grupo de personas. Ese día compartimos con un amigo suyo, al cual yo no conocía, un hombre muy simpático y conversador. En la última parada que hicimos, nos pusimos a conversar y de pronto la conversación tomó un giro inesperado. Él comenzó a contar su testimonio, él sirve al Señor. Me impresionó su historia. Durante el día él había mencionado a sus hijos: un varón de 25 años y una niña de dos años y medio. Yo quedé asombrada con la diferencia de edad entre ambos, pero cuando escuché su historia, entendí. Él estuvo casado con la madre de su hijo y también tuvieron una niña. Lamentablemente esa niña a la edad de 7 años falleció. Esa parte de su historia me estremeció, ya que he vivido de cerca la experiencia de muertes de niños en mi familia, amistades y estudiantes. Escucharlo decir eso, literalmente estremeció mi corazón. A raíz de eso este hombre perdió a su familia, se divorció, comenzó a vivir su vida sin Dios. Nos dijo que se quedó sin nada. Nos contó que al pasar de los años regresó al regazo de nuestro Padre Celestial. Dios le otorgó la casa donde vive, conoció a la que hoy en día es su esposa y le regaló el privilegio de ser padre de otra niña. Titulé esta lectura *Lo inesperado* por dos razones: 1) Ocurrió lo inesperado en la vida de este hombre. Dios lo restauró. Le dio una nueva vida, familia y trajo luz nuevamente a su interior. 2) Lo menos que pensé fue que una corrida de motora fuera a escuchar un testimonio como este. Dios es grande y poderoso. Hoy te invito a que coloques en Sus manos lo que pueda estar pasando en tu vida con una fe inquebrantable en Su poder y señorío, a la espera de lo inesperado para tu vida en el nombre de Jesús, ¡Amén! ¡Amén! ¡Amén!

Día 333

Demostrando lo contrario a nuestro favor

"¿Qué diremos frente a esto? Si Dios está de nuestra parte,
¿quién puede estar en contra nuestra?" Romanos 8:31

Cuando iba para noveno grado, me mudé a Estados Unidos. Mis padres le querían dar una oportunidad a su matrimonio. No resultó, así que cuando fui a comenzar mi segundo semestre de clases estaba en Puerto Rico nuevamente. Mi mamá fue a la escuela a matricularme y pidió que me colocaran en el mismo grupo que estaba antes. Recuerdo que cuando llegamos a donde el maestro de matemáticas sus palabras fueron: "No espere que obtenga buenas notas. Ella no tomó la base de este curso y el grupo está muy adelantado". Esa expresión encendió en mi interior la bombilla de reto. Recuerdo que mi madre le dijo que no había problema, que lo único que yo quería era compartir con mi grupo, ya que ese año me graduaba e iba para otra escuela. Cuando nos fuimos me dijo: "No te preocupes, haz tu mejor esfuerzo". Mi reto fue demostrarle al maestro que se equivocaba en lo que decía. Tuve que poner mucho de mi parte, pedir ayuda a mis compañeros para entender los conceptos dados en el primer semestre que se aplicaban en este. Hubo una compañera muy buena en matemáticas que siempre estuvo dispuesta a ayudarme y tenía el don de explicar bien. El conjunto de todas estas cosas trajo como resultado que obtuve excelentes calificaciones en la materia para asombro de mi maestro, mi mamá y de mí misma Ja, ja, ja…Hoy te invito a que, si alguien declaró una palabra negativa a tu vida, te dijeron que no podrías hacer algo, han querido hacerte sentir menos por alguna razón o han querido colocarte en una esquina sin posibilidad de movimiento, de avance, no lo permitas. Dios es la fuente de conocimiento, inteligencia y sabiduría. Si lo tienes a Él ¿quién contra ti? Esfuérzate. Sé valiente. No temas. No te rindas. Lucha por tus sueños. Con el favor de Dios los alcanzarás. Demuestra lo contrario de lo que hablaron sobre ti, pero que sea a tu favor.

Dios está

"porque el SEÑOR tu Dios está en medio de ti como guerrero victorioso. Se deleitará en ti con gozo, te renovará con su amor, se alegrará por ti con cantos". Sofonías 3:17

Hace unos días fui a una conferencia para mujeres. En una de las alabanzas se repetía el título de esta lectura: Dios está. ¿Dónde está Dios? Está en ti.

Fuiste creado a imagen y semejanza de Él (Génesis 1:26).

Dios te acompaña (Josué 1:9).

Él está en el viento, cielo, sol, mar, plantas, montañas…en la naturaleza ya que Dios es su Creador. Él está en tu familia, amistades, trabajo… El Señor está en todo momento, en todo lugar, Él es quien te sostiene (Isaías 41:13).

Dios es omnipresente (Salmo 139:7-10). Hoy te invito a creer que Dios está. Sea cual sea tu situación ahora mismo, Dios está.

Él te escucha, te consuela y actúa (Jeremías 33:3).

Dios siempre está obrando, aun cuando con nuestros sentidos no lo podamos comprobar. Dios está. Esa es la verdad que te invito a aceptar hoy. Confía en Él, descansa en Él, cree en Él, porque Dios está.

Día 335

Comparte de tu vasija

"Pero tenemos este tesoro en vasijas de barro para que se vea que tan sublime poder viene de Dios y no de nosotros".
2 Corintios 4:7

Hace unos días participaba en una conferencia de mujeres y allí en un momento dado nos hicieron repetir la siguiente oración: "Señor, llena mi vasija de tu aceite". Me caló tan hondo que aun días después sigo pensando en eso. La actividad fue sábado, el domingo me levanté orando, alabando a mi Señor con todo mi corazón y cuando iba camino a la iglesia repetía en voz alta una y otra vez esa oración. Algo que he aprendido es que cuando Dios nos bendice no es para que sea nuestro nada más, sino para compartir con todo aquel que pueda estar cerca. Ese domingo sentía una presencia de Dios tan hermosa, no la puedo describir. En un momento dado fui al baño y tuve que esperar porque estaba ocupado. Cuando salió la persona, es una dama de mi iglesia a la cual le tengo mucho aprecio como hermana en la fe que es. La saludé y le pregunté: ¿cómo estás? En par de minutos me dijo tanto, de todo lo que estaba viviendo en ese momento y yo solo podía sentir que tenía una carga muy grande. Cuando terminó de hablar, comencé a orar por ella y sentía la presencia de Dios dirigiéndome en lo que hablaba a su vida. Dios había llenado mi vasija para compartir. Hoy te invito a que le pidas al Señor que llene tu vasija de Su aceite y luego lo compartas con todo aquel que está a tu alcance. ¿Cómo lo compartirás? Dios te indicará cómo, cuándo y dónde. Solo déjate dirigir, sé obediente y comparte. Recuerda que todo siempre es para la gloria de Dios. ¡Amén! ¡Amén!¡Amén!

Prepárate para recibir

"Alégrense, hijos de Sión, regocíjense en el SEÑOR su Dios, que a su tiempo les dará las lluvias de otoño. Les enviará la lluvia, la de otoño y la de primavera, como en tiempos pasados". Joel 2:23

Hay días buenos y otros con oportunidades de mejorar. Tenemos épocas muy buenas y otras en las cuales no sabemos a dónde mirar. Hay momentos donde vivimos desiertos. Con los años he aprendido que en esos periodos dónde sentimos que las temperaturas de nuestras vidas han subido tanto y no sabemos dónde refugiarnos es cuando realmente estamos madurando. En esa temporada es que crecemos, maduramos porque luego daremos frutos. La buena noticia es que luego de esa temporada llega la lluvia a refrescar tu territorio, a apaciguar tu sed. Lluvia que proviene de la mejor fuente que puede existir: Dios. Si hoy estás en un desierto quiero decirte que se acerca la lluvia que bajará tu temperatura y quitará tu sed. Dios refresca tu lugar, tu situación, tu circunstancia. Dios refresca tu presente y tu futuro. Anota en algún lugar qué aprendiste de este periodo, qué no debes repetir nunca más, cuál es tu nueva meta e impúlsate a alzar un nuevo vuelo agarrado de Dios. Prepárate a recibir los planes de bien que Dios tiene para ti. Con Dios siempre hay posibilidades, nuevos comienzos, porque Dios es vida, vida en abundancia, vida por la eternidad. Prepárate para recibir. ¡Amén! ¡Amén! ¡Amén!

Día 337

Todo se lo debes a Él

"Todo esto proviene de Dios, quien por medio de Cristo nos reconcilió consigo mismo y nos dio el ministerio de la reconciliación". 2 Corintios 5:18

Conversaba hoy con una persona muy importante en mi vida. El tema de la conversación era sobre una situación que estaba pasando en su área laboral. La conversación llegó al punto donde la persona me dijo que ya no le importaba su trabajo y que ya no se iba a esforzar como lo ha hecho por 28 años. Su reacción es muy normal. Duele cuando uno da lo mejor y no es reconocido; y hasta en ocasiones buscan cualquier descocido para llamarnos la atención o hacernos algún señalamiento. Durante la conversación no dejaba de venir a mi mente Colosenses 3:23 *"Hagan lo que hagan, trabajen de buena gana, como para el Señor y no como para nadie en este mundo".* Desde que conocí este versículo lo hice mío. Me ha ayudado mucho en mi área laboral y ministerial. Me da fuerzas para seguir hacia delante, aun con lo que me pueda tropezar en el camino. Así que, luego de escuchar a esta persona (es muy importante saber escuchar), le hablé sobre ese versículo. Le dije que gracias a Dios tiene su empleo, por el cual recibe su provisión para cumplir con todos sus compromisos económicos y hasta para darse algunos gustos. Le mencioné que gracias a Dios es una persona sana. Por lo cual su trabajo debe ser para Dios y no para los hombres. La persona me escuchó. Cuando terminé me pidió que le enviara el versículo bíblico y lo colocó en uno de sus estados de las redes sociales. ¡Aleluya! Hoy te invito a internalizar esta gran verdad. Desconozco cómo es tu jefe, tu ambiente de trabajo, cuánta responsabilidad y carga laboral puedas tener. Lo que sí te puedo asegurar es que todo se lo debes a Dios. Así que de hoy en adelante busca lo positivo en tu trabajo, enfócate en eso y hazlo con alegría y gozo solo para Dios, para tu Padre y Creador. Todo se lo debes a Él.

Cortar con lo dañino

"Por lo tanto, si alguno está en Cristo, es una nueva creación. ¡Lo viejo ha pasado, ha llegado ya lo nuevo!"
2 Corintios 5:17

Hoy limpiaron el patio de mi casa. Para realizar su labor el jardinero utiliza una podadora de grama, un "trimmer" y otras herramientas. Ver crecer la grama, las yerbas malas sin control no me hace bien. Me deprime ver el jardín hecho una zona de desastre. Por tal razón, cuando llego a mi hogar y veo que arreglaron el jardín me siento contenta, me sube el ánimo, me relaja, me da sensación de paz y tranquilidad. Hoy, mientras trabajaban en el patio Dios me dijo: "Corta con lo dañino". En 2 Corintios 5:17 dice que si estamos en Cristo somos una nueva criatura y lo viejo ha pasado, entonces ¿por qué insistimos en traerlo a nuestro presente? Cuando lo traemos nuevamente a nuestra vida nos entristecemos, nos desanimamos, nos ponemos ansiosos y la realidad es que esto no vale la pena.

Dios en Isaías 65:16 nos dice: *"...Las angustias del pasado han quedado en el olvido, las he borrado de mi vista"*. En Gálatas 4:5 el Señor nos dice que fuimos redimidos, fuimos rescatados. En Colosenses 1:13 nuestro Padre nos dice que nos libró de las tinieblas, de la oscuridad. Si escudriñas la Palabra encontrarás más pasajes que nos recalcan lo que hizo Dios con nosotros a través de Jesucristo. Entonces, ¿por qué continuar cargando con lo dañino de nuestro pasado en nuestro presente y futuro? Hoy te invito a cortar con lo dañino. Permite que Dios tenga cuidado de ti para que puedas florecer saludablemente en tu presente y futuro. Dios está en ti. Él tiene planes de bien para ti. El Señor conoce el fin desde el principio. Permite que Él haga de ti una buena tierra que en el futuro dé una gran cosecha. Para que esto ocurra, el primer paso es cortar con lo dañino.

Día 339

Sirve de corazón

"En efecto, nosotros somos colaboradores al servicio de Dios; y ustedes son el campo de cultivo de Dios, son el edificio de Dios". 1 Corintios 3:9

Llegué un domingo a la iglesia. Debido al protocolo por el COVD-19, los asientos los acomodaron por diferentes cantidades: una persona, dos personas, tres personas y así sucesivamente. No sé si te pasa en su iglesia, pero yo tengo un área donde me gusta sentarme. Siempre busco espacio para mi mamá y para mí. Pues en ese domingo en particular, el área que me gusta ya estaba ocupada. Había un espacio, pero de tres sillas. A mí me gusta seguir instrucciones, así que busqué otro lugar para sentarme. Luego llegó mami y se sentó a mi lado. La realidad es que me sentía un poco fuera de lugar sentada allí. De pronto, vino un ujier y me dijo: "Noemí, ¿no te vas a sentar en tu área?" Le dije: "es que el espacio que queda es de tres sillas". A lo que ella me contestó: "No te preocupes, yo saco una silla". Y al instante movió la silla, la colocó en otro lugar y mi mamá y yo nos sentamos donde nos sentimos más cómodas. Mi punto aquí es que esta persona estaba atenta, tuvo el detalle de querer hacer lo posible para brindar su servicio para el bienestar de los miembros de la iglesia. Ella quería servir y lo hizo de corazón. A eso estamos llamados todos. Marcos 9:35 dice: *"Entonces Jesús se sentó, llamó a los doce y les dijo: -Si alguno quiere ser el primero, que sea el último de todos y el servidor de todos".* No importa cual es tu llamado, tu posición, tu puesto, estás llamado a servir, pero de corazón. Llenar una posición de liderazgo lo puede hacer cualquiera, servir lo hace todo aquel que está lleno del amor de Dios, todo aquel que es manso, todo aquel lleno de amor por el prójimo como así mismo. ¿Estás sirviendo de alguna manera? ¿Te nace de corazón hacerlo? Autoexamínate. Hoy te invito a orar, a pedirle a Dios que te llene de Su amor, para que lo puedas compartir con otros y puedas servir a tu prójimo de corazón.

Sonríele a la vida y a tu edad

"Verás esto y te pondrás radiante de alegría; vibrará tu corazón y se henchirá de gozo..." Isaías 60:5

En mi iglesia hay personas de la tercera edad a las cuales quiero mucho. Un domingo llegaron dos caballeros a donde me encontraba sentada y me saludaron. Y comenzaron a hablar, contando anécdotas, cuando uno de ellos dijo: "Dentro de unos días cumplo 90 años". Al decirlo, sonrió. Este caballero aún maneja, se ejercita y cuida a su amada esposa que está en cama. Y aún teniendo esta situación tan difícil, él le sonríe a la vida y a su edad. Recuerdo que cuando llegué a mis 40, fue un proceso en mi interior aceptar haber llegado a mis 4 décadas de edad. Cuando me preguntaban por mi edad me costaba un poco decirla. Pero desde que vi la sonrisa de este caballero de casi 90 años, decidí que mi actitud cambiaría. Le sonreiría a la vida y a mi edad. Hoy te invito a hacer lo mismo. Sonríe porque estás vivo. Sonríe por las bendiciones de Dios en tu vida. Sonríe por los milagros en tu vida. Sonríe por tu familia, trabajo y amistades. Sonríe por las fuerzas que Dios te da cada día para poder continuar con tu vida. Sonríe porque eres hijo o hija de Dios. Sonríe porque Dios derrama Su amor en ti (Romanos 5:5). Sonríe porque Dios está contigo, en ti y a través de ti. Sonríe porque Jesús te salvó y por Él tus pecados han sido perdonados. Sonríe porque hoy tienes vida.

Día 341

La vida es como un mosaico

"¡Solo tú eres el SEÑOR! Tú has hecho los cielos, y los cielos de los cielos con todas sus estrellas. Tú le das vida a todo lo creado: la tierra y el mar con todo lo que hay en ellos. ¡Por eso te adoran los ejércitos del cielo!" Nehemías 9:6

¿Conoces lo que es un mosaico? ¿Has visto uno alguna vez? Si no lo has visto te invito a que en este momento pares de leer y busques en internet imágenes de algún mosaico, verás obras de arte muy hermosas. Como tal, un mosaico es una obra elaborada con teselas, es decir, pequeños fragmentos de piedra, cerámica o vidrio, de diferentes formas y colores, que se aplican sobre cualquier superficie para formar composiciones geométricas o figurativas, cuyos temas pueden ir desde la mitología hasta escenas de la vida cotidiana. En un mosaico lo que abunda es la diversidad, de la cual surge una obra hermosa. Así podríamos percibir nuestra vida. Cada uno de nosotros somos un mosaico. Tenemos diversidad de: experiencias, vivencias, decisiones, acciones, relaciones…y todo esto y más nos forma. Nos hace ser únicos, exclusivos, importantes, valiosos, pero a su vez cada uno de nosotros, pequeños mosaicos, somos parte de un gran mosaico el cual forma el Reino de Dios. Cada uno de nosotros aportamos una belleza sin igual a ese Reino Celestial al cual pertenecemos. Tenemos diferentes y hermosos colores a los ojos de nuestro amado Padre. Cada color y textura son productos de lo bueno y lo menos bueno que hemos vivido, pero al final han obrado para bien para hacernos obras del Artista mayor que existe, nuestro Dios. Hoy te invito a te veas como la obra de arte que eres y como parte importante de la obra mayor hecha por Dios. La diversidad es hermosa y nuestra vida está llena de ella. Nuestra vida es como un mosaico. Disfruta su belleza junto a la mano de nuestro Creador.

Exprésate

"Mi boca hablará con sabiduría; mi corazón se expresará con inteligencia." Salmo 49:3

Soy una persona que por lo general expreso lo que siento. No siempre lo he hecho bien. En ocasiones mis palabras, el tono con el que las expreso no ha sido el mejor ni el momento tampoco. Llevo unos años orando a Dios para que me otorgue sabiduría, inteligencia y conocimiento al momento de hablar. También he determinado que, si me siento molesta por algo, prefiero calmarme primero antes de hablar, pero al final, expreso lo que siento. Expresarse es muy importante, porque si nos guardamos las cosas comenzamos a ser como una olla de presión, la cual llega un momento que puede explotar. Llegar a ese punto no es saludable. Sigmund Freud dijo lo siguiente: "Uno es dueño de lo que calla y esclavo de lo que habla". Callar no es bueno, pero hablar fuera de control tampoco es bueno. Es muy importante tener una comunicación saludable con todo aquel que nos rodea, por el bien de ellos, pero sobre todo por nuestro propio bien. Hoy te invito a que evalúes la forma en la cual te expresas. Si tienes problemas para comunicarte ora a Dios para que te ayude a cambiar esta situación. Incluso busca ayuda profesional, si fuera necesario. Será para tu bien y el de tus seres queridos. Exprésate, que se escuche tu voz, la cual tiene mucho valor.

Día 343

Cuando llega el dolor o el cansancio

"Pero, si desde allí buscas al SEÑOR tu Dios con todo tu corazón y con toda tu alma, lo encontrarás. Y al cabo del tiempo, cuando hayas vivido en medio de todas esas angustias y dolores, volverás al SEÑOR tu Dios y escucharás su voz. Porque el SEÑOR tu Dios es un Dios compasivo, que no te abandonará ni te destruirá, ni se olvidará del pacto que mediante juramento hizo con tus antepasados".
Deuteronomio 4:29-31

Me lastimé el nervio ciático y estoy sufriendo mucho dolor. El dolor del nervio ciático va desde la espalda y baja a las caderas, los glúteos y las piernas. En mi caso experimento dolor en el lado izquierdo. Dependiendo de la intensidad del dolor, puede ser algo debilitante, incómodo o frustrante. Con el tratamiento correcto se puede corregir la situación por lo cual hay que ir a un especialista de la condición. En nuestra vida espiritual ocurre algo similar. Puede llegar un momento en que comenzamos a sentir cansancio y dolor. Tristemente es así. Esto puede ser causado por relaciones con otras personas, por condiciones de salud, por las mentiras que el enemigo trata de colocar en nuestra mente sobre lo que somos, nuestro valor, nuestra importancia, por traer recuerdos de nuestro pasado e intentar culparnos por ello. La gran noticia es que tenemos el especialista que nos levanta de ese dolor, de ese cansancio, llamado Jesús. Él sabe el tratamiento perfecto para nuestra situación y a eso le suma su inigualable amor por nosotros. ¿Qué se puede hacer? Ir a su oficina y tener una consulta con Él. Ir a su presencia, orar, leer Su Palabra, confiar, creer en Él. Nos dará las fuerzas necesarias para seguir y nos indicará qué podemos o debemos hacer para solucionar nuestra situación. Recuerda que en Él encontramos agua viva que brota en todo momento y no tiene fin. Cuando llega el dolor o cansancio recurre al Salvador, Él es la solución.

Vida en comunidad

"con esta promesa: "Te haré fecundo, te multiplicaré, y haré que tus descendientes formen una comunidad de naciones. Además, a tu descendencia le daré esta tierra como su posesión perpetua". Génesis 48:4

En mi trabajo como maestra estuve muchos años dando clases a segundo grado. Como parte del currículo tenía que facilitar la enseñanza sobre las distintas comunidades que existen, por ejemplo: comunidad urbana, rural, escolar, religiosa, etc. El propósito era concientizar al estudiante que pertenece a diferentes tipos de comunidades y lo importante de tener una buena convivencia en cada una. Recuerdo que siempre enfatizaba lo importante de llevarse bien con los vecinos porque en un momento de necesidad ellos podrían ser los primeros en ofrecer ayuda. Doy gracias a Dios por el lugar donde vivo. Mis vecinos han sido buenos. Yo también trato de ser buena vecina con ellos. También doy gracias a Dios por la iglesia en que me colocó para alabarlo y adorarlo. En ambas comunidades trato de dar lo mejor de mí. Hacer esto es el inicio de la unidad que debemos tener como hijos de Dios, Él quiere unidad en su cuerpo. No habla de una denominación, habla de su iglesia, una sola iglesia. Nuestro comportamiento en las diferentes comunidades a las que pertenecemos es solo un ensayo para la conducta que debemos tener como parte del cuerpo de Cristo. ¿Cómo eres en tus comunidades? ¿Cómo tratas y eres tratado? ¿Cómo puedes mejorar la situación? Piénsalo. Ora a Dios para que de hoy en adelante no seas la misma persona, ora para que te indique cómo puedes cambiar para tu bien y el de las comunidades a las que perteneces. Haz lo que te corresponde, obedece a lo que te diga Dios y verás bendición en tu vida. Que de hoy en adelante tu vida en comunidad sea diferente, que puedas ser luz dondequiera que te pares, que puedas ser sal para esta tierra, que puedas llevar buenas nuevas a cada vida con la cual coincidas en tus días, que puedas tener una buena vida en comunidad.

Día 345

Disfruta los días grises o lluviosos

"Durante todos los días de tu vida, nadie será capaz de enfrentarse a ti. Así como estuve con Moisés, también estaré contigo; no te dejaré ni te abandonaré". Josué 1:5

Los días soleados son hermosos. Poder salir y sentir los rayos del sol sobre la piel se siente fenomenal, contemplar el cielo azul con sus nubes blancas es toda una obra maestra, pero la realidad es que no todos los días son así. Hay días que al levantarnos y mirar al cielo lo que vemos son nubes grises a punto de explotar u otros donde literalmente explotaron en una lluvia torrencial. Personalmente quisiera no tener que salir de la casa durante los días lluviosos. Preferiría quedarme, tomar un chocolate caliente y comer un pedazo de pan con queso y mantequilla. A veces se me da, pero en la mayoría de los casos no. Lo que sí he aprendido es a alegrarme por cada día de vida que Dios me regala y se lo agradezco. Estos son días naturales, pero así mismo ocurre con nuestro interior y las situaciones que estemos viviendo. Hay días que son tan extraordinarios que son como un día soleado. Hay días que son tan difíciles, tan extenuantes, tan tensos que son como los días grises y lluviosos. Son días muy llenos de retos tanto física, emocional y espiritualmente hablando. Pero aún en esos días Dios está presente. Cada uno de esos días Dios lo ha hecho para que nos alegremos y gocemos en Él. Hoy te invito a disfrutar tus días grises y lluviosos. Busca lo positivo que puede haber en ellos y enfócate en eso. Coloca lo que no puedes manejar en las manos de Dios y descansa en Él. Dios es tu pastor y te promete que nada te faltará. Pueden aparecer y desaparecer muchas cosas, pero tu relación con Dios permanece por siempre. Dios está en el sol, en el día gris, en el día lluvioso, Él está siempre. No permitas que nada borre tu sonrisa. Haz tuya la promesa que Jesús nos dejó cuando nos dijo que estuviéramos tranquilos porque ya Él ha vencido. Levanta tu ánimo, reconoce quien dirige tu vida y disfruta tu día como sea: soleado, nublado o lluvioso.

Trasplante de corazón

"Así que de ahora en adelante no consideramos a nadie según criterios meramente humanos. Aunque antes conocimos a Cristo de esta manera, ya no lo conocemos así".
2 Corintios 5:16

Diariamente hay muchas personas alrededor del mundo en listas de espera por un corazón. Hacen turno para tener una nueva oportunidad, un nuevo comienzo. Paradójicamente, cuando le llegue su oportunidad, esto significa que en otro lugar una persona dejó de existir en el plano terrenal. Hay un espacio vacío, un hogar, un grupo de amigos, una comunidad, una ciudad, un país. Este mismo proceso ocurrió hace más de 2,000 atrás para que tú y yo luego tuviéramos un trasplante de corazón espiritual. Dejó de existir aquí en la Tierra un hombre, que fue parte de una familia, de un grupo de amigos, de una comunidad, de un país y a su vez fue líder. Jesús entregó Su vida en la cruz del calvario por amor a cada uno de nosotros. Cuando lo aceptamos como nuestro Salvador, sufrimos un trasplante de corazón. Nos es dada una nueva oportunidad de vida, un comienzo de vida. Las personas que han vivido esta experiencia quirúrgicamente, estoy segura que aprecian cada nuevo latido de ese corazón que le fue dado, cada nuevo amanecer y sobre todo aprenden a agradecer. Te invito a hacer lo mismo. Mira al cielo. Aprecia cada latido que ha dado y sigue dando tu corazón desde que aceptaste a Jesús como tu Salvador. Disfruta cada nuevo amanecer. Agradece esta nueva vida que te ha otorgado Dios a través de Jesús y que en esta ocasión es para la eternidad. Abre tu boca en este momento y agradece a Dios el trasplante de corazón que operó en ti, pensando en ti y por amor a ti. ¡Aleluya!

Día 347

Me bebería un café con...

"Beberá de un arroyo junto al camino, y por lo tanto cobrará nuevas fuerzas". Salmo 110:7

Soy una apasionada del café. Es una bebida que me fascina. En una ocasión fui con una amiga a una exposición de distintos tipos de café y chocolate, una experiencia que disfruté mucho. Claro me incliné hacia el área de café. Allí vi y conocí diferentes tipos de café y de distintas categorías. Recuerdo que cuando era jovencita vi un melodrama llamado: Café con aroma de mujer. La historia romántica me gustó mucho, pero lo que más me llamó la atención fue conocer tantos detalles sobre la producción del café. Jamás imaginé que fuera todo un mundo. Por ejemplo, para que un café sea bueno debe cumplir con ciertos criterios de grano, origen y tueste. La mejor opción de café es el arábico el cual se produce en América, Asia y algunas zonas de África. El tamaño del grano es muy importante para determinar lo bueno que es. Y así hay muchos factores que conforman el mundo y la producción del café. En mi caso me limito a consumirlo. Algunas personas que me conocen no pueden entender la forma en que prefiero el café: negro y sin azúcar.

Desde niña me gustó el café. En mi casa cuando niña era normal que en cuanto llegaba visita se le ofreciera café. Recuerdo que cuando mi padre vivía conmigo (mis padres son divorciados), y llegaba alguna visita de confianza le ofrecía café a lo que le añadía en son de broma: "mira que es cuando único me ofrecen café a mí también". Así que ese olor lo he tenido en mis sentidos desde siempre. Pero comencé a beberlo continuamente cuando comencé la universidad, ¿por qué sería? Ya te podrás imaginar. Incluso llegué a un punto en que bebía cinco tazas al día, hasta que me di cuenta de que esto no era saludable y lo dejé por completo durante un año, pero como te dije al principio, me fascina el café, así que volví a beberlo, pero con más cuidado.

En fin, el caso es que me gusta beberlo negro sin azúcar, aunque hay ocasiones que lo bebo con leche e incluso le puedo añadir algún sabor. Así como lo dejé y lo retomé nos sucede en nuestras vidas. Dejamos cosas que nos causan daño a largo y corto plazo, pero en muchas ocasiones las retomamos de nuevo. Piensa por un momento: ¿qué tienes ahora mismo en tu vida que deberías dejar porque sabes que no te hace bien? o ¿qué dejaste y retomaste que no es positivo para tu vida? Hoy te invito a que te analices y tomes decisiones que sean positivas para tu vida. Te invito a que cortes con todo aquello que estás consciente que solo te perjudica. Te invito a que digas basta ya y te des la oportunidad de ser libre. Te invito a que permitas que los planes de bien de Dios en tu vida se realicen. Y luego respires profundo y pienses cómo te gustaría beberte un café y te lo bebas, despacio, con calma y a la expectativa del futuro que te espera, que será esplendoroso porque está en las manos de Dios. ¡Amén! ¡Amén! ¡Amén!

Día 348

¿Qué te inspira?

"Y todavía mantengo la misma Fortaleza que tenía el día en que Moisés me envió. Para la batalla tengo las mismas energías que tenía entonces". Josué 14:11

Cuando niña me gustaba ver las películas clásicas de Disney: Cenicienta, La Bella Durmiente, Blancanieves, La Bella y la Bestia...Me gustaban porque todas tenían un final feliz y romántico. Me inspiraba el pensar que llegaría mi príncipe azul y que sería feliz para siempre. Luego recreaba estas historias con mis muñecas favoritas: Barbie. Con el tiempo crecí, fui madurando, viendo la realidad de la vida y esa inspiración se fue. Vagué por mucho tiempo buscando mi inspiración en otras cosas, las cuales con el pasar del tiempo terminaban en un gran vacío, en un pozo muy profundo del cual se me hacía imposible salir hasta que decidí buscar mi inspiración en la única fuente real: Dios. Él es quien me levanta cada día, me das las fuerzas para proseguir, me acompaña en todo momento, camina delante de mí, no me deja, ni me desampara, es el único fiel e incondicional y lo mejor de todo, su amor es infinito e inigualable. Desconozco cuál es la fuente de tu inspiración en este momento, pero hoy te invito a buscarla en Dios. Él nunca te defraudará. Él es leal, Su Palabra te garantiza libertad y gozo verdadero. ¿Qué te inspira? Confío que de hoy en adelante sea el Señor.

¿Qué has hecho hoy?

"—Mira —le dijo el SEÑOR—, estoy por hacer en Israel algo que a todo el que lo oiga le quedará retumbando en los oídos". 1 Samuel 3:11

Desde joven he tenido cada cierto tiempo un día al cual le llamo: día de "vegetar". Es un día que literalmente me paso en la cama, veo películas, como "chucherías" y descanso. No lo hago ahora de adulta muy a menudo ya que tengo varias cosas que hacer diariamente, pero cuando lo logro hacer, lo disfruto mucho. Pienso que de vez en cuando esto no es un problema, pero no puede ser un estilo de vida. Cada día debe ser productivo para el Reino de Dios y para nuestras vidas. Cumplir con su mandato de ir y hacer discípulos para que sean parte del cuerpo de Cristo. La oportunidad la tenemos a través de lo que hablamos, cuando oramos, por me dio de las redes sociales, literalmente discipulando a otros en la Palabra y mucho más. Al punto que cuando es la norma de nuestra vida se hace de una forma muy natural y Dios nos da las oportunidades todos los días. Tenemos la oportunidad de darle la gloria y la honra a Dios y compartirla con otros. Te pregunto: ¿Qué has hecho hoy? Con mi pregunta no quiero que sientas que te voy a criticar, no. Lo que anhelo es hacerte consciente de esta gran verdad y puedas evaluar si estás aprovechando las oportunidades que se te presentan diariamente. Hoy te invito a aprovecharla. Te invito a hablarle de Dios a quien Él coloque en tu camino. Dios te dará la oportunidad y la estrategia para hacerlo. Solo quiero que estés alerta para aprovecharla y cumplir el propósito de Dios en nuestras vidas: compartir a Jesús con otros.

Día 350

Junte

"... hay amigos más fieles que un hermano".
Proverbios 18:24

Hay días donde necesito respirar aire fresco. Agradezco a Dios, por el hombre que ha traído a mi vida, el cual me ayuda mucho en esa área cuando necesito cambiar de ambiente para distraerme un poco y relajarme. Esta ha sido una semana con muchas cosas por hacer, con agotamiento físico y mental. De momento, a una de mis amigas se le ocurrió que tuviéramos un encuentro, aunque fuera por un par de horas. Créanme que nosotras podemos estar muchas horas juntas, ja, ja, ja. Así que envió su idea al chat que compartimos. Se organizó la salida: hora, lugar de encuentro y todos los otros pormenores. Incluso, una no pudo asistir presencialmente, pero lo hizo por video llamada. Así somos. Cuando se organizan esos juntes de amigas yo los disfruto mucho. Intento pasar un buen tiempo con ellas porque no sé cuando será el próximo. Para mí los amigos es muy importantes e intento valorar cada amistad que Dios ha otorgado a mi vida. Hoy te invito a valorar a tus amigos. En tu agenda tan ocupada intenta sacar un ratito para para que tengas un junte con ellos. ¿Consecuencia de esto? Relajación, renovar fuerzas, alimentar esa amistad, pasar un buen rato, mostrar interés por otra persona que no seas tú y muchas cosas más. Los amigos son regalos de Dios. Ama ese obsequio. Si Dios te lo dio es porque es necesario para nuestro bienestar. Y bienestar significa: doblemente feliz. Por lo cual ese junte traerá felicidad, alegría a tu corazón y te ayudará a continuar con el resto de tu semana de una forma diferente y con satisfacción. A mis amigas, las que siguen cerca y las que por circunstancias de la vida no lo están ahora mismo: gracias por existir y por el tiempo que me han dedicado desde que nació nuestra amistad. Las quiero y las aprecio. Le pido a Dios que las bendiga dondequiera que estén y a sus familias también. Ahora te pregunto: ¿Cuándo es el próximo junte?

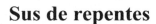

Sus de repentes

"El ladrón no viene más que a robar, matar y destruir; yo he venido para que tengan vida, y la tengan en abundancia".
Juan 10:10

Hace muchos años leí sobre los "de repentes" de Dios. La idea fue tan hermosa para mí, que les hablaba a las personas sobre esto. Luego escuché a un predicador hablar de que esto no existía y entendí su punto de vista y dejé de hablar, y hasta de creer en esto. Pero hace unos días leí un libro que me hizo recordar esta idea y sentí algo tan hermoso en mi corazón que le di gracias a Dios por recordarme sus "de repentes". Cuando hablo de esto me refiero a que los "de repentes" son cosas que ocurren en nuestras vidas que son hermosas, buenas, traen alegría a nuestro ser y son sorpresas. Yo puedo decir que me ocurre esto con mucha frecuencia. Dios me recuerda que soy su hija amada. Pero al escuchar a aquel predicador, el concepto decayó ante mis ojos porque él explicaba que en Dios nada es sorpresa, ya que todo Dios lo ha planificado. Y es cierto, Dios tiene un plan para cada uno de nosotros, Él sabe lo que va a hacer en nuestras vidas, de eso no tengo dudas, pero, aunque Él conoce lo que hará, nos sorprende con sus bendiciones. Nosotros pedimos ciertas cosas y tenemos fe de que sucederán, pero hay otras cosas que pasan, que jamás hubiésemos pensado que sucederían.

Al leer un libro Dios encendió esa chispa nuevamente en mi vida en creer y esperar en sus "de repentes". Luego de esa lectura, unos días después, estaba en mi hogar trabajando y tocó a la puerta el cartero. Me entregó un paquete. Pensé que era un paquete que estaba esperando, pero cuando leo el remitente me di cuenta de que no lo era. Me lo enviaba una persona muy especial en mi vida, una amiga que Dios me regaló junto a tres más. Las cuatro fueron enviadas por Jesús a mi vida. Cada una de ella es especial y única. Una de ella me envió ese paquete y cuando lo abrí, no podía creer lo que había.

Era un obsequio que yo quería tener y hasta el momento no lo había podido comprar, pero cuando leí la tarjeta que lo acompañaba comencé a llorar. Sus palabras fueron tan hermosas. Uno se sorprende del concepto que pueden tener las personas de ti. Solo sé que no paraba de llorar y ahí justo en ese momento entendí que era un "de repente" de Dios. Él lo planificó. Puso en el corazón de mi amiga hacerme ese obsequio, pero para mí fue un "de repente" porque nunca hubiese imaginado algo así. Sé que Dios hace contigo como conmigo. Tal vez no le llames "de repentes", tal vez le dices de otra manera, pero estoy segura que de alguna manera te sorprende. Agradece y disfruta estos obsequios de Dios. A Él le gusta consentirte porque eres su creación, eres su hijo, su hija y te ama. Sigue disfrutando de sus "de repentes".

Día perfecto

"Porque así como el relámpago que sale del oriente se ve hasta en el occidente, así será la venida del Hijo del hombre". Mateo 24:27

    ¿Has tenido un día tan hermoso que lo has catalogado como el día perfecto? o ¿te has imaginado cómo sería un día perfecto para ti? En mi caso y a lo largo de mi vida he tenido muchos días hermosos, gracias a Dios, a los cuales le colocaría esa clasificación de día perfecto. Desde un día familiar hasta una simple conversación con una gran amistad. Son días que han dejado tan hermosos recuerdos en mi vida que los considero de esa manera: perfectos. Eso es a nivel personal, pero la realidad es que existe un día que fue perfecto para la humanidad, cuando Jesús entregó su vida por la humanidad. Ese día no tiene comparación. Ese día se abrió el camino hacia el Padre. Se restauró la relación de Dios con Su creación. A partir de ahí todos los que hemos reconocido ese sacrificio como el camino hacia el Creador nos hemos convertidos en Sus hijos. Ese es el día perfecto para cada uno de nosotros. Lo mejor de todo es que aún falta otro día perfecto, cuando Jesús venga por Su iglesia. Estamos a la perspectiva de ese gran día. Te invito a que en este día medites sobre el día perfecto que ya ocurrió y el que está próximo por suceder. ¡Aleluya!

Día 353

Con el corazón en las manos

"Ama al SEÑOR tu Dios con todo tu corazón y con toda tu alma y con todas tus fuerzas". Deuteronomio 6:5

Hoy mi anhelo es que me acompañes a hablarle a Dios con el corazón en la mano. A lo que voy a expresar aquí añádele ahí en tu intimidad con Dios lo que brote de tu corazón y le quieras decir en este momento.

Querido Dios, en el nombre de Jesús, hoy quiero decirte que te amo. Quiero agradecer ese amor infinito e inigualable que me das cada día. Gracias por tus cuidados, tu dirección, tus consejos, tu provisión, tus detalles para conmigo. Gracias por enviar a Jesús, por regalarme salvación y vida eterna. Gracias por siempre estar a mi lado, en mí y a través de mí. Dios, gracias por tu gracia, favor y misericordia. Aun en mis momentos más oscuros me has levantado y me has dado nuevas fuerzas. Gracias por la bendición de poder compartir mis vivencias en ti con cada lector que tiene este libro en tu mano, es para tu gloria y honra. Hoy quiero bendecirte, alabarte, adorarte, reconocer que tú eres todo para mí y decirte que sée que sin ti soy nada. Gracias mi Diseñador, mi Creador, mi Padre. Hoy te hablo con el corazón en las manos y lo más grandioso de todo esto es que me escuchas. Te amo mi Dios. Te amo mi Señor. ¡Amén! ¡Amén! ¡Amén!

Perfección

"Sin embargo, no sería insensato si decidiera jactarme, porque estaría diciendo la verdad. Pero no lo hago, para que nadie suponga que soy más de lo que aparento o de lo que digo. Para evitar que me volviera presumido por estas sublimes revelaciones, una espina me fue clavada en el cuerpo, es decir, un mensajero de Satanás, para que me atormentara. Tres veces le rogué al Señor que me la quitara; pero él me dijo: «Te basta con mi gracia, pues mi poder se perfecciona en la debilidad». Por lo tanto, gustosamente haré más bien alarde de mis debilidades, para que permanezca sobre mí el poder de Cristo. Por eso me regocijo en debilidades, insultos, privaciones, persecuciones y dificultades que sufro por Cristo; porque, cuando soy débil, entonces soy fuerte". 2 Corintios 12:6-10

Desde niña tuve la presión de la sociedad de lo que es la perfección para el mundo. La sociedad te exige un tipo de físico el cual yo no tuve, ya que tenía sobre peso. Tenía la presión de que debes estudiar y convertirte en un profesional para ser alguien en esta vida. Tuve la presión de que ya llegaba la hora de que me tenía que casar, luego de tener hijos y todo lo demás. Existe también la presión de cómo vestir, de qué tienda o marcas usar. Y así todo el tiempo de cara a todas estas exigencias para obtener la perfección. Lo interesante de todo esto es que uno está en esta lucha interna de forma inconsciente, pero al final uno termina atado, no disfruta de uno mismo ni disfruta lo que sí somos y tenemos. Cuando llegué al Señor, Él comenzó a trabajar con esto y lo sigue haciendo. Me ha hecho entender que soy valiosa como soy y más porque soy hechura suya. Me hizo entender que debo amarme primero para luego poder amar a los demás. Me hizo entender que vivo para Él y no para los demás. Me hizo ver que la perfección que debo alcanzar es delante de sus ojos y me lo deja saber en Su Palabra cuando me dice que Él es quien me perfecciona día a día (Filipenses 1:6). Me llevó a entender que estoy completa si lo tengo a Él. Hoy te invito a liberarte de todas esas presiones, esquemas, exigencias que tiene el mundo para poder llegar a la perfección. Eres perfecto, completo en Dios. Y las "imperfecciones" que según tus ojos naturales puedas tener existen porque ahí es que se glorifica el Señor. Descansa, confía, cree en Dios, no en el mundo. Ten siempre presente que tú no perteneces a este mundo, tú perteneces al Reino de Dios. Sé libre, sé feliz en la perfección de Cristo.

El cuadro

"Has salido a su encuentro con ricas bendiciones; lo has coronado con diadema de oro fino". Salmo 21:3

En el lugar en que me congrego, en el púlpito, tarima, como usted lo conozca, hay un cuadro donde se ve una corona. El cuadro tiene colores variados: azul, amarillo, rosado y verde. Desde que llegué a la iglesia ese cuadro ha captado mi atención, su imagen principal es una corona. Una corona es un aro que puede estar hecho de flores, de ramas, o de metal, que ciñe la cabeza y se usa como adorno, insignia honorífica o símbolo de dignidad o realeza. Por lo general, asociamos las coronas con reyes, reinas, príncipes, princesas y todos ellos son de la realeza. Hoy quiero recordarte que somos parte de una realeza, la del Reino de Dios. El Señor es el Rey de reyes y nosotros somos príncipes y princesas. Como tales tenemos autoridad, la cual puede ser usada de distintas maneras: para orar, para declarar palabra sobre ti mismo y sobre otros, tienes autoridad para interceder por otros, autoridad para hablar las buenas nuevas a otros (incluso es nuestra responsabilidad). Utiliza tu autoridad para que siga creciendo el cuerpo de Cristo. Cada vez que veo el cuadro de la corona, recuerdo que soy hija del Rey de reyes y tú también eres hijo o hija.

Día 356

Manifestación visible

"Señor Todopoderoso, Dios de Israel, entronizado sobre los querubines: solo tú eres el Dios de todos los reinos de la tierra. Tú has hecho los cielos y la tierra". Isaías 37:16

Dios está presente en nuestras vidas día a día. Al estar tan ofuscados en tantas cosas diariamente no nos percatamos en muchas ocasiones de Su presencia. En ocasiones vamos a reuniones, congresos, conversatorios…porque ansiamos sentir Su presencia, cuando en realidad Él está siempre, los que no estamos somos nosotros. Estamos tan automatizados que olvidamos o dejamos de ser sensibles a Su presencia. Su manifestación es visible en todo momento. Ahora mismo, toca tu pecho y siente el latir de tu corazón. Late porque Dios está presente y te da vida. Mira hacia fuera: mira el cielo, la vegetación, los animales… Todo existe porque Dios se está manifestando. Si tienes hijos, al ver sus rostros y escuchar sus risas podrás ver que Dios se está manifestando. Hoy te invito a tomar una pausa en tu agenda, cierra tus ojos y sé sensible a la manifestación de Dios en tu vida. Su manifestación es visible en todo tiempo. Disfrútala y agradécela.

El ritmo de Dios

"Recuerden aquellos días pasados cuando ustedes, después de haber sido iluminados, sostuvieron una dura lucha y soportaron mucho sufrimiento. Unas veces se vieron expuestos públicamente al insulto y a la persecución; otras veces se solidarizaron con los que eran tratados de igual manera. También se compadecieron de los encarcelados y, cuando a ustedes les confiscaron sus bienes, lo aceptaron con alegría, conscientes de que tenían un patrimonio mejor y más permanente. Así que no pierdan la confianza, porque esta será grandemente recompensada". Hebreos 10:32-35

Al comenzar el año acepté un reto de lectura, el cual consistía en leer 12 libros este año. Si seguía el reto cada libro debía cumplir con ciertas características: uno que fuera una biografía, un clásico de la literatura, un libro de una historia real, uno que fuera escrito por un autor con mis iniciales… y así sucesivamente. La realidad fue que lo comencé, pero en algún punto dejé las especificaciones del reto y continué leyendo los libros que llegaban a mis manos. Al ritmo que voy (estoy por terminar un libro) habré terminado el año con 24 libros leídos. Quise entrar en un ritmo de lectura, cosa que amo y me apasiona, pero Dios me colocó en Su ritmo. Mi vaivén era bueno, pero el de Dios era mejor. Me llevó a leer libros sobre: testimonios, fuerza interna, fe, aventuras, fantasía, lucha espiritual, el fin de los tiempos, amistad, vida, valor, sueños, comunicación con Dios y más. Definitivamente el catálogo de libros que Dios había preparado para mí fue mucho mejor de lo que yo planificaba leer. Te invito a entrar en el ritmo de Dios. Muévete según sus notas musicales y no en las tuyas. Su melodía para tu vida será más hermosa de la que tú podrías crear. Es una melodía celestial que te acercará más a Él. Danza a Su ritmo y disfruta tu vida con todos sus colores. ¡Amén! ¡Amén! ¡Amén!

Día 358

Su protección

"Pero que se alegren todos los que en ti buscan refugio; ¡que canten siempre jubilosos! Extiéndeles tu protección, y que en ti se regocijen todos los que aman tu nombre". Salmo 5:11

Hoy visité en su negocio a una amiga que quiero mucho. Lo interesante es que somos amigas, pero ella por su edad podría ser mi hija. Pero a Dios le ha placido que nos tengamos tanto cariño. Ambas hemos llegado a la conclusión que nos llevamos tan bien porque somos muy parecidas en carácter, pensamientos y en la forma de ver la vida. Ella y su esposo son unas personas muy especiales, a las cuales quiero mucho. Sentarme a hablar con ella por horas (literalmente) es muy agradable para mí. Hablamos de muchos temas, pero siempre terminamos hablando de Dios, de cómo ha impactado nuestras vidas y como ha tenido cuidado de nosotras. ¿Has meditado alguna vez en cuánto Dios te ha cuidado para que en este momento puedas estar leyendo este libro? La realidad es que los que amamos a Dios no tenemos idea de todo lo que Él ha sacado de nuestro camino para que estemos vivos hoy. Eso me trae a memoria una película verídica del año 2009 llamada: *Poema de Salvación.* ¿La has visto? Esta película cuenta la vida del cantante argentino de música cristiana Pablo Olivares. Recuerdo que fui al cine a verla con mi mamá y dos de mis tías. Hay una escena donde presentan cómo los ángeles y demonios estaban en una lucha campal por este muchacho, mientras en su casa su mamá oraba por él. Esta escena viene a mi mente porque pienso que así ocurre alrededor de los que amamos a Dios. Te invito a agradecer a Dios por Su protección sobre ti y los tuyos. Y aunque pasamos momentos difíciles en este mundo, la realidad es que no podemos imaginar de todo lo que Dios nos ha librado. Dios te guarda y te protege, Él quiere el bien para ti ¡Amén! ¡Amén! ¡Amén!

Nochebuena

"Así que dio a luz a su hijo primogénito. Lo envolvió en pañales y lo acostó en un pesebre, porque no había lugar para ellos en la posada" Lucas 2:7

Por lo general, un día como hoy, ya tendría lista la ropa que usaría en la noche y sabría el lugar de reunión. También tendría el pijama que estrenaría en la noche para dormir. Sin embargo, anoche me percaté de que este año no compré pijama. Hoy no tengo ropa nueva para usar, no tengo un lugar de reunión, lo pasaré en mi casa sola…y tal vez eso sería motivo para estar triste, pero no es mi realidad. Estoy feliz y agradecida de mi Dios porque dentro de esta temporada tan difícil, Dios me ha otorgado salud, trabajo y provisión para cada una de mis necesidades, tengo mis amistades que siempre he dicho que son un regalo de Dios y puedo vivir para contarlo. Hoy no sé cuál es tu situación, pero te invito a buscar, a desenterrar los puntos buenos que tal vez no puedas ver por todo lo que te rodea. Busca, siempre hay algo bueno por lo cual agradecer. Cuando lo halles habla con Dios y dale las gracias, porque todo se lo debes a Él. ¡Feliz Nochebuena!

Día 360

Navidad

"Cuando llegaron a la casa, vieron al niño con María, su madre; y postrándose lo adoraron. Abrieron sus cofres y le presentaron como regalos oro, incienso y mirra".
Mateo 2:11

Una mañana especial…fría y lluviosa. Me trae muchos recuerdos de mi niñez. Hoy agradezco a Dios porque son muy buenos, realmente yo pude disfrutar mi niñez. Navidad era un día de muchas ilusiones, alegría, gozo, estaba a la expectativa de lo que Santa Claus traería para mí. Tuve la bendición de recibir lo que pedía, a excepción de la casa de Barbie que ya se los conté en este libro. Pero por lo demás, sí los recibí. Claro, ahí me refiero a mis expectativas desde mi perspectiva como niña. Ya de adulta, no me puedo quejar…aún "Santa Claus" se acuerda de mí ja, ja, ja, ja… pero veo la Navidad con otro sentido. Ya la veo como un recordatorio más del día que Dios encarnado llegó a la Tierra, llamándose Emmanuel: Dios con nosotros. El día que Dios se humilló a sí mismo tomando forma de hombre para reconciliar al mundo con Él, para convertirse en nuestro camino, nuestra verdad y nuestra vida. El mejor regalo que hemos podido recibir: vida eterna. Hoy te invito a meditar en este regalo que no tiene comparación. Un regalo con un precio inigualable, precio de sangre. Su hermosa sangre. Agradece a Dios por esto. Celebra este día junto a tu familia y seres queridos. Disfruta los obsequios que recibas…pero recordando que el mejor de todos ha sido tu salvación a través de Jesús. ¡Feliz Navidad!

 Día 361

Bolsillos

"Por último, hermanos, consideren bien todo lo verdadero, todo lo respetable, todo lo justo, todo lo puro, todo lo amable, todo lo digno de admiración, en fin, todo lo que sea excelente o merezca elogio". Filipenses 4:8

Hace unos días fue mi cumpleaños. Cada vez que cumplo años, a través de muchas personas, Dios me hace llegar regalos, detalles que me hacen recordar que soy muy querida. El hecho de que esas personas saquen de su tiempo y su dinero para querer darme un detalle me dice que Dios me ama. Pues, aunque hace unos días fue mi cumpleaños, los regalos siguen llegando por filtración. Ayer, una de mis comadres llegó a mi casa con su obsequio para mí. Yo sabía que fuera lo que fuera me iba a gustar. Cuando lo abrí era una hermosa cartera (bolso). ¿A qué mujer no le gusta una cartera? Si hay alguna, pues aún no le he conocido ja, ja. Yo estaba muy emocionada con ella. La seguí observando y me di cuenta de que tiene muchos bolsillos. Lo cómico es que, aunque la cartera tenga muchos bolsillos, las mujeres siempre encontramos cómo llenarlos, ¿cierto? Y Dios me hizo pensar: ¿Cuántos bolsillos podemos tener los seres humanos? ¿Con qué o cómo los llenamos? Antes de reconciliarme con Dios sé que los llenaba mal. Ahora que le sirvo a Dios intento y soy intencional en llenarlos con el Fruto del Espíritu, con todo lo bueno, lo puro, verdadero, honesto, justo, amable… No es tarea fácil porque sigo siendo humana y mi carnalidad siempre querrá llevarme por otro rumbo, pero yo me aferro a Dios, a mi Padre, mi Diseñador, mi Creador. Me agarro de Su Palabra, para llenarme de Él, de su esencia, de su presencia. ¿Cómo llenas tus bolsillos? Hoy te invito a evaluarte, identifica cómo y con qué te llenas. ¿Debes hacer cambios? Hazlo. Será por tu bien. Dios llenará tu vida con lo mejor, Su presencia; y vivirás con Su gozo que no se agota jamás. Llena tus bolsillos de Su Espíritu ¡Amén! ¡Amén! ¡Amén!

Día 362

Charlas

"Y hablaba el SEÑOR con Moisés cara a cara, como quien habla con un amigo..." Éxodo 33:11

En estos días tuve una reunión de amigas a través de Zoom. Fue un tiempo hermoso con ellas donde hablamos y nos reímos mucho. Al otro día de esa reunión le escribí a una de mis amigas y le dije que cómo era posible que las mujeres hablemos tantos temas en una conversación. Lo interesante es que hablamos, dejamos un tema a mitad, hablamos de otra cosa y luego retomamos el tema que dejamos a mitad ja, ja, ja. A la gran mayoría de nosotras, Dios nos creó muy comunicativas. Los que sufren eso son los pobres hombres. Lo importante es comunicarnos con los demás y sobre todo comunicarnos con Dios. Tener intimidad con Dios. Él nos hizo tan diferentes y particulares que tenemos distintas formas de tener esa conexión. Una forma que no debemos dejar de usar para comunicarnos es la oración, o sea, hablar con Él. Pero a eso se le suman muchas más: a través de la música (escribiendo o cantando), la lectura, pintando, por la naturaleza ... y muchas más. ¿Cómo te conectas con Dios? Sea cual sea tu forma particular de hacerlo hoy te invito a que no la abandones. Te animo a que, si la has dejado, la retomes y si no lo has dejado, entonces que continúes haciéndolo, así podrás comunicarte, reírte y gozarte hablando con Dios en tu forma singular. Hablar con mis amigas es muy relajante para mí. El que estemos conectados a Dios, nos comuniquemos con Él, nos trae paz a nuestras vidas. Sigue tus charlas con Dios. Disfruta de su esencia y presencia en tu vida hasta que sea el momento de hacerlo cara a cara ante Él. ¡Aleluya!

Cambia tu enfoque

"Tú eres el Dios que realiza maravillas; el que despliega su poder entre los pueblos". Salmos 77:14

Estamos a pocos días de despedir este año. Por lo general, cuando va a comenzar un nuevo año, comenzamos a hacer resoluciones: viajar, adelgazar, ahorrar, obtener un nuevo auto, una nueva casa... También al terminar el año hacemos memoria de lo que vivimos y, por lo general, recordamos lo que nos hirió, lo que nos dolió, lo que nos marcó de forma desagradable. El Salmo 71:16 dice: *"Soberano SEÑOR, relataré tus obras poderosas, y haré memoria de tu justicia, de tu justicia solamente"*. Si has estado pensando en lo que te dolió, ¿por qué no decides cambiar tu enfoque? Si observas, aún dentro de la situación, proceso o circunstancia difícil, verás que de alguna manera Dios ha estado presente. Él ha obrado poderosamente en ti, y en tu experiencia de vida. Haz memoria, pero de Su justicia, solo de Su justicia.

Hace unos años una de mis amigas me regaló un frasco con la siguiente inscripción en inglés: *Count your Blessings* (Cuenta tus bendiciones). Durante el año, debo escribir en papeles las bendiciones que recibo y ponerlas dentro del frasco: salir con personas que quiero mucho, un café con algún amigo, logros, puertas abiertas en mi vida y así sucesivamente. El día 31 de diciembre, en algún momento del día o noche me siento a leer y a recordar lo bueno de ese año. Enfoco mi visión y pensamiento en lo constructivo que hubo en mi vida y dejo atrás el dolor.

Salmo 77:11-14 expresa lo siguiente: *"Prefiero recordar las hazañas del SEÑOR, traer a la memoria sus milagros de antaño. Meditaré en todas tus proezas; evocaré tus obras poderosas. Santos, oh Dios, son tus caminos; ¿qué dios hay tan excelso como nuestro Dios? Tú eres el Dios que realiza maravillas; el que despliega su poder entre los pueblos"*. Te invito que este fin de año recuerdes las hazañas de Dios en tu vida. El que tengas vida: ya es una hazaña. Trae a memoria Sus Milagros en tu vida. Medita en Sus actos de valor, Sus obras poderosas en tu existencia, en tu ser. No hay Dios como el nuestro. Durante este año Él ha realizado maravillas en tu vida, agudiza tus sentidos para que las puedas identificar. Él derrama Su poder en tu vida. No te lamentes. Regocíjate. Dios ha estado en control todo este año. ¡Amén! ¡Amén! ¡Amén!

En espera

"Pon tu esperanza en el SEÑOR; ten valor, cobra ánimo; ¡pon tu esperanza en el SEÑOR!" Salmo 27:14

Hoy, penúltimo día del año, estoy a la espera del cartero. Espero un paquete, el cual viene de E.U. Ya había sido enviado anteriormente y por falta de información lo devolvieron. Así que es la segunda vez que lo envían. Te pregunto: ¿Qué esperas del próximo año que está pronto a comenzar? ¿Tienes alguna meta, algún objetivo? ¿Qué esperas con ansias que suceda en tu vida? Ya tengo varias cosas en mi lista, pero estoy en espera de lo que Dios tiene para mí en este nuevo año que está a punto de comenzar. Yo quiero varias cosas, pero sé que lo que Él tiene para mí es mucho mejor. Sus planes son de bien. Sé que lo que tiene para mí es mucho más grande de lo que yo puedo imaginar y confío totalmente en Él. Dios es mi Alfa y Omega. Es mi principio y mi fin. Hoy te invito a que coloques tus sueños, metas, objetivos en Sus manos. Te invito a confiar en Él totalmente y le permitas que te sorprenda en el nuevo año. La espera puede desesperar un poco, así como estoy en estos momentos esperando mi paquete, pero cuando Dios te lo entregue y lo abras tu alegría será inmensa y te llenará más de su gozo. ¡Aleluya!

Día 365

Luces de colores

"Y dijo Dios: «¡Que haya luces en el firmamento que separen el día de la noche; que sirvan como señales de las estaciones, de los días y de los años!". Génesis 1:14

Horas de la noche. Ya se acerca el gran momento de decirle adiós a este año y darle la bienvenida al próximo. Y mientras más se acerca ese momento el cielo se comienza a llenar de luces de colores. Se ven hermosas. Provienen de los fuegos artificiales que están utilizando las personas del lugar donde vivo. Me gusta observar cuando suben y explotan, dejando una estela de colores hermosos y brillantes. Brillante… así será el próximo año que está por comenzar. Un año que se lo encomiendo a mi amado Dios. Proverbios 16:3 dice: *"Pon en manos del SEÑOR todas tus obras, y tus proyectos se cumplirán"*. Así lo creo. Mi futuro está seguro en las manos de mi Creador.

Hoy te invito que, al terminar este año, lo hagas en oración y le entregues el próximo año en Sus manos. Tendrás diversos colores en ese año: colores cálidos, colores fríos, pero todos añaden diversidad a tu vida. Si los vives agarrado de la mano de Dios, podrás disfrutar de ellos, así como se disfrutan las luces de colores en el cielo. Permite que Dios sorprenda tu vida. Los mejores colores los tiene Él. Colores que no puedes imaginarte, pero existen porque Él es tu Creador. Feliz Año Nuevo, querido lector. Fue un placer acompañarte durante todo este año. Vive, disfruta y diviértete mirando y experimentando las luces de colores que Dios tiene para ti. ¡Amén! ¡Amén! ¡Amén!

Made in the USA
Columbia, SC
23 October 2022

69861876R00225